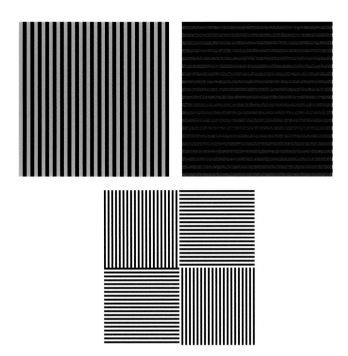

図 3.3 マッカロー効果

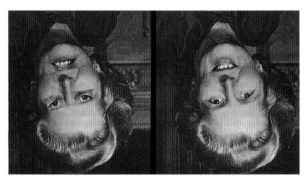

図 3.7 **サッチャー錯視**（Thompson, 1980）
顔が倒立したこの図では違和感を感じませんが，本を逆さに持って顔を正立させて見ると，強い違和感を感じます。

図 3.5　蛇の回転錯視（北岡，2003）

図 3.9　月の錯視
（https://en.wikipedia.org/wiki/Moon_illusion#/media/File:Harvest_moon.jpg）

ライブラリ 心理学を学ぶ ❂ 1

心理学概論

山口裕幸・中村奈良江　編

サイエンス社

監修のことば

　心理学はたくさんの人が関心をもって下さる学問領域の一つといってよい
と思います。「試験勉強しなきゃいけないのに，ついついマンガに手が伸び
ちゃって……」といったように，自分自身の心でありながら，それを上手にコ
ントロールすることは難しいものです。また，「あの人の気持ちを手に取るよ
うに正しくわかることができたらいいだろうな」と願うこともあったりします。
そんな日々の経験が，心理学を身近な学問に感じさせるのかもしれません。

　心理学への関心の高まりは，医学や脳科学，生命科学，進化論や生態学，教
育学や社会学，経営学など，多様な学術領域と連携した研究を活発にしました。
そして，人間の心と行動について驚くほどたくさんのバラエティに富んだ研究
成果を生み出してきています。また，適正な教育や司法の実践，充実した医療
や福祉の構築，健全な組織経営や産業現場の安全管理など，さまざまな社会問
題の解決を図るときに鍵を握る知識や見識を示す領域として，心理学はその存
在感を高めています。国家資格「公認心理師」の創設は，心理学の社会への浸
透を反映しています。

　本ライブラリは，幅広い心理学の領域をカバーしながら，基本となる専門性
は堅持しつつ，最近の研究で明らかにされてきていることも取り入れてフレッ
シュな内容で構成することを目指しました。そして，初めて心理学を学ぶ人に
も理解していただきやすいテキストとなるように，また，資格試験の勉強にも
役立つことも考慮して，平易でわかりやすい記述や図解を心がけました。心理
学を体系的に学ぼうとする皆さんのお役に立てることを願っています。

監修者　山 口 裕 幸
中村奈良江

まえがき

　大学に入って，より専門的に学問に取り組んだり，高度な専門的知識や技能を学ぶことを期待している人は多いでしょう。しかし高度で専門的な学問を修めていくには，基礎がきちんと身についていることが大切です。皆さんは，大学に入るまで，国語や英語等の語学や文学，また数学，物理学や化学，生物学といった自然科学，そして歴史や地理等の人文社会科学まで，幅広く学んできたはずです。

　そんな中にあって，心理学の基礎についてはどのくらい具体的に学ぶ機会があったでしょうか。もちろん，人間の心に関する知識は，「生物」や「保健・体育」「倫理」といった科目の中でも説明がなされています。あるいは，映画やドラマ，書物や漫画を通して学ぶ機会もあったかもしれません。しかしながら，心理学について体系的に順序立てて学ぶ機会は，学校教育の中では残念ながらまだ十分に提供されていないといっていいでしょう。

　したがって，大学に進学してから初めて心理学を学ぶことになる人が圧倒的に多いことになります。ただ，実のところ，心理学は多種多様な分野に広がりを見せる学問であり，専門家であっても，全部の分野に精通することは至難の業です。もし基礎をしっかりと学ばないまま，自分が関心のある分野に焦点を絞って勉強しても，バランスを欠いた学びになってしまう可能性が高いといえるでしょう。

　本書は，「ライブラリ 心理学を学ぶ」の第1巻です。出発点になる巻にふさわしく『心理学概論』と銘打って，多種多様な分野からなる心理学について，できるだけ幅広くカバーしながら，体系的に心理学の基礎についてわかりやすく説明することを心がけて構成してあります。以下，章立てを追いながら，簡潔に内容構成を紹介していきましょう。

　第1章は，心理学とはそもそもいかなる学問なのか，という根本の問いに対して答えていきます。今では，誰もが心理学という言葉は知っていて，人間の心について探究する学問だと認識していると思いますが，具体的にどんなこと

をやっているのでしょうか。この章ではまさに心理学の根本となる考え方について説明し，どのような研究分野があるのか解説していきます。第2章では心理学の歴史について説明します。心理学は，思いの外，歴史の浅い学問なのですが，ルーツを辿ると紀元前までさかのぼることができます。心の科学として，20世紀以降，急速に発展してきた心理学の源流を確認しながら，その歴史を把握していきます。

　第3章以降は，心理学が研究対象とする主要なテーマごとに説明していきます。第3章は「感じる」ことに関する心理学の紹介です。感性や知覚，感覚など，もっとも基本的な心の動きについて理解していきます。第4章は「覚える」ことがテーマです。記憶は，人間の認知の非常に重要な機能で，心理学では非常に古くから研究が行われてきています。第5章は「わかる」ことについて考えていきます。わからなかったことが，あれこれ考えているうちに「わかった！」となる瞬間，私たちの心の中では何が起きているのか説明します。この第3〜5章は，知覚心理学や認知心理学と呼ばれる領域の中心テーマといえます。

　続く第6章は「決める」心理について説明していきます。私たちの日々の生活の中で，時に，「しまった！」といったような間違った決定をしてしまうこともあります。社会生活を送る中で，人間が必然的に迫られる意思決定のメカニズムについて説明していきます。第7章は「やる気」について考えます。心理学では，やる気のことを動機づけとかモチベーションと呼びます。どのようなことが人間のやる気を引き出すのでしょうか。第8章は「できるようになる」ことをテーマにします。できなかったことができるようになるには，考える力や自分の動作をコントロールする力，一度やったことを覚えておく能力など，さまざまな心の機能が一緒になって働くことが必要になります。何かを習得する過程で，人間の心はどのような働き方をしているのかについて，考えていきます。第9章は「共感する」心のメカニズムについて説明します。他者の気持ちや考えていることを思いやり，感じとることができるからこそ，円満に社会生活を送ることができます。私たちはどうやって他者の気持ちや考えを読んでいるのでしょうか。ここまでの第6〜9章は，発達心理学や社会心理学と

呼ばれる領域で盛んに研究されてきたテーマであるといえます。

　第 10 章は「癒される」心のメカニズムについてです。学校生活や社会生活になじめず苦しんでいる人たちや，さまざまな障がいと闘っている人たちを支え，共に生活するためにどのような働きかけが役に立つのかについて臨床心理学の領域で紹介します。第 11 章は「仕事をする」心理をテーマに取り上げます。社会や組織の一員として責任を持ち，目標を達成し，成果を上げていこうとするとき，いかなる心理が働くのでしょうか。これは産業・組織心理学が深く関連する領域になります。最後の第 12 章は，心を「見える化」する方法について説明します。心の動きは目には見えないことがほとんどです。しかし，表情や姿勢の変化，質問に対する反応の違い等は，心の動きを反映しています。目には見えない心を具体的に「見える化」する方法は，心理学が科学として発展する重要な基盤になっています。ここではそうした心理学の測定のあり方について説明していきます。

　本書は，概論書ですから，できるだけ広く説明することを優先しました。たぶん，もっと詳しく細部にわたって知りたいと感じる人もいると思います。そんな人は，本ライブラリの第 2 巻以降の研究分野ごとにまとめた巻を併せてお読みいただけると幸いです。

　本書では，各章のテーマに深く関連する研究領域で活躍している新進気鋭の研究者の皆さんに執筆していただきました。いずれの章も充実した内容になっていると思います。もし，不十分な記述があるとすれば，ひとえに編者の力量不足ゆえです。忌憚なくご指摘，ご批判をいただけるとありがたく存じます。

　本書の刊行に当たっては，サイエンス社の清水匡太氏に長期にわたりひとかたならぬご尽力を賜りました。ここに深甚なる感謝の意を表します。

　令和 2 年　赤トンボの飛びかうグラウンドを眺めつつ

　　　　　　　　　　　　　　編者　山口裕幸・中村奈良江

目　次

第1章 心理学とは

　心理学は，精神的で情緒的でとらえにくいものであると感じている人が多いようです。心理学を研究していることを話すと，「他人の心がわかるんですね」と言われることも時々あります。他人の心がわかっているか，と問われると難しいですが，人々がやりそうな行動の予想がつくことは時々あります。これは，心理学を勉強して，さまざまな研究結果を知ったからです。その中には予想通りのものから全く違うものまでいろいろあります。またたとえば同じように記憶を扱っていても，記憶の仕組みや，発達，脳内の所在などいろいろな側面から分析されています。幸いなことに，心理学は自分自身の考えや行動をもとに考えることができます。また身近な人々の行動を見たり考えを聞くことで確認することもできます。

1.1　はじめに

　「心理学は行動の科学である」。これは，以前によく言われていた心理学についての説明です。これを聞いても（見ても）何のことかわからない人も多いのではないでしょうか。

　それでは，皆さんは「心理学」と聞いて何を想像するでしょうか。多くの人たちは，「カウンセリング」や「人の心がわかる」といったことを想像するのではないでしょうか。カウンセリングのように人の心を癒し，または話しているだけで人の心がわかって行動を読みとることができる。こういうことを学ぶのが心理学であると思っている人が多いのではないでしょうか。確かに，これらも心理学の一部ですが，全部ではありません。また，「カウンセリング」や「パーソナリティテスト」，さらに多く人が興味を持つ「人の心がわかる」ことまでのほぼすべてについて調査や実験によってデータが集められ，そのデータを統計などの手法を用いて確認された後に理論化されたことである，というこ

とを知っている人は少ないのではないでしょうか。「心理学は行動の科学である」といわれるゆえんがここにあります。「心理学」は人の行動やその心的過程を科学的に研究したものなのです。つまりそれは，単に人々が自分の身の回りの少ない観察から導き出した仮説を理論上だけで処理して，結論や理論を導き出しているものとは違うということです。

　心理学の人間の行動と心的過程についてのさまざまな仮説は，その後のさまざまな実験や調査によって，新しい理論や新しい仕組みの発見へと変わっていきます。これは，クーン（Kuhn, 1970）が『科学革命の構造（*The structure of scientific revolution*）』の中で，科学の考え方はある一定の成熟の後に一変する（パラダイム革命）と指摘していることです。そのいくつかの例を挙げてみましょう。

　心理学の歴史の中で，20世紀の初め頃には**行動主義**（behaviorism）という考えが重要な位置を占めていました。行動主義では，人のほとんどの行動は**条件づけ**（conditioning）の結果であると考えました。条件づけとは，環境が特定の行動を**強化**（reinforcement）する（報酬や罰を与えるなどさまざまです）ことで，その行動が定着していくという考えです。その結果，何らかの刺激が与えられると同じ反応が得られることになり，これが行動の「学習」であるといわれました。この考えでいくと，私たちは刺激への反応が（時には偶然に経験し）強化され，その一連の流れを学習していることになります。この行動主義の全盛期には多くの動物実験が行われました。ハトの突きの実験やネズミのレバー押しの実験などさまざまです。その中でトールマン（Tolman et al., 1946）はネズミに迷路学習をさせました（2.3.2参照）。その一例を見てみましょう。**図1.1**はネズミの迷路学習で使われた装置を上から見たものです。丸いところがテーブルで，落ちないように柵があります。ネズミはAから入ってきますが，Cに通路が続いています。その通路に沿って行くとGに餌があるという仕組みです。餌を食べた後にAから入るという行動を何度も繰り返すと，ネズミはテーブル上であちこち行かずにCの通路へまっしぐらに進みます。餌場まで行く学習が成立したのです。つまり，ネズミはテーブルの中でCから通路に入り，Dで左に曲がり，Eで右に曲がり，Fでまた右に曲がりG

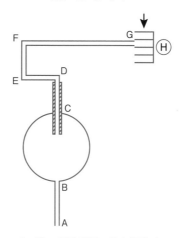

図 1.1　トールマンのネズミの経路学習の基本経路（Tolman et al., 1946）

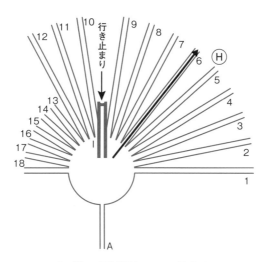

図 1.2　トールマンのネズミの経路学習のテスト経路（Tolman et al., 1946）

に到達するという行動です。そこで，研究者は，C の通路を行き止まりにし，その代わりにたくさん通路を付けました（図 1.2）。その結果ネズミはどの通路を選ぶでしょうか。図 1.1 の最初の通路に方向が近いのは 9 番と 10 番ですが，実際にネズミが選んだ数が多かったのは何と 6 番でした（図 1.3）。6 番は，

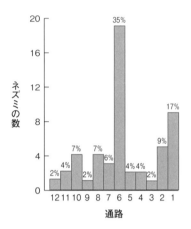

図 1.3　ネズミが選択した経路 (Tolman et al., 1946)

前に餌が置いてあった場所の方向に一番近い通路でした。ネズミは実際にはその方向に進まなかったにもかかわらず，この通路を選んだのです。この結果から，ネズミは単にどの道順に進んでいくのかという経路の学習をしたのではなく，空間の布置を学習したと考えられました。トールマンはこのような空間的布置のことを認知地図（cognitive map）と呼びました。この結果は，それまでの行動主義では説明できない結果でしたので，新しい認知心理学という領域の始まりとなりました。

　この他にも，20 世紀半ば頃までは，記憶は，短期記憶（short-term memory）と長期記憶（long-term memory）の 2 段階あり，短期記憶から長期記憶へ移行させるには，短期記憶の中で何回もリハーサルすることが必要であると考えられていました。このことは教育にも反映され，それまでの子どもたちは漢字も英単語も何回も書いて覚えることが大切であると教えられていました。1970 年代にクレイクとロックハート（Craik & Lockhart, 1972）は，短期記憶の中で単純に繰り返すのではなく，どんな処理をするかが重要であるという処理水準説（levels of processing）を唱え，実験によってその結果を示しました（4.3.1 参照）。具体的には，実験に参加した人は，スライドに提示された単語をアルファベットの大文字で書かれているか小文字で書かれているかの判断をするか，

その意味によって花のカテゴリーか，人間関係のカテゴリーかに分ける判断をしなければなりませんでした。それぞれが，少しの時間提示された英単語を次から次へと判断しました。これらの判断が終わった後，どんな英単語が出てきたかを聞かれたのです。その結果，カテゴリー分類したグループのほうがはるかによく記憶していました。2つのグループは単語が提示された時間も判断という手段も同じでしたので，違いは，見たときにどんな処理をしたかだけです。そのため処理の内容（水準）が違うことが短期記憶から長期記憶へと移行できる手段であると考えられるようになりました。

　これら2つは，適切な実験によってそれまでは明らかではなかった現象を表すことができるようになったものです。このような研究はその他にも**感覚記憶**（sensory memory）の保持時間（4.2.4 参照）や記憶量の研究など多くのものがあります。心理学の知見はどのような実験や調査をするかがとても大切であることがわかるよい事例です。

1.2　心理学の主な領域

　心理学が扱っている内容を示すために，主な心理学の領域とそれらを含む学問の名称を少しだけ紹介しましょう。

1.2.1　認知・学習心理学領域

　この領域には，「学習心理学」「認知心理学」「知覚心理学」「感覚心理学」「言語心理学」「感情心理学」「行動分析学」などが含まれます。その中から，「学習心理学」「認知心理学」と「感情心理学」について紹介しましょう。

1.「学習心理学」

　「学習心理学」は，先に説明したように，行動は刺激―反応の関係で生じる，とした考えです。この分野では，人間内部の考えや感情などを一切問題にせずに，行動として表れた現象のみを対象として行動を理解しようとしました。その結果，人間内部の心の過程はブラックボックスとして位置づけられていました。先に述べたように，このような批判から生じたのが認知心理学です。しか

し，学習心理学の考えはすべて否定されているわけではなく，基本的な考え方が適用される場合もあります。たとえば，観察学習は観察者が実際に行動をしている人の成功や失敗を見てその行動をまねたり，まねなかったりするものですが，行動の実行者が成功した場合には，報酬（賞賛など）が与えられ，それを見ると，自分も同じように報酬を得たいと思い，その行動をまねすることになります。

2. 「認知心理学」

　広義の「認知心理学」は，人の知覚（perception）や記憶（memory），知識（knowledge），思考（thinking）の仕組みなどに関わる領域全般をカバーしています。よく知られたものでは，錯覚や錯視（illusion），記憶や忘却（forgetting），推論（reasoning）などがこの中に入ります。私たちが考えるという行動をするときの基本となる活動のことです。考えるためには，まず外からのいろいろな情報が入らないといけません。これを知覚といいます。知覚には目で見た視覚や耳で聞いた聴覚，触った感覚の触覚などの感覚すべてが入ります。その中でも目からの情報はとても大きな役割を果たすことが多いために，知覚の中では視覚の研究が多く行われています。

　知覚された情報に基づいて，その後どのような行動をとるかが決定されます。しかしながら重要なことは知覚された情報が物理的な大きさや形と同じとは限らないということです。私たちの知覚もまた，生まれてからこれまで育った環境などによって大きく影響を受けています。錯視が起きる原因ははっきりしていませんが，経験が影響していると考えられています。また錯視は，人によって大きく変わるわけではなく，ある一定の傾向があります。たとえば有名なミュラー・リヤー錯視（図1.4）は，ほとんどの人が矢羽根が内側に向いたほう（図1.4左）よりも外側に向いたほう（図1.4右）が長いと感じます。どうしてこのような錯視が生じるのかについての有力な理由はわかっていませんが，奥行き知覚（depth perception）が影響しているのではないかと考えられています。すなわち，実際の画像が2次元でも3次元でも網膜上に写っている画像は同じになるのですが，2次元の画像を見て3次元の世界であると感じてしまい，奥行きを感じて，中心の縦軸が手前にある（または後方にある）と考えて

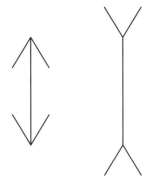

図 1.4　ミュラー・リヤーの錯視図

図 1.5　ミュラー・リヤーの錯視図の解釈例（Gregory, 1968）

長さを勘違いしているというものです（**図 1.5**）。

　さて，認知という言葉を聞くと，認知症という言葉を思い出す人も多いと思いますが，これによって，認知という言葉が広く知れ渡るようになりました。知覚や記憶などの認知機能は私たちの判断などに大きく寄与している部分ですので，認知症というのは認知機能の障害という意味になります。認知心理学はまた，脳の構造や機能とも大きく関わっている領域でもあります。現在では脳の研究が盛んになり，「**神経心理学**」に注目が集まっています。

3.「感情心理学」

　感情はどのようにして生じるのでしょうか。これは感情の研究（**感情心理学**）が始まって以来，長く議論されてきた問題です。19 世紀後半に「悲しい

のは泣くからである」という情動の末梢起源説はジェームズ（James, W.）が
最初に提唱し，後にランゲ（Lange, C.）の考えも含めて「**ジェームズ-ランゲ
説（James-Lange theory）**」とも呼ばれています。しかし，これに反対したのが，
キャノン（Cannon, W. B.）で，感情は脳の中枢領域（皮質下の視床下部や皮
質など）で生じると唱えました（**情動の中枢起源説（Cannon-Bard theory）**）。
さらに，20 世紀半ば頃には，シャクターとシンガー（Schachter & Singer,
1962）が**情動の二要因説**（two factor theory of emotion）を唱えました。シャ
クターらは身体の生理的反応には異なった原因でも同じような反応を起こすこ
とがあるので，その反応の原因は何か，というラベルづけが重要であり，これ
は認知の働きによって生じると考えました。彼らは実験で実験参加者にエピネ
フリン（アドレナリンの一種）の注射を行いました。その後，実験参加者は 2
条件のいずれかに振り分けられました。怒っている人たちと一緒の条件か，楽
しい気分の人たちと一緒の条件です。この注射の影響は，顔が紅潮したり，手
が震えたり，血圧・心拍が増加するものでしたが，そのような影響があること
を正しく教えた群と教えなかった群とでは，自分の状態に対する解釈が異なっ
ていました。情報を正しく与えられた人は，周りの気分に影響を受けませんで
したが，情報を教えてもらえなかった群の人たちは，自分の体の状態の変化は
周りの人たちの気分が影響したと考えました（図 1.6）。この結果から，シャ
クターらは情動の二要因説を唱えたのです。

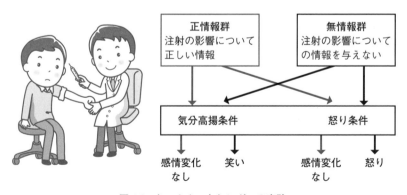

図 1.6　**シャクターとシンガーの実験**

　感情と認知の関係を巡る論争はその後も続き，感情と認知の独立説や感情の
ほうが先に生じる説などさまざまなものがあります。また，他にも知覚と感情
の関係や記憶と感情の関係の研究など，感情が私たちの行動や心の過程にどの
ように影響しているかについて研究が進められています。

1.2.2　生理・比較心理学領域

　この領域には，「生理心理学」「比較行動学」「比較心理学」「神経心理学」
「動物心理学」などが含まれます。その中から，「神経心理学」について紹介し
ましょう。

1.「神経心理学」

　神経心理学は脳内の神経の伝達の仕組みが人間の感覚・知覚・記憶・情動な
どとどのように関わっているのかについて研究している分野です。大前提とし
て脳が持つ機能は比較的独立した脳の部分に局在している（**大脳局在説**），と
いう考えがあります（図 1.7）。

　脳の多くの研究の進展は，怪我や病気によって視覚や記憶，情動などに障害
が生じた人たちの報告を受けて理解が進められてきました。有名な症例の一つ
に，頭部に鉄棒が刺さったフィニアス・ゲージの症例があります。彼は工事現

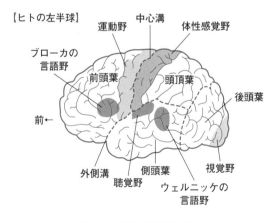

図 1.7　大脳の機能局在図

場の監督で，穏やかで人望のある有能な人でしたが，ある日，頭部を鉄棒が突き抜けるという事故にあいました。事故の直後は意識があり，仲間に支えられながら歩くこともできたと伝えられています。ところが，治療と半年ほどの静養を経て現場に復帰した彼は全く別の人格になったと報告されています。以前のように有能な指導者として役割を果たすことができないばかりか，精神的に不安定で，非礼な行動のために仕事を続けることはできませんでした。彼の死後，頭部の解剖が行われ，前頭葉の前頭眼窩野を中心とする損傷があったことがわかりました。現在では，ここが感情をコントロールする部分であると考えられています。この他にも脳内での長期記憶形成過程に示唆を与えた H.M.（人名のイニシャル；4.4.1 参照）や，注意を司っている脳部位を解明するために，重要な示唆を与えている半側空間無視の患者などの多くの事例があります。このような人々の協力をもとに，現在では，脳波（EEG），脳磁図（MEG），陽電子放出断層撮影（PET），機能的磁気共鳴画像法（fMRI）などを使って脳内の血流量やブドウ糖代謝量などを調べ，活動中に脳内で活性化している部分を調べて詳細に脳の活動がわかってきています。

1.2.3　教育・発達心理学領域

　この領域には，「教育心理学」「発達心理学」「青年心理学」「教育評価」「学校心理学」などが含まれます。この領域では，さまざまな発達理論の他に，認知心理学などでわかっていることが教育場面ではどのように考えられ，応用されているのか，発達場面では人がどのように発達するのかについても調べられています。ここでは「教育心理学」と「発達心理学」について紹介しましょう。

1.「教育心理学」

　教育心理学は，その名前の通り教育場面で必要な心理学です。以前は，大学の授業で教えられるのは，主に教育に関わる基礎理論（たとえば，記憶や発達，学習理論など）でした。現在は，そこから発展してもっと具体的に授業や学習場面に関連した内容が取り扱われるようになってきました。たとえば，覚えようとする学習と理解しようとする学習の違いです。皆さんも試験勉強のために，一生懸命覚える努力をした経験がたくさんあると思います。すぐに覚えられる

ものもあれば，どうしても覚えられないものもあったのではないでしょうか，また，覚えようとしたわけではないのに，「わかった！」と理解したことは忘れていないという経験もあるのではないでしょうか。これは記憶や知識の構造という基礎理論から説明できます。実際の学校の授業の中では，教師は，この基礎理論を利用しながら，単に記憶させるのではなく，どのようにしたら理解できるのかを工夫して授業を進めています。教育心理学はその具体的な内容について取り上げている学問です。

　また，少し違いますが，1人で学習したときと他の生徒と相互作用をしながら学習したときの学習成果の違いなども取り扱っています。これは，問題解決という基礎研究の中の**構え**（set）から解釈できます。つまり1人で問題を解決しようとしているときに，その人の考えが硬直してしまい先に進めない場合に，他の人が他の意見を出していくと，考えの幅が広がり解決へと道が開けるという現象の一つの例です。このような相互作用は，他にも説明が考えられます。たとえば，私たちは他の人に何かを伝えようとするときに，わかりやすく説明しなければならないので，自分の知っている知識を再確認し，再構造化しています。このことが問題をさらに理解し，その結果，何を知っていて，何がわからないのか，問題を解決するためにはどんな知識が必要なのかをはっきりさせるのに役立っているというものです。結局，伝えられた人よりも伝える人のほうが理解が進むという現象が生じているのです。

　また，教育心理学では，どのような**動機づけ**（motivation）があると理解が進むかという研究も行われています。知りたいと思っている人，つまり**知的好奇心**（epistemic curiosity）が高い人にさまざまなことを教えるのは比較的簡単ですが，興味のない人に教えるのは大変です。教育心理学では，このような場合にどのようにしたら動機づけを高められるのかについて研究されています。

　さらに，近年注目されているのが，発達障害のある子どもたちへの教室内での働きかけです。障害の中には他のことに気が散って1つのことに集中できない**多感覚性注意欠陥障害**（ADHD）の子どもたちがいます。そのような子どもたちの特性をよく理解し，その理解に基づいて教室ではどのような工夫が必要なのかが考えられています。これは先生という立場だけでなく，そのような障

害を持つ人にも優しい社会を目指す上で大切なことです。

2.「発達心理学」

　人は生まれたときには一人でいろいろなことをすることも話をすることもできません。このような観点から研究されているのが発達心理学です。でも以前は子どもは単に小さな大人だと信じられていました。つまり，知識や経験が足りないだけであって，それらが積み重ねられていくことによって大人になっていくという考えです。

　しかし今では全く違う考えが主流となっています。その代表的な考えの持ち主はピアジェ（Piaget, J.）です。ピアジェは元々生物学者であったために，その理論を人間の発達の基本概念に位置づけ，そこから発達過程を考えたといわれています。ピアジェの発達の基本的な考えは，発達は段階を経るということです。つまり，発達に伴って知識が徐々に蓄積され増えていくだけでなく，知識はその年齢の発達段階に応じたまとまり方，理解の仕方をするという考え方です。これに基づいてピアジェは，認知発達理論（theory of cognitive development）を構築しました。同じことを経験しても，幼児と小学生，また大人とでは違う知識構造を形成し，蓄えることができるのです。たとえば生後約 8 カ月頃までは，見えなくなったものは存在しないと考えます（物の永続性（object permanence）の獲得以前の段階；図 1.8）。また物の形の一部にだけ注意が払われ，たとえば粘土で作った球体を細長くすると，重さが変わったり体積が変わると考える時期があります（図 1.9）。その後はこのようなことをしても重

図 1.8　**物の永続性**

図1.9　**量 の 保 存**

さも体積も変わらないことがわかるようになります。このことを**量の保存**
（conservation of amount）を獲得したといいます（Piaget & Inhelder, 1966）。
現在ではこのように発達を段階としてとらえる考え方が一般的で，少しずつ知
識が蓄積され連続的に変化しているという考えは一般的ではありません。

　発達段階については，ヴィゴツキー（Vygotsky, L. S.）の発達段階説やアイ
デンティティの危機（identity crisis）の理論で有名なエリクソン（Erikson, E.
H.）の社会発達理論，フロイト（Freud, S.）の人格発達理論など，多くの理論
が唱えられています。

1.2.4　臨床・人格心理学領域

　この領域には，「臨床心理学」「人格心理学」「障害者心理学」「性格（パーソ
ナリティ）心理学」「精神分析学」「心理療法」「教育相談」などが含まれます。
ここでは，その中でも「臨床心理学」について説明しましょう。

1.「臨床心理学」

　「臨床心理学」は，この領域の概論のような役目を果たし，冒頭に例示した
カウンセリング（counseling）や**精神分析**（psychoanalysis），**発達障害**（devel-
opmental disorders），パーソナリティテスト（personality test）などを広くカ
バーしています。たとえばカウンセリングにはさまざまな手法があり，**行動療**
法（behavioral therapy）や**認知行動療法**（cognitive behavioral therapy），**ク**
ライエント中心療法（client-centered therapy），**集団療法**（group psychotherapy），

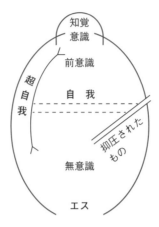

図 1.10　フロイトの心の構造

精神分析などがあげられます。それぞれの療法には背景に基礎理論があります。たとえば精神分析は，フロイトの**心の構造**（**図 1.10**）をもとに，無意識の部分を抑圧しているために，意識している世界で問題行動を起こしていると考えています。また，クライエント（相談者）がどんな問題を抱えているのかによってカウンセリングの手法が異なることもありますし，人によって合ったり，合わなかったりすることもあります。どのような問題があるかを深く探るための**パーソナリティテスト**も臨床心理学の領域です。パーソナリティテストには，言葉による**質問紙法**や図を用いた**投映法**などがあります。投映法には，たとえば**ロールシャッハテスト**（Rorschach test）のように，インクの染みの模様を見ながら，何に見えるかを答えるという意識に上らない心の奥底の心情を調べるものなどさまざまあります。これらのテストを駆使しながらクライエントがどんな問題を抱えているのかを調べ，それに合わせながら治療をしていきます。また，神経症などに罹る前に，その主な原因となる**ストレス**（stress）を軽減させるための**ストレスコーピング**（stress coping）についても研究が進められ，健康を維持するための方法として広く伝えられるようになってきました。

1.2.5 社会・組織心理学領域

この領域では，人と人との関係や，周りの環境によって人がどのような行動を示すかについて研究します。ここには，「社会心理学」「産業組織心理学」「実験社会心理学」「グループ・ダイナミックス」「コミュニケーションの心理学」などが含まれます。ここではその中の「社会心理学」と「グループ・ダイナミックス」について紹介しましょう。

1.「社会心理学」

「社会心理学」は，人と人との関係の中で生じる社会的関係に関わる分野です。たとえば，**対人魅力**（interpersonal attraction）や**援助行動**（helping behavior）などがこれに入ります。対人魅力とは，「人が他者に対して抱く魅力や好意あるいは非行為などの感情的態度」（磯崎，1995）と定義されています。それでは私たちはどんな人に魅力を感じるのでしょうか。皆さんがすぐに思いつくのは身体的魅力ではないでしょうか。

2.「グループ・ダイナミックス」

「グループ・ダイナミックス」では課題を集団の中で行うことによって生じる，課題がうまく進む促進現象や逆にうまくいかなくなる抑制現象，また集団の中では必ず仕事をさぼる人が生じてしまうという**社会的手抜き**（social loafing）と呼ばれる現象，集団の中にいることと個人だけで行うことの成果の違いなどを対象としています。集団での意思決定と個人の意思決定では，決定する内容もその決定を維持する期間も異なっています。集団の中で何かを決定する場合には，さまざまな議論などのやりとりをして決定されることが多いですが，このことによって極端な結論に至ることが多いといわれています。このようなことを**集団極性化**といいます。

人は，明らかに違うと思っていても周りの他の人々が判断したことに従ってしまう場合もあります。これは**同調**といってアッシュ（Asch, S. E.）の有名な実験によって証明されました（Asch, 1951）。アッシュは，標準刺激を見せた後に，比較刺激の中のどれが標準刺激と同じであるかを問いました（**図 1.11**）。実験参加者は，1 人を除いてすべて実験協力者（いわゆるサクラ）で，正解とは違う答えを言うように言われています。さて，本当の実験参加者は何と答え

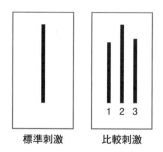

図 1.11 同調の実験で用いられた刺激図（Asch, 1955）

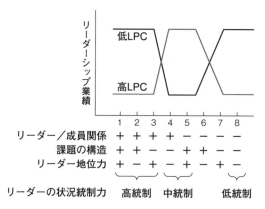

図 1.12 フィードラーの条件即応モデル（Fiedler, 1967；白樫, 1985）
LPC; Least Preferred Co-workers。

たでしょうか。実験参加者は，サクラたちが答えたと同じ間違った答えを言う
場合がとても多くなりました。このように一人で答えた場合には間違えること
はほとんどないのですが，集団からの圧力（斉一性への圧力）を感じて，皆と
同じ答えを答えてしまった（同調）と考えられています。

　さらにリーダーシップの研究もあります。皆さんはどのような人がリーダー
に向いていると思うでしょうか？　決断の速い人でしょうか。それとも皆をぐ
いぐいと引っ張っていく人でしょうか。三隅（1984）によると，リーダーシッ
プには目標達成（P; Performance）と集団維持（M; Maintenance）の2つの機
能が必要です。目標を達成するためだけでなく集団のメンバーとの関係を維持

するように働きかけることが必要です。この理論は**PM理論**（PM theory of leadership）と呼ばれています。これに対して，他の条件も加味されてリーダーシップの業績が決定するというフィードラー（Fiedler, F. E.）の**条件即応モデル**（contingency model）では，集団の成果を重要視する人（低LPC）とメンバーの関係性を重要視する人（高LPC）では，取り組む課題の複雑さやメンバーとの関係性，リーダーの地位力によってリーダーシップの業績が変動するというものです（Fiedler, 1967；図1.12）。

1.3　心理学の研究法

1.3.1　仮説の重要性・観察の重要性

　「心理学」の理論や研究の対象となっているものの多くは，他人や自分自身の行動や考えを客観的にまたは主観的に観察した結果，疑問を生じたものです。同じ場面で多くの人が同じ行動をとったり，同じ反応をしたりするため，私たちは人の行動には何らかの法則性があるだろうと考えています。私たちはそのような疑問からいろいろな仮説を生み出しています。その仮説がとても大事なのです。それではどのような方法で仮説を検証しているのかを見てみましょう。

1.3.2　さまざまな研究法

1.　量的データと質的データ

　仮説を検証するときに，どのような証拠をもって，その仮説が正しいまたは間違っていると判断するのでしょうか。すぐに思いつくことは，観察したことと同じ状況を作り出して再度確認することでしょう。そのときに，仮説と同じことが起こるかどうかを見ればいいのです。ただ，必ず生じるとは限りませんので，統計を駆使して，何回その行動が生じれば仮説を支持したと判断できるかを決めます。しかし，観察した状況と同じ状況を作り出せないときにはどうしたらいいでしょうか。そのときには，仮説に関わっている条件をいくつか取り出して，観察した状況に似た状況を作り出すのです。一般にこれらは実験室で行われることから実験室実験と呼んだりします。何回事象が生起した，どれ

くらいの強さで生起したなどを指標とするために，これらのデータを量的デー
タといいます。しかし私たちが観察している事象は，非常に複雑で一つの条件
を切り離して測定したり，実験室で再現することが難しいこともあります。その
場合には，インタビューの結果や観察した現象の記述などをもとに量にとら
われないデータを収集します。これらのデータを**質的データ**といいます。

2.　さまざまな研究法

　量的データ，質的データに関わらず，前述したように心理学の場合にはデー
タを示すことが重要です。そのためは優れた研究方法が必要となります。この
章の中で紹介した実験はどれもとても優れた実験例ですが，その他にも有名な
実験を一つ紹介しましょう。

　認知心理学に**注意**（attention）という分野があります。私たちが周囲の対象
について，どれくらい注目し続けることができるか，また注意を別の対象へと
移動するときに時間はどれくらいかかるのか，どのような条件が注意の移動を
妨害するのかなどを調べている分野です。その中に，テレビの番組の中で「ア
ハ体験」として映像の変化を探す実験でも有名になりましたが，**変化の見落と
し**という概念があります。私たちは，注意をしているつもりでも変化に気づき
にくいというものです。実験のやり方は，まず**図1.13**に示しているように，
AとA′の2枚の写真と何もかかれていない白や灰色の画像（ブランク）を用
意します。A′の写真はAの写真を少しだけ加工したものです。加工は部分的

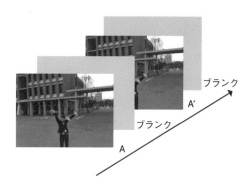

図1.13　変化の見落としの実験方法

に消したり，色を変えています。参加者に A →ブランク→ A′ →ブランクの順
に数秒間ずつ順番に提示します。最後に写真のどこが変わったかを尋ねます。
多くの参加者はどこが変わったか答えることができません。提示する時間を変
えても結果はほとんど同じです。しかし，ブランクの画像を除いて A と A′ を
続けて見せると，すぐに変化の場所がわかります。ブランクを入れるという実
験手続きが注意の特徴を明らかにする手段となったのです。

　この他にも，感覚記憶を測ったスパーリングの部分報告法（Sperling,
1960；4.2.4 参照），ピアジェの量の保存の実験（Piaget & Inhelder, 1966；
1.2.3.2 参照）など，工夫された実験から得られたデータでさまざまな仮説が証
明されました。

　データが重要であることは実験室実験に限りません。カウンセリングなどの
臨床の場面では，個人情報の問題もあり成果は詳細に発表することができませ
ん。しかし「エビデンスベースト（証拠に基づいた）」という考えのもと，ど
のようなカウンセリングの手法に効果があるのかについて量的にはっきりする
必要がある，という考えが定着してきています。

1.4　影響し合う心理学の専門領域

　さて，「心理学」のカバーしている領域はいろいろな分野に広がっています。
そのために，カウンセリングに興味がある人も最初はカウンセリングだけを勉
強しても途中から不十分だと感じ，その後，背景となった理論を知りたいと思
うようになるようです。カウンセリングの手法には先に述べたように精神分析
や行動療法，認知行動療法，集団療法などがあります。精神分析だけは少し
違った過程を経て発展しましたが，その他の多くの基本となった考えは，もと
もとは心理学の基礎領域の理論です。たとえば行動療法は学習理論の臨床への
応用です。行動療法は，異常行動の原因となった理由を取り除くことができな
かったり，また取り除くことを目的とせずに行動面だけを修正したいときに，
しばしば利用される心理療法の一つです。この場合は目標とする行動に向けて
スモールステップの法則に基づいて少しずつ行動を修正し，そのたびごとに**強**

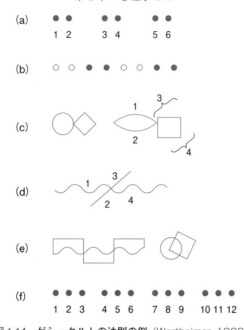

図 1.14　**ゲシュタルトの法則の例**（Wertheimer, 1923）
a：近接の要因，b：類同の要因，c：閉合の要因，d：よい連続の要因，e：よい形の要因，f：共通運命の要因。

化を行い，新しい行動を学習することで行動を修正するという治療法です。また，障害児の行動修正にも利用されています。多動児の子どもに対して，教室場面で自分の席への着席行動が持続するようにスモールステップの法則に基づいて，少しずつ席に近づき，席への着席時間が少しずつ長くなるように強化することで行動を定着させようとした試みなどの成功の報告がなされています。さらに認知行動療法は，歪んだ認知が精神疾患に影響を及ぼしているという考えのもと，行動療法から発展したものです。また集団療法は社会心理学（集団力学）の応用です。先に述べたように，個人で決定するよりも集団で決定し，その決定を集団で共有するほうが結果を長く維持できます。たとえば断酒会などがよい例です。そうなると心理学はそれぞれ違った内容を扱っているようですが，本当はすべてつながった内容になっています。ここではカウンセリングについてだけ話をしましたが，関連しているのは他のそれぞれの領域も同じで

す。

　たとえば，ゲシュタルト（Gestalt）の法則（**図1.14**）というのは，「知覚」の考えで，簡単に言うと「個々の部分の見え方は，全体の関係に大きく影響を受ける」というものです。これは後にグループ・ダイナミックスの基本的な考えとなっています。私たちは，一人でいるときと集団でいるときには違った考えや行動をしてしまうことがあるというものです。また，逆に社会心理学の分野で有名な「**単純接触の効果**（mere exposure effect）」（何度も接触すると好意が生じるという効果）は**感性認知**（認知心理学の一分野）で好みが生じる説明の理論として取り入れられています。その他にも，近頃ではテレビのドラマなどで時々耳にすることがある「吊り橋効果」というものは，吊り橋を渡っているときは（その怖さゆえに）ドキドキして，そのときに出会った人に好意を持つという現象です。これも社会心理学で見出された効果です。これは感情がどのようにして生じるかの理論，つまり自分のドキドキの理由を「怖さ」ではなく，そのときに会っている人への「魅力」として解釈（認知）してしまう（「情動の二要因説」），という理論の説明に使われます。

　このように心理学はすべての領域が織込み模様の布のように関係し合っています。1つの領域にとらわれずに広く心理学を学んでいくことを心がけましょう。そうすることで，自分が得意とする心理学の領域もさらに深遠なところへと達すると信じています。

復習問題

1. 次の項目は，心理学のどの領域の内容にあたるでしょうか。
    a. 記憶　b. カウンセリング　c. 人の魅力　d. 脳の機能　e. 人の発達
2. なぜ心理学は行動の科学と呼ばれているのでしょうか。
3. どうして心理学の1つの領域だけを勉強しても十分に理解できないのでしょうか。
例を挙げながら説明しましょう。

参 考 図 書

中島 義明・繁桝 算男・箱田 裕司（編）（2005）．新・心理学の基礎知識　有斐閣
　　ブックス
　専門分野ごとにいくつかのテーマが設定され，そのことについて1～2頁ごとに
簡潔に内容がまとめられています。大学院入試対策などに便利な一冊です。

松原 達哉（編著）（2010）．臨床心理学のすべてがわかる本　ナツメ社
　豊富なイラストや図解などで，心理療法やパーソナリティ・テストが説明され，
入門書として取り組みやすい一冊です。

池田 謙一・唐沢 穣・工藤 恵理子・村本 由紀子（2010）．社会心理学　有斐閣
　社会心理学の基本事項（社会的認知，集団力学）だけでなく，マスメディアや消
費者行動まで広く詳細に解説されています。発展的内容まで学習できる一冊です。

箱田 裕司・都築 誉史・川畑 秀明・荻原 滋（2010）．認知心理学　有斐閣
　認知心理学の基本事項（知覚，記憶，思考，神経心理学）だけでなく，進化，情
動や発達，文化の影響まで広く詳細に解説されています。発展的内容まで学習でき
る一冊です。

服部 環・外山 美樹（編）（2013）．スタンダード教育心理学　サイエンス社
　教育心理学として必要な基本事項（発達，学習，記憶，動機づけなど）だけでなく，
学級集団の問題や心の問題にまで丁寧に解説され，教職課程で利用しやすい一冊です。

藤村 宣之（編著）（2019）．発達心理学——周りの世界とかかわりながら人はいかに
　　育つか——　第2版　ミネルヴァ書房
　人の一生に渡る認知，言語，パーソナリティ，対人関係の発達について，やさし
く解説され，さらに他者や社会とのかかわりの影響ついて解説されています。入門
書として取り組みやすい一冊です。

第2章
心理学の歴史

「心理学は若い学問である」と言われたり，「心理学には長い過去と短い歴史がある」と言われたりします。どうやら心理学は，学問の世界では駆け出しの新参者のようです。しかし，「長い過去」とはいったい何を意味しているのでしょうか。そして，いつの時点から心理学は始まったと考えればいいのでしょうか。また，どのようなことが研究され，明らかにされてきたのでしょうか。この章では，現在，多様な研究分野へと広がりを見せる心理学が，どのような研究を源流としながら新しい学問として確立され，その後，どのように発展してきたのか，振り返っていきます。そして，これからの心理学がどのように発展するのか考えてみることにします。

2.1　心理学の源流

2.1.1　心理学の歴史はいつ始まったのか

　心理学が始まったのは，ヴント（Wundt, W. M.；1832-1920；図2.1）が，ドイツのライプツィッヒ大学に心理学実験室を作った1879年であるとされる

図2.1　実験心理学を開拓したヴント（Wundt, W. M.；1832-1920）

ことが一般的です。ただ，「心とは何か？」あるいは「心はどのような働きを
しているのか？」について探究する学問は，1879年以前から行われており，
心理学はそれらとは異なる特徴を持つものとして登場してきました。心理学の
源流となっている学問を知り，それらがどのような課題を抱えていたのかを知
ることは，心理学の歴史を知る上でも，その特徴を理解する上でも重要な取組
みだといえます。心理学の源流がどのような学問にあるのかについては諸説あ
りますが，本章では，哲学，生理学，生物学，医学について取り上げることに
します。

2.1.2　心理学の源流Ⅰ──哲学

　哲学者たちは古くから「心とは何か」という命題と向かい合ってきました。
紀元前4〜5世紀のギリシャで活躍したプラトン（Plato；B.C. 427-347）やア
リストテレス（Aristotelēs；B.C. 384-322）をはじめとして，哲学者たちは，
魂や命，人間の善や徳など，心とはいかなるものなのかについて真剣に考え，
その答えを追い求めました。この取組みはキリスト教の聖職者たちによって継
承されました。4〜5世紀の中世に活躍したアウグスティヌス（Augustinus,
A.；354-430）はその代表です。

　その後，17世紀の近世に入ると，フランス生まれの哲学者・数学者である
デカルトやイギリスの哲学者ロックによって人間の心とはどのようなものなの
かについて，深い洞察が示されるようになりました。デカルト（Descartes,
R.；1596-1650）は「我思うゆえに我あり」という言葉で有名ですが，身体と
心はそれぞれに独立して存在しているとする "**心身二元論**" の立場をとりまし
た。彼は，人間が外的環境や物質世界を知ることができるのは，心の世界に一
定の観念があらかじめ生得的に備わっているからであると考えました。

　これに対してロック（Locke, J.；1632-1704）は，人の心は生まれたばかり
のときは白紙（"**タブラ・ラサ**"）であり，さまざまな経験を通して環境から刺
激を受け，観念が生み出され，それが組み合わさってより複雑な心の働きも作
られると考えました。この考え方は "**経験論**" と呼ばれ，観念が結びつき組み
合わさって心が作られていくという視点は "**連合主義**" と呼ばれます。

　心の起源を生得的なものに求めるデカルトの心身二元論と，心の起源は外的環境にあるとするロックの経験論と連合主義は相反する考え方ですが，これらを統合して認識論へと発展させたのがドイツの哲学者カント（Kant, I.；1724-1804）です。カントは，経験によって獲得する認識だけでなく，経験に先立つ認識があると考え，それをアプリオリ（先験的）な認識としています。あらゆる経験的認識に先立って認識される空間や時間の概念は，その代表であると彼は考えました。カントの『純粋理性批判』に始まる批判哲学と認識論は，18世紀末には強い影響力を持っていました。カントの見地に立てば，外的世界を経験することで入ってくる刺激を受け入れる知覚の過程が，心の世界を作り出す出発点とみなせるため，知覚過程の重要性に注目する哲学者たちが増えました。また，カントが空間や時間をアプリオリな概念とみなしたことは，空間の認識に対する関心を喚起し，19世紀に入ると感覚生理学の発展と連動して，空間の認知に関する研究の活性化につながりました。

　もともとカントは，哲学も数学や自然科学にならって，より普遍的な思考方法を獲得すべきであると考えていました。そして，数学や物理学は，空間や時間などのアプリオリな概念を用いて研究できるのに対して，心理学の場合は，内観法によって意識を観察してもその行為自体が心の働きに影響を与えてしまうので，心理学という学問が成立するのは難しいという見解を示していました。しかし，その懐疑的見解とは裏腹に，彼の考え方は実験心理学を勢いづける潮流を生み出していったのです。

2.1.3　心理学の源流Ⅱ──生理学

　14世紀にイタリアで始まったルネッサンスは，天文学者のケプラー（Kepler, J.；1571-1630）やコペルニクス（Copernicus, N.；1473-1543），物理学者のニュートン（Newton, I.；1643-1727），天文学・物理学の両方で秀でた発見をしたガリレオ（Galilei, G.；1564-1642）らによる科学革命を基盤に発展しました。自然科学の発展が，人間を物質的存在としてとらえ，研究対象にする流れを生んだことは，心理学の歴史を振り返るときに重要な転換点といえます。

　心理学の源流という視点でとらえるとき，見逃せないのがドイツの生理学者

ミュラー（Müller, J. P.；1801-1858）の活躍です。ミュラーは、生物には物質にはない生命を維持する統一的な力が働いているとする"**生気論**"の観点から、感覚器（目や鼻や耳、皮膚等）は、それぞれの感覚特有のエネルギーを発生させるとする"**特殊神経エネルギー説**"を唱えました。彼によると、音がしたから聞こえるのではなく、耳が興奮した（エネルギーを発した）から聞こえるのというのです。人間の感覚器は、物理的外的世界をそのまま知覚しているのではなく、各感覚器に特有の機能があって、その機能を通すことで初めて知覚が成立する、と彼は考えたのです。ミュラーは、感覚生理学の隆盛をリードしつつ、実験心理学の基盤を形作りました。

2.1.4　心理学の源流Ⅲ——生物学

　人間の心とは何かを考えるとき、他の動物との違いはどこにあるのかを探る視点は重要です。そうした視点から心理学に大きな影響を与えたのが、生物学、特に**進化論**です。『種の起源』（1859）を発表して以来、人間もサルから進化したと考えるダーウィン（Darwin, C. R.；1809-1882；図2.2）の主張は、人間を神の使いであると考えていたキリスト教の世界と強い軋轢を生みました。しかし、説得力のある概念と理論構成、そしてさまざまな実証的データの提示によって、進化論は社会に受け入れられるようになっていきました。進化論の台頭は、動物と人間の心を比較検討する研究の活性化にもつながりました。ダー

図2.2　**進化論を提唱したダーウィン**（Darwin, C. R.；1809-1882）

ウィンは，心は人間固有のものではなく，他の動物にも心性は認められると指
摘しました。動物の行動を詳細に観察して，そこに働いている知能を明らかに
する取組みは，行動主義の考えに基づく学習や動機づけの研究の柱となって，
心理学の発展の重要な基盤となっていきました。

2.1.5　心理学の源流Ⅳ——医学

　古代からの医療は，病気や怪我の原因を悪霊や神に求める宗教的観点が主流
で，魔女狩りが横行した16世紀頃まで続きました。科学的知見に基づいて病
気の原因を明らかにしようとする取組みは，17世紀以降に次第にその地位を
高め確立していきました。

　19世紀に入ると，心の病の原因を明らかにして的確な診断を行うことを目
指して**精神医学**が確立されていきます。この時期には，施設に収容され劣悪な
環境に置かれていた精神疾患者の束縛を解放して治療を行ったフランスのピネ
ル（Pinel, P.；1745-1826）や，それに続くモレルの活躍による人道主義に立つ
精神医学が発展しました。また，ドイツではグリージンガー（Griesinger, W.；
1817-1868）が「精神病は脳症である」と述べて，具体的に脳の働きに注目し，
精神病の分類を行って，実証的な精神医学の基礎を築いていきました。ドイツ
のクレペリン（Kraepelin, E.；1856-1926）は，脳の重要性を認識しつつ，病
変した脳を顕微鏡で分析するアプローチよりも，心の病の症状を綿密に観察し
て，描写し記述することに力を入れました。これによって，精神疾患の2大カ
テゴリーといわれる統合失調症と躁うつ病のメカニズムの研究や，**脳の病変**と
精神疾患との関係を明らかにする研究へと展開されていきました。知能の低下
した老人の脳の特異な変化に関する研究のパイオニアとなったアルツハイマー
（Alzheimer, A.；1864-1915）は，クレペリンの門下生の一人です。

　精神病理学の発展は，精神分析学につながり，臨床心理学の基盤となってい
きます。

2.1.6　源流の学問と心理学はどこが違い，何が期待されたのか

　哲学で伝統的にとられてきた研究方法は，純粋に深く理性的に考え抜いて真

理に辿り着こうとする**思弁**的方法が中心でした。思弁自体は非常に重要な取組みですが，研究者の思弁によって導き出された考え方が，客観的に本当に正しいかどうかを確かめないことには，納得して受け入れることは難しいものです。デカルトやカントの理論をはじめとして，哲学の理論は崇高なもので，個々の理屈はその通りだけれども，理論同士を比較してみると相反する矛盾した主張もあったりします。たとえば，心と身体は別物なのでしょうか？　それとも同じものなのでしょうか？

　こうした疑問に答えていこうとするとき，ルネッサンスを契機に，急速に発展した天文学や物理学，生物学といった自然科学の方法論が有効だと考える学者が増えていったのは当然の流れだったようです。また，医学において，**実証科学**的なアプローチが，コレラやペストなどの深刻な伝染病の克服やペニシリンの開発など，それまでだったら一度罹るとあきらめざるを得なかった病気や怪我からの生還を可能にしていったことも，自然科学の方法論の有効性に目を向けさせる一因になりました。

　「心とは何か？」「心はどのような働きをしているのか？」を探究しようとするとき，実験や観察によって客観的な事実を明らかにしつつ，それを積み重ねることで，理論の正しさを検証していくアプローチをとることが，心理学がそれまでの哲学とは異なる点でした。そして，実証科学的なアプローチをとることで，人間の心についてより深く理解するとともに，社会のさまざまな問題の克服につながることが期待されたのです。

2.2　心理学の黎明期──19 世紀後半

2.2.1　実験心理学によるブレイクスルー

　上述したように，哲学者カントは，空間や時間のようなアプリオリな概念，言い換えれば客観的な変数を使って心を探究することができればよいのにと考えていました。アプリオリな概念を使う天文学や物理学，数学は優れた発展を遂げ，社会生活の向上にも貢献していました。ただ，カントは，心に関してはそうしたアプリオリな概念を使うことが現実的には難しいと考えていて，心理

図2.3　**精神物理学を展開したフェヒナー**（Fechner, G. T.：1801-1887）

学の実現には懐疑的でした。

　こうした考え方に対してブレイクスルーをもたらしたのが，フェヒナー（Fechner, G. T.；1801-1887；図2.3）の**精神物理学**です。彼は，心の世界も物質的存在と同様に，一定の論理式で説明できると主張して，感じられる重さと物体の物理的質量との関係性を数式で表す“**ウェーバー-フェヒナーの法則**”を提示しました。また，**神経生理学**や**感覚生理学**の領域で活躍したヘルムホルツ（Helmholtz, H. L. F.；1821-1894）の研究も，実験心理学への扉を開くものでした。彼は，カエルの神経の一端を刺激してもう一端まで伝達される時間を計測することで，心と関係の深い神経や脳の機能を知る方法を拡充して，心を科学的に研究する方法を工夫する可能性を知らしめました。さらには網膜には赤，緑，青の3つの光に反応する神経が存在するとする“**ヤング-ヘルムホルツの3原色説**”を提示しました。フェヒナーやミュラー，ヘルムホルツらによる精神物理学や神経生理学，感覚生理学の考え方と研究の実践は，実験による心理学の研究の推進を後押ししました。

　こうした流れを受けて，実験心理学の研究を推進したのがヴントです。彼が関心を持ったのは，ある物質の重さについて，人間の感覚である精神的世界と，客観的に質量を測定する物理的世界とが，微妙に異なることでした。有名なものとしては　同じ長さの線分の両端に矢印が内向きに書かれた場合と，外向き

に書かれた場合には，長さの感覚が異なる"ミュラー・リヤー錯視"現象があ
ります（図1.4参照）。意識の中では客観的に同じ長さであるとわかっていて
も，実験を行って確かめてみると，感覚的にはどうしても矢印の向きの影響を
受けてしまうことから逃げられません。他にもたくさんの錯視図形の存在が指
摘され，視覚に関する実験心理学は今日に至るまで注目を集め続けています。

　ヴントは，経験とは意識的経験なのであって，心理学は**意識現象**を研究する
学問であると考えました。彼は，実験室の中で条件を統制した刺激を実験参加
者に与え，実験参加者が刺激を経験して意識した内容を自己観察して報告させ
る**"内観法"**を行いました。そうした研究の結果を受けて，意識現象は簡単な
感情と純粋な感覚の2つの要素の組合せで説明できると主張しました。このこ
とから，ヴントの学説は**要素主義**とも**構成主義**とも呼ばれます。彼の学説は，
後生の研究者たちによって批判も受けますが，晩年には**民族心理学**を提唱して
研究を行うなど，心理学の黎明期に重要な影響を与えました。ヴントの活躍に
よって，ドイツを中心に，実験心理学を核とする心理学研究が広まっていった
のです。

2.2.2　ドイツを中心とする心理学研究の活性化

　19世紀の後半にドイツを中心に始まった実験心理学ですが，その研究の大
半は感覚や知覚に関するものでした。ヴントは，内観法の他にも，**反応時間**に
関する研究も盛んに行っています。たとえば，提示された色が何色か判断する
課題を行う場合，単純に視覚刺激を知覚したときに反応ボタンを押すまでにか
かる単純反応時間を計っておいて，今度は何色か判断して回答するために反応
ボタンを押すまでにかかる弁別反応時間を計ります。両者を比較すれば，何色
なのかを弁別するのにかかった時間を知ることができます。色が何色なのかを
判断するのは心の機能だと考え，細密な比較検討による心の働きを検討したの
です。視覚に関する研究は，錯視や色彩刺激の弁別，視覚残像に関するものや，
動き，大きさ，深さ，長さの知覚に関する研究が数多くなされました。

　また，ブレンターノ（Brentano, F. C. H. H.；1838-1917）は，心の内容より
も心が働く過程に注目する**"作用心理学"**の立場をとりました。彼は，意識が

対象に向かう性質を志向性と呼んで，対象を知覚した結果の心的内容と，知覚する過程で働く心的作用を区別する考え方を示して影響を与えました。

　知覚や感覚といった基礎的な機能に対して，**思考**などのもっと高次の機能に関心を持って研究に取り組む者も現れるようになりました。**記憶研究**を行ったエビングハウス（Ebbinghaus, H.；1850-1909）は，無意味綴りの記憶課題を使って実験を行い，忘却は記銘直後から1日後までの短時間で急速に進むものの，それ以降の忘却は緩やかに進むことを明らかにしました（Ebbinghaus, 1885）。この，忘却率のデータはグラフ化され，**忘却曲線**と呼ばれています。

　当時は，実験方法を洗練させる取組みも大きな研究課題であり，ミュラーのように他の研究者の優れた研究の方法をさらに洗練させることで，研究の推進に貢献した研究者もいました。また，**心理統計学**の進歩も心理学の研究を支えました。平均回帰の現象を発見し，**相関係数**の概念を示したゴルトン（Galton, F.；1822-1911）や，相関係数を数式として完成させ，標準偏差や歪度，尖度等を使って，観測データの特徴を記述する**記述統計学**を確立させたピアソン（Pearson, C.；1857-1936），**実験計画法**を開発したフィッシャー（Fisher, R. A.；1890-1962）など，彼らの研究成果は，心理学の発展に大きく貢献していきました。

2.2.3　アメリカに渡った心理学研究の躍動

　ヴントのもとで学んだイギリス人のティチェナー（Titchener, E. B.；1867-1927）は，アメリカに渡り，心理学を広げていきました。彼はヴントの構成主義心理学を継承し，心を構成する要素を明らかにする取組みを行いました。それに対してジェームズ（James, W.；1842-1910；図2.4）は，心の働きである意識が環境に適応するように機能する側面に注目する"**機能主義**"的な立場をとって，アメリカ独特の心理学研究を推進しました。構成主義と機能主義の違いは，前者が「心とは何なのか」の探求に主眼を置くのに対して，後者は「心はどのように働くのか」の探求に主眼を置くことに起因するといえるでしょう。

　ジェームズの考え方は，心理学を社会生活の改善に役立てようとする**プラグマティズム**的心理学の台頭につながり，アメリカでは，産業や軍事，司法や教

図 2.4　アメリカで機能主義心理学を展開したジェームズ (James, W. ; 1842-1910)

育への応用を視野に入れた取組みが盛んに行われるようになりました。1892
年にアメリカ心理学会を設立したホール (Hall, G. S. ; 1844-1924) や応用心理
学を広めたミュンスターバーグ (Münsterberg, H. ; 1863-1916)，教育学者と
しても高名なデューイ (Dewey, J. ; 1859-1952)，心的操作という概念を提示
して機能主義心理学を確立したエンジェル (Angell, J. R. ; 1869-1949) をはじ
めとして，学術誌「サイエンス (*Science*)」を刊行し，個人差研究を行った
キャッテル (Cattell, J. ; 1860-1944)，**動機づけ**に注目して力動的心理学を展開
したウッドワース (Woodworth, R. S. ; 1869-1962)，学習の過程で生じる**転移**
の研究を行い教育心理学の基礎を築いたソーンダイク (Thorndike, E. L. ;
1874-1949) など，アメリカは世界の心理学の中心的役割を担うようになって
いきました。

2.3　3 大潮流の形成と研究領域の拡張——20 世紀

2.3.1　ゲシュタルト心理学から始まる流れ

　ヴントやヘルムホルツが開花させた実験心理学は，人間の心の機能として，
まずは知覚や感覚に焦点をあてた研究を主流としていました。しかし，ヴント
が「心はどのような要素で構成されているのか」に注目する構成主義的研究を
進めたのに対して，次第に，人間の知覚や感覚は，小さな要素に分けることの

できないひとかたまりの全体的な特性としてとらえるべきものである，という
主張に立った**ゲシュタルト心理学**が台頭していきました。音響心理学を研究し
たエーレンフェルス（Ehrenfels, C.：1859-1932）は，メロディは音の単なる
集まりではない全体的性質，すなわち**ゲシュタルト質**であると指摘して，ゲ
シュタルト質への関心を高めました。

　ゲシュタルト心理学は，ヴェルトハイマー（Wertheimer, M.：1880-1943）
とコフカ（Koffka, K.：1886-1941），ケーラー（Köhler, W.：1887-1967）の 3
人のドイツ人研究者たちが結束して推進することで，心理学に力強い潮流を生
み出していきました。ヴェルトハイマーは，スクリーンに 2 つの光点を交互に
明滅させると，1 つの光点が 2 カ所のポイントを行ったり来たりしているよう
に見える**仮現運動**の知覚現象を実験で明らかにするなど（Wertheimer, 1912），
人間は刺激全体をより単純かつ簡潔で安定した方向に体制化して知覚する傾向
"プレグナンツの法則" を持つことを明らかにしました（Wertheimer, 1923）。

　ゲシュタルト心理学は大きな潮流を生み出しましたが，人間の知覚メカニズ
ムを厳密な実験で明らかにする手法の卓越性が評価されるあまり，ゲシュタル
ト心理学は知覚心理学であるという皮肉な誤解を招くこともありました。しか
し，ヴェルトハイマー自身は，思考の研究に関心を持っており，考えることに
よって問題を解決していくプロセスは，状況全体を体制化して知覚し，把握す
るところから始まると考えていました。

　思考に関するゲシュタルト心理学の研究としては，ケーラーがチンパンジー
を対象にして行った実験研究が大きな注目を集めました。ケージの中のチンパ
ンジーが，手の届かない位置に置かれたバナナを手に入れるために，箱を積み
上げたり，棒を使ったりして，問題を解決する様子を観察して，**"洞察学習"**
の概念を提示しました。思考を対象とするゲシュタルト心理学は，記憶や学習
の研究へと発展しました。ブルーナー（Bruner, J. S.：1915-2016）の **"概念学
習"** の研究や，ピアジェ（Piaget, J.：1896-1980；図 2.5）の**認知発達**研究，
ヴィゴツキー（Vygotsky, L. S.：1896-1934）の**社会的相互作用**研究，バン
デューラ（Bandura, A.：1925-）の観察学習の研究など，今日まで非常に優れ
た足跡を残しています。

図2.5　**認知発達研究で活躍したピアジェ**（Piaget, J.；1896-1980）

　1970年代に入ると，コンピュータサイエンスの興隆とともに，行動主義や
ゲシュタルト心理学といった枠を越えて，人間の認知のメカニズムを研究する
認知心理学として発展していきます。フォン・ノイマン（von Neumann, J.；
1903-1957）は，コンピュータの原理を考案し，開発するにあたり，脳の神経
細胞モデルを基盤にしてモデルを組み立てていきました。この考え方は，サイ
モン（Simon, H. A.；1916-2001）によって汎用コンピュータプログラムに生か
され，**認知心理学**の基本パラダイムとなり，ミラーによる情報処理モデルを心
理学に取り入れた認知心理学の基礎構築につながりました。その後，ナイサー
（Neisser, U.；1928-2012）が，人間の認知過程は受け身的に情報を処理するの
ではなく，取り入れた情報を注意の過程で取捨選択し，それを再符号化したり
再公式化したりする複雑な処理を行っていることを主張して，機械とは異なる
人間の認知のあり方を研究する認知心理学の確立を図りました。認知心理学は
言語学や**サイバネティックス**（人工頭脳学）等，多様な学問分野と連携して，
今日までめざましい発展を続けています。
　ゲシュタルト心理学の流れは，思考の研究とはやや異なる方向性へと展開し
たものもあります。集団や対人関係に焦点をあてたレヴィン（Lewin, K.；
1890-1947；図2.6）の "グループ・ダイナミックス" やハイダー（Heider, F.；

図 2.6　**グループ・ダイナミックスを提唱したレヴィン**（Lewin, K.；1890-1947）

1896-1988）の"バランス理論"の研究です。プロイセン（現在はポーラン
ド）出身でナチスの迫害を避けてアメリカに亡命したレヴィンは，磁場を研究
する位相力学（トポロジー）の考え方をもとに，複数の人間が集まると互いに
影響力を及ぼし合って"心理学的場"が出来上がることを指摘して，**"生活空
間"**の考え方や**"アクション・リサーチ"**の研究手法を提示しました（Lewin,
1947）。オーストリア生まれのハイダーは，ベルリンでレヴィンの指導を受け
た後に，アメリカに渡り，レヴィンと親密な付き合いを続けました。ただ，ハ
イダーはレヴィンの生活空間の概念では対人関係が変化していく様子を十分に
説明できないことに気づき，自分（P）と他者（O）と両方が関連する事象
（X）との三者の間に存在する3つの関係性をそれぞれ正負の符号で表し，そ
れらを掛け合わせたときの符号が正になるなら安定，負になるなら不安定にな
ることを図式化した**バランス理論**を提示しました（Heider, 1958）。彼はこの理
論をさらに発展させて，他者の行動の理由を推察して判断する**原因帰属**のプロ
セスに関する研究を行って，大きな影響をもたらしました。この他にも，アッ
シュ（Asch, S. E.；1907-1996）による集団における**"同調"**行動の研究，フェ
スティンガー（Festinger, L.；1919-1989）による**"社会的比較理論"**と**"認知
的不協和理論"**，ミルグラム（Milgram, S.；1933-1984）による**権威への"服
従"**研究や**"ロスト・レターテクニック"**を用いた社会意識研究，社会的ネッ
トワーク研究など，レヴィンに始まるグループ・ダイナミックスは，今日の社

会心理学を形作る重要な源流となっています。

2.3.2 行動主義から始まる流れ

　20世紀初頭，アメリカを中心にゲシュタルト心理学とは異なる潮流が生まれました。それは**行動主義**です。ドイツを中心に始まった実験心理学，そしてゲシュタルト心理学が対象としたのが意識であったのに対して，行動を研究の対象とすべきであると主張したのがアメリカのワトソン（Watson, J. B. ; 1878-1958）です。彼は，内観で得られるデータは主観的なもので心を直接測定できているとは言いがたいと批判し，心理学は行動を予測し，コントロールすることを目的とする科学であるべきだと論じました。つまり，刺激に対する反応として行動をとらえ，どのような刺激を与えれば期待する通りの行動が見られるのかを明らかにすることにこそ心理学の目的がある，と彼は考えたのです。彼の考え方は刺激（stimulus）と反応（response）のイニシャルから**S-R理論**と呼ばれ，特定の刺激によって特定の反応が引き起こされる関係が成立することは**条件づけ**と呼ばれるようになりました。

　ワトソンに先立って19世紀後半から20世紀初めにかけて，ロシアでは動物の生理的反射の研究が盛んに行われていました。パブロフ（Pavlov, I. P. ; 1849-1936；図2.7）がイヌの唾液分泌を題材に"**条件反射**"の研究を行ったことは有名です。行動を対象とすることで科学として厳密で正しい研究ができるという考え方をロシアの反射学は後押ししました。そして，20世紀初めには，

図2.7　**イヌを使って条件反射の実験をするパブロフ**（Pavlov, I. P. ; 1849-1936）

イギリス人のマクドゥーガル（McDougall, W.；1871-1938）やエンジェルも心理学は行動の科学であるべきだという指摘をしていました。上述したように，アメリカでは，心はどのように働くのかを明らかにしようとする機能主義を基盤にして，研究の成果を実際の社会生活の改善に生かそうとするプラグマティズムが主流を占めていました。ワトソンの行動主義が受け入れられ脚光を浴びた背景にはそうしたアメリカの社会特性も働いていたと考えられます。

　ワトソンの行動主義は，刺激と行動の関係に注目するもので，直接見えない心そのものはブラックボックスとして，あえて研究対象にはしないという立場でした。こうした考え方には批判も多く寄せられましたが，行動主義そのものはアメリカを中心に広く受け入れられていきました。ただ，1920年代に入ると，行動主義的方法論はとりつつも，理論的には異なる考え方をとる研究者たちが現れました。その代表がトールマン（Tolman, E. C.；1886-1958）です。彼は，ネズミを使った迷路学習（1.1参照）の実験を行って，ネズミが通路の進み方のパターンを学習できるだけでなく，迷路全体のどこに餌があるのかを学習することができ，そうすることでより的確に餌に辿り着くことができることを示しました（Tolman, 1932）。彼は，学習する場面全体を中枢で知覚すること，すなわち，心の働く過程を行動主義に取り込み，新行動主義の時代を切り開いていきました。

　新行動主義の代表的研究としては，模倣が学習を促進することを明らかにして社会的学習の研究を行ったミラー（Miller, N. E.；1909-2002）とダラード（Dollard, J.；1900-1980）や，行動が生起する原因として目標に対する期待を重視して統制の所在の概念を示したロッター（Rotter, J. B.；1916-2014）がいます。ロッターは，成功は運やツキ次第だと考えがちな外的統制型の人と，成功は自分の頑張り次第だと考えがちな内的統制型の人がいると指摘する"統制の所在（locus of control）"理論を提示して，人格心理学への扉を開いていきました（Rotter, 1966）。また，1960年代以降は，異なる源流を汲む研究が合流して新たな研究領域を開拓していくようになり，ゲシュタルト心理学の流れを汲むバンデューラによる"社会的学習理論"も新行動主義を牽引しました。

　新行動主義の流れの中でも，ハル（Hull, C. L.；1884-1952）のように，刺激

図 2.8　**実験的行動分析を展開したスキナー**（Skinner, B. F. ; 1904-1990)

　と反応の単純な連合によってあらゆる行動を説明しようと機械論的な視点から
数理的な理論化を図った研究も大いに影響を及ぼしました。特に，1960 年代
以降に**徹底的行動主義**を標榜して活躍したスキナー（Skinner, B. F. ; 1904-
1990 ; 図 2.8）は，精密な行動観察によって，行動を予測しコントロールする
外的な刺激を見出していく実験的"**行動分析**"を展開しました。彼は，特定の
刺激がない状態で自発的に起こる"**オペラント行動**"の存在を明らかにすると
ともに，その理論を応用して，現在の"**行動療法**"の基礎を築き，またティー
チングマシーンを考案して"**プログラム学習**"を提案するなど，基礎と応用の
両面で心理学の発展に重要な影響をもたらしました。

2.3.3　精神分析学から始まる流れ

　もう一つの重要な潮流は，今日の臨床心理学と深く関わるものです。19 世
紀末に，**夢分析**に始まり，意識—前意識—無意識の構造，超自我—自我—エス
（イド）の構造等を論じた精神科医のフロイト（Freud, S. ; 1856-1939 ; 図
2.9）による**精神分析学**は大きな注目を集めました。ただ，彼の理論の中核に
ある**リビドー**（本能的欲求）の概念が性的衝動に偏って論じられているという
批判が強く，フロイトのもとで学んだ研究者の中には，彼のもとを去って自分
独自の理論構築を図る者が相次ぎました。劣等感を克服しようとする動機が人
格形成や神経症発症の基本原理であると考え，補償の概念を論じ，**個人心理学**

図2.9　**精神分析学を唱えたフロイト**（Freud, S.；1856-1939）

を提唱したアドラー（Adler, A.；1870-1937）や，言語連想や集合的無意識に関心を注ぎ，**分析心理学**を推進したユング（Jung, C. G.；1875-1961）は，臨床心理学の理論発展に大きな影響を与えました。

　フロイトの理論は一方的に批判されただけではなく，それを正当に受け継いだ研究者も多数おり，フロイトの理論に修正を加えながら世界各地に精神分析学の系譜を広げていきました。たとえば，ロンドンに亡命したフロイトに付き添った末娘のアンナ・フロイト（Freud, A.；1895-1982）は，自我の防衛機制の理論を拡張して**自我心理学**を提唱し，子どもを精神分析の対象とする児童分析を行いました。彼女の考え方は，**自我同一性**の概念を提唱したエリクソン（Erikson, E. H.；1902-1994）の研究へと受け継がれました。

　フロイトの理論を学んだ上で，その対人的，社会的，文化的な側面に注目して，精神分析学の幅を広げていった**ネオ・フロイト派**の研究者たちも活躍しました。アメリカ人の医師サリヴァン（Sullivan, H. S.；1892-1949）やドイツ生まれの医師ホーナイ（Horney, K.；1885-1952）が，ネオ・フロイト派を牽引しました。また，ネオ・フロイト派の一人として活躍したフロム（Fromm, E. S.；1900-1980）は，フロイトの理論を批判しつつも，その影響を受けて社会病理学的な理論を展開し，『自由からの闘争』を著して注目を集めました。

　不適応症状に苦しむ人たちを救おうとする臨床心理学には，精神分析学以外にも重要な源流があります。一つは，20世紀初頭のアメリカにおいて，学校

図 2.10　来談者中心療法を展開したロジャーズ（Rogers, C. R.；1902-1987）

　教育に心理学を役立てることを目指し，問題を抱える子どもたちを対象とする
心理臨床活動を実践したウィットマー（Witmer, L.；1867-1956）による臨床
心理学です。アメリカでは**児童相談**に関わる精神科医のヒーリー（Healy, W.；
1869-1963）が，医師と心理学者，ソーシャルワーカーとの協働体制の構築に
取り組むなど，学校臨床，児童臨床の心理学が確立されていきました。
　児童臨床に加えて，1940 年代以降に盛んになったロジャーズ（Rogers, C.
R.；1902-1987；図 2.10）による**来談者中心療法**も，重要な役割を果たしてい
ます。彼は，心理臨床家の役割は，来談者に解釈や指示を与えるのではなく，
無条件の肯定的理解を持って受け入れ，来談者の話を共感的に理解することで
あると説きました。また，彼はグループ・ダイナミックスの研究者らによって
開発された**エンカウンター・グループ**の技法を心理療法に取り入れて拡張し，
1970 年代には自らの心理療法を人間中心のアプローチと呼ぶようになりまし
た。ロジャーズの活躍は，症状は軽く日常生活を送ってはいるが不適応症状に
苦しむ人々を対象として，心理学者が行う**カウンセリング**の技法を社会が認め，
定着させていくことにつながりました。
　また，1950 年代以降，マズロー（Maslow, A. H.；1908-1970）を中心に開拓
され発展した**人間性心理学**も臨床心理学の歴史において重要な役割を果たしま
した。人間性心理学は，人間の持つ潜在的な成長しようとする力を重視するも
ので，上述したロジャーズの来談者中心療法と同じ思想に立つものといえます。

マズローは，5段階からなる**欲求階層説**を唱え，その最上位にあるもっとも人間らしい欲求が自己実現の欲求であると指摘しました。また，ゴードン・オルポート（Allport, G. W.；1897-1967）は，人間の過去や防衛に注目する精神物理学的なアプローチではなく，心理学はもっと人間の持つ目的や動機といった自律的な側面に注目すべきだと考え，健常者を対象にした**パーソナリティ測定**の研究を行って，人間性心理学の推進に大きく寄与しました。パーソナリティ測定に関しては，古典的なものとしてロールシャッハ（Rorschach, H.；1884-1922）によって開発された左右対称図形を使った投影法（ロールシャッハ・テスト）やクレッチマー（Kretschmer, E.；1888-1964）による性格類型論等の方法がありましたが，オルポートの性格研究以降，マレー（Murray, H. A.；1893-1988）とモーガン（Morgan, C. D.；1897-1967）による**主題統覚検査**（**TAT**）やハザウェイ（Hathaway, S. R.；1903-1984）とマッキンリー（McKinley, J. C.；1891-1950）による**ミネソタ多面人格目録**（**MMPI**）など，より精度の高い測定法が開発されました。性格測定と並んで知能検査の研究も進み，ウェクスラー（Wechsler, D.；1896-1981）による成人知能検査も生まれました。

　臨床心理学は，精神医学と行動主義の接点となり，さらに心理療法の発展，拡充とともに実践活動を基盤から支える人格測定や知能検査をはじめとする基礎研究の充実も導きながら，心理学の大きな潮流を形成しています。

2.4　**最近の，そしてこれからの心理学——21世紀**

　近年，心理学が対象とする研究領域は大きな広がりを見せています（図2.11）。1990年代から2000年代にかけて臨床心理学への関心と期待が社会的に大きく広がり，臨床心理学の実務家も増大しました。2018年からは，新たな国家資格「**公認心理師**」制度が発足し，心理臨床活動にはさらに厳格で高度な心理学の専門性が求められる時代になっています。AI（人工知能）やインターネットの飛躍的な発展に伴う社会の変化に適応することに困難を感じる人は増え続けており，より効果的な心理臨床活動のあり方を追究することが期待されています。

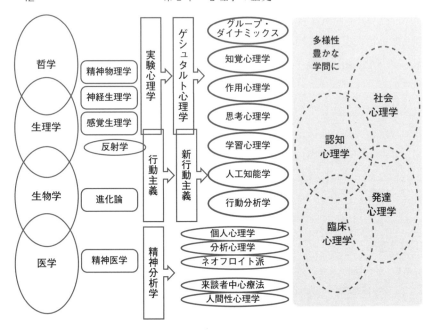

図 2.11　心理学の源流から今日までの歴史の流れの概略図

　また，認知科学の発展とともに，個人の認知過程に関する研究も進んできました。神経生理学や脳科学の研究法や研究知見を取り込んで，個人の心の構造や機能に関する研究が進み，fMRI（磁気共鳴機能画像法）や脳機能イメージングの技法を活用して，より精密な科学的方法に基づく個人の認知過程および行動の研究が行われるようになってきています。

　ヨーロッパやアメリカを中心に発展した心理学ですが，今では世界中で研究が行われるようになり，近年の心理学のグローバル化とともに**文化心理学**がめざましい発展を見せています。西欧文化では，個人はそれぞれに独立した存在であることを前提とする相互独立的自己観が優勢であるのに対して，東アジアでは，個人が互いの存在によって生かされている存在であることを前提とする相互依存的（協調的）自己観が優勢であることを明らかにした研究（Markus & Kitayama, 1991）が発火点となって，社会制度や文化の違いが自己過程の相違につながっていることに関心が集まり，最近では脳科学や神経生理学との協

働によって，文化や社会の特性と脳活動との関係性を検討する研究も行われるようになっています。

　最近の心理学では，異なる学問分野との融合によって研究が推進されるようになってきています。たとえば，合理的な意思決定を前提として理論形成を行うことが主流であった経済学において，その対極にある人間の不合理な意思決定メカニズムを研究する**行動経済学**は心理学者が開拓してきた分野でもあり，現実の経済行動を説明する理論を提供する取組みとして脚光を浴びるようになってきています。**愛他性**や**攻撃性**，**共感性**など，人間の社会性を明らかにする取組みも，進化論や神経生理学，脳科学との多分野連携型の研究プロジェクトによって進められています。**ビッグデータ**によって，群集状況で，何気なく人間のとっている行動の特性を明らかにして，商品開発などのマーケティングに生かす取組みも，心理学の他，経済学や情報工学，統計学の専門家が協働して実現されています。

　「心とは何か？」「心はどのような働きをしているのか？」という疑問を追究して発展してきた心理学は，その答えを次第に手中に収めつつあります。これからは，さらに「なぜ心はこのようになっているのか？」「なぜ心はこのような動き方，働き方をするのか？」という疑問への答えを追究する取組みが盛んになるものと思われます。このように，What や How のフェーズから Why のフェーズへ進むことで，人間の心の理解がさらに進んでいくと思われます。

復習問題

1. 人間の心については古典的な哲学でも盛んに論じられてきましたが，心理学はどういった点で哲学とは異なるのでしょうか。
2. ゲシュタルト心理学のゲシュタルトとはどのような意味でしょうか。
3. ヴントが行った内観法とはどのようなものか説明して下さい。
4. 記憶研究を行って忘却曲線のグラフで忘却のメカニズムを示した研究者は誰でしょうか。
5. 機能主義心理学とはどのようなものか説明して下さい。
6. チンパンジーの洞察学習の様子を報告した研究者は誰でしょうか。
7. グループ・ダイナミックスを提唱した研究者は誰でしょうか。
8. 徹底的行動主義を標榜し，実験的行動分析を展開した研究者は誰でしょうか。
9. フロイトと袂を分かち個人心理学を展開した研究者は誰でしょうか。
10. 人間性心理学を提唱した研究者は誰でしょうか。

参考図書

　心理学史に関する書籍は多数あります。入門者にすすめたい書籍は以下のようなものがあります。

サトウ タツヤ・高砂 美樹（2003）．流れを読む心理学史——世界と日本の心理学——　有斐閣

サトウ タツヤ・鈴木 朋子・荒川 歩（編著）（2012）．心理学史　学文社

大芦 治（2016）．心理学史　ナカニシヤ出版

高橋 澪子（2016）．心の科学史——西洋心理学の背景と実験心理学の誕生——　講談社

第 3 章
"感じる" 心のメカニズム

私たちの"感じる"心の入り口は，感覚です。外界の情報を見たり聴いたりすることで，その様子を初めて知ることができます。この章では，感覚がどのようにして成立しているのかを学びます。それぞれの感覚にとって何が得意で何が不得意か，そしてそれらの特性が感覚システム全体としてどのようにまとめられているのかを見ていきましょう。

3.1　はじめに

　私たちは常に外界を"感じ"ながら生活しています。朝起きてカーテンを開ければまぶしいと感じ，そのとき近所で道路工事が行われていればその音をうるさいと感じるでしょう。私たちは，光を見たり，音を聴いたりして，外界の情報を得ています。このように，特定の物理的エネルギーを受容し，神経活動を経て，特定の意識経験を生み出しているシステムのことを**感覚**（(sensory) modality）と呼びます。感覚系の末端で外界のエネルギーを受け取る器官は**受容器**（receptor）と呼ばれ，それぞれ一定の構造を持っています。各受容器には選択的に反応するエネルギーの種類が決まっており，これを**適刺激**と呼びます。たとえば，視覚における光や聴覚における音がそれにあたります。では，受容器と適刺激が合致した際にどのようなメカニズムが働くことで感覚が成立するのでしょうか。本章ではこの点について網羅的に概観していきます。ここで取り扱われるさまざまな感覚現象については，ぜひご自身でもイメージしながら読み進めてみてください。

　さて，感覚（モダリティ）の種類にはどのようなものがあるのか思い浮かべてみましょう。いわゆる五感と呼ばれる**視覚，聴覚，触覚，嗅覚，味覚**についてはすぐに思い当たるのではないでしょうか。これら5つ以外を答えることは

なかなか難しいかもしれませんが，実際にはもっと多くの感覚が存在します。たとえば冷覚，温覚，痛覚，平衡感覚，内臓感覚，自己受容感覚などです。それに，ヒト以外の動物（鳥類など）は磁気感覚も持っているといわれます。こうしたたくさんの種類の感覚の特徴を知るにはどのようにすればよいのでしょうか。これまで数えきれないほど多くの心理学者たちが，さまざまな感覚測定法を開発し，この問題に取り組んできました。まずはそれらの方法がどのようなもので，感覚とはいったいどのようなものなのかを見ていきます。

3.2 感覚を測る

　まずは，感覚をどのようにして測定するのかについて概説します。ここで紹介される方法や概念は，視覚や聴覚だけでなく，およそすべての感覚に対して適用できます。

3.2.1 閾値と主観的等価点

　2つの刺激の強さ（たとえば重さ）や性質（たとえば触感）に関して，感覚を通じて区別することのできる最小の刺激差のことを**弁別閾**（difference threshold）と呼びます。通常は，50％の確率で区別できる刺激差を弁別閾値とします。また，刺激の強さや性質について何かしらの感覚を検出できる最小の物理量のことを刺激閾（検出閾，絶対閾）といいます。刺激の提示の仕方や回答方法（二肢強制選択法など）によって50％や75％を基準とします。刺激閾とは逆に，感覚を的確に知覚できる最大の刺激強度のことを刺激頂といいます。一般に，刺激強度が増加するにつれて報告される感覚も増加します。しかし，ある一定の大きさを超えると，報告される感覚の増加が見られなくなったり，違う性質の感覚が報告されるようになったりします。刺激頂とはその境目を指します。

　また，2つの刺激のある属性を比較したとき，それらが感覚の上で主観的に同じと報告された場合，それらの刺激はその属性について等価であるとみなすことができます。そのような刺激量を**主観的等価点**（point of subjective equality; PSE）といいます。

3.2.2 感覚と刺激の関係

　感覚は刺激の物理量と密接に関係しています。そうでなくては物理世界と全く食い違った感覚を持つことになってしまい，不都合が生じてしまいます。この感覚と刺激との関係性について，有名な2つの法則があります。

1. ウェーバーの法則

　ドイツの生理学者，解剖学者のウェーバー（Weber, E. H.；1795-1878）は2つのおもりの重さを比べる実験で，弁別閾（丁度可知差異）を調べました。そこで，ウェーバーは，標準重量を S，弁別閾を ΔS，相対弁別閾を $\Delta S/S$ とし，「S と ΔS の比（相対弁別閾）はほぼ一定になる」ことを示しました。式によって表すと，以下のようになります。

$$\Delta S/S = k \quad (k は定数)$$

　つまり，調べたい刺激の重量が大きくなればなるほど，2つの刺激の違いが大きくなければその違いがわからなくなることがわかります。この関係の定数 k をウェーバー比（Weber ratio）といいます。k は感覚系や刺激の性質によって値が異なります。

2. フェヒナーの法則

　ドイツの物理学者，哲学者のフェヒナー（Fechner, G. T.；1801-1887）は，「相対弁別閾＝一定」というウェーバーの法則をもとに，刺激の強さと感覚量の関係性を導き出しました。それが，感覚量（R）は刺激強度（S）の対数に比例し増加するというものです。式によって表すと，以下のようになります。

$$R = k\log S \quad (k は定数)$$

3.2.3 精神物理学的測定法

　感覚量を測定する方法のことを**精神物理学的測定法**（あるいは心理物理学的測定法）といいます。「精神物理学（psychophysics）」は，フェヒナーによる

物理的事象と心理的事象との関係についての構想に由来します。これは，心理的な事象である感覚が，物理的な事象である環境（刺激）とどのように対応しているかを数量化して求める測定方法です。とても多くの方法が提案されていますが，ここではその中でも特に使用頻度の高い，閾値や主観的等価点の計測法について主に紹介します。

1. 調 整 法

　実験参加者自身が刺激強度を連続的に変化させて調整する測定方法を**調整法**（method of adjustment）と呼びます。標準刺激と比較刺激の強度が等しくなるように，標準刺激の刺激強度を一定にし，参加者はつまみなどの調節具を使って比較刺激の刺激強度を一定の方向に繰返し調節します。比較刺激の最初の刺激強度を変え，上昇と下降の調整方向を交互に数回繰り返し，弁別閾の平均値を求めるというような手続きが一般的です。調整法は，精神物理学的測定法の中でも比較的簡便な方法ですが，調節自体を実験参加者が操作しているため，得られるデータが実験参加者の調節能力に依存するという欠点があります。これはしばしば**バイアス**の発生につながります。また，同じような刺激量を何度も経験するために**残像・残効**の影響を受けることもあります。これらは感覚の測定において精度や確度を低下させる要因になりますので，できるだけ排除しなければなりません。

2. 極 限 法

　極限法（method of limits）では，実験者があらかじめ定めた値で，一定方向かつ段階的に刺激強度を変化させながら提示します。刺激値の測定では，確実に知覚できないレベルから上昇させ，初めて知覚できる状態になるまで強度を高めていくことを上昇系列といい，確実に知覚できる刺激強度から，初めて知覚できない状態になるまで刺激強度を弱めていくことを下降系列といいます。そしてこの2つの系列を交互に数回ずつ提示し，その平均値を閾値とします。調整法とは異なり，刺激強度の操作が実験者によって行われているため，実験参加者の調節能力に影響されずに測定ができます。しかし，刺激強度の変化の方向が実験参加者に知られているため，慣れや予測が**期待誤差**などのバイアスとして反応に影響を及ぼす可能性があります。

3. 恒 常 法

　上記２つの測定法のような一定方向の刺激強度変化を行わずに，あらかじめ用意した複数段階の強度の刺激を，ランダムな順序で多数回提示して実験参加者に判断を求める方法を**恒常法**（method of constant stimuli）と呼びます。恒常法は，調整法や極限法に比べて実験参加者の期待や意図に由来する誤差を極力小さくできますが，実験に必要な時間や試行数が増大するため，参加者の疲労やそれによる反応の鈍化が測定に影響することがあります。

　他にも，極限法の改良版である**階段法**，変形上下法，PEST（Taylor & Creelman, 1967）などさまざまな方法がありますが，実際に研究を行う際には，それぞれの測定法の長所と短所を踏まえつつ，測定したい感覚を確かに測定できるのかを考えながら，事前に十分な実験計画を練っておくことが重要です。

3.3　視　　覚

　実験心理学の歴史において，特に視覚の研究の発展は顕著でした。そこで，本節では視覚について網羅的に紹介します。視覚はまさに世界を復元する旅のようなものです。外界の映像がそのまま知覚されるのではなく，視覚系はいったん粉々に分解した要素を主観世界として再構成します。このとき，普段の生活では気づかない不思議な現象がたくさん生じていることがわかっています。確実に言えるのは，私たちが見ている世界は実際とは異なっているということです。なぜ，どのようにしてそんなことが起きているのかを見ていきましょう。

3.3.1　視覚情報処理の入り口

　言うまでもなく，視覚情報は目（**図 3.1**）で受容されます。人の目の機能はよくカメラに例えられますが，カメラのレンズは角膜と水晶体，絞りは瞳孔，フィルムは**網膜**に相当します。角膜は光を大きく屈折させ，水晶体はその厚さを変えることでピントを調節します。瞳孔は，その直径を変化させ（2～8mm），網膜に投射される光量を調節します。

　網膜には，光を受容する**視細胞**が１億個以上存在しており，それらが持つ視

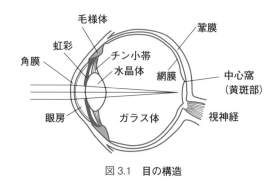

図 3.1　目の構造

物質の化学変化により光を神経信号に変換します。つまり，網膜の時点で外界の映像は1億個以上に分解されるわけです。

　これらの視細胞からの情報を，**神経節細胞**が受け取ります。神経節細胞の**受容野**（刺激に対して反応可能な空間範囲）は同心円型です。受容野には，光がある場合に反応する箇所（オン領域）と光がない場合に反応する箇所（オフ領域）が存在し，オン領域が中心でオフ領域が周辺に配置されているもの（オン中心型）と，逆にオン領域が周辺でオフ領域が中心に配置されているもの（オフ中心型）の2種類があります。このような中心と周辺が拮抗する構造は，一様な明るさの刺激にはほとんど反応せず，明暗のコントラストのある刺激には反応します。そのため，**輪郭**の分布を検出することができます。

　その後，神経節細胞からの情報は大脳皮質における視覚野へと送られ，視覚特徴ごとに詳細な処理を受けます。そしてすべての情報は統合され，再び1つの視覚世界となるのです。

3.3.2　さまざまな視覚特徴

　視覚世界は明るさや方位のみによって構成されているわけではありません。色や運動などの多くの**視覚特徴**が視覚世界を形成しています。以下ではそのうちのいくつかの特徴に注目して紹介していきます。

1.　コントラストと空間周波数

　音や電波の性質は「周波数」によって示されます。これは一定時間内に繰り

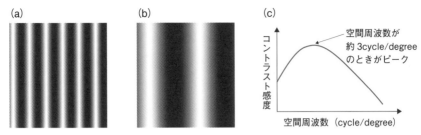

図3.2　高空間周波数の正弦波格子（a），低空間周波数の正弦波格子（b）およびコントラス
ト感度曲線の概略図（c）

返される振動の回数のことです。音や電波だけでなく，視覚情報の変化も周波
数を用いて表されます。視覚の場合は，ある一定の空間範囲内での明暗の繰返
しの回数を**空間周波数**（単位は視角1°あたりのサイクル数；cycle/degree）と
して表現します。たとえば，図3.2（a）のような縞模様（**正弦波格子**）では，
輝度変化が細かく，空間周波数は高くなります。一方で，図3.2（b）の正弦
波格子は（a）に比べて輝度の変化が少なく，空間周波数は低くなります。正
弦波格子を検出するのに必要な最小コントラスト値（コントラスト閾値）は，
正弦波格子の空間周波数に依存しています。コントラスト閾値の逆数は**コント
ラスト感度**（contrast sensitivity）と呼ばれており，図3.2（c）のような各周
波数のコントラスト感度を図示したものは**コントラスト感度曲線**と呼ばれてい
ます。明るい背景の場合，空間周波数がおよそ3 cycle/degreeでコントラスト
感度は最大になります。

2. 色

　通常，私たちはカラフルな世界を見ていますが，色はどのようにして知覚さ
れるのでしょうか。人間の目に見える光（可視光）の波長の範囲は約380～
750nmです。この範囲にある波長の光を視細胞がとらえ，その波長に応じた
色を知覚できます。ニュートンは，太陽光をプリズムによって，紫，青，青緑，
緑，黄緑，黄，橙，赤の順にスペクトル分光しました。これにより，光は波長
の短い紫から波長の長い赤まで連続的に変化して知覚されると考えられるよう
になりました。

（1）色 覚 異 常

　色覚は個人によって特性が異なり，視細胞の構成によって三色型色覚，二色型色覚，一色型色覚に分かれます。三色型色覚であれば必ず正常に色覚できているというわけではなく，色覚障害が生じている三色型色覚もあり，異常三色型色覚といいます。異常三色型色覚は，さらに赤色弱，緑色弱，青色弱に分かれます。また，二色型色覚の中でも赤色盲，緑色盲，青色盲に分かれ，一色型色覚は全色盲といわれています。

(2) 色の基本的三属性

　色の見え方は，**色相，明度，彩度**という色の基本的三属性によって定まります。色相とは，赤，緑，青などと色名によって定義される色の質的な違いを表しています。色相の違いは，網膜に入る光の主波長によって決まります。この色相を似た順に並べると，全体がつながり環状の配列ができます。この環を**色相環**といいます。明度は，知覚された色の「明るい」から「暗い」にあたる強度を表しています。明度が変化すると，色相は変化せず明るさのみが変化します。ある主波長を持つ光に無彩光を加えると主波長の光の純度が低下し，鮮やかさが低下して知覚されます。このように無彩色に対してその色相の色味がどの程度含まれているかを表す属性を彩度といいます。そしてこれら色の基本的三属性を尺度化し，数値を割り当ててすべての色を三次元的に配置したものを**色立体**といいます。色立体は，色相を円で，明度を色相の中心を垂直に貫く軸で，彩度を円の中心からの距離で表しています。

(3) 色の順応と対比

　色順応とは，同じ色を長い時間注視していると，その色の彩度が失われて見え，他の色の彩度が順応前と異なって見えるようになることです。

　色の**対比**には**同時対比**と**継時対比**の2種類があります。同時に異なる2つの色を見ると，それぞれを単独で見たときとは異なった見え方をし，色相や彩度，明度が強調されます。このことを同時対比といいます。また，ある色を見た直後に他の色を見ても同様の現象が得られます。これを継時対比といいます。

(4) マッカロー効果

　色への順応の後に独特な**残効**が生じることがあります。まず，色への順応後に無彩色の対象を見ると，順応した色の**補色**に色づいて見える残効が生じます。

たとえば赤色の四角形を数十秒間凝視すると，その後白い紙の上に緑色の四角形が見えるようになります。試しに本書巻頭の口絵（図 3.3）で体験してみましょう。左と右の垂直と水平という方位の異なる赤と緑の縞を交互に数秒ずつ凝視してみます。順応が生じたところで下の白黒の縞の図形に目を転じると，垂直と水平の方位ごとに別々に順応した色の補色が薄く色づいて見えるようになります。これを**マッカロー効果**（McCollough effect）といいます（McCollough, 1965）。この現象は方位と色の処理が何らかの形で関連していることを示唆しています。

　なお，ここで紹介したような順応と残効は，明るさ，方位，テクスチャ，運動，顔などの色以外の視覚特徴の処理においても生じます。

3. 運　　動

　目は物体の移動や動きをとらえています（**運動知覚**（motion perception））。直観的には，私たちが動きを知覚するのは実際に動いているものだけであり，静止しているものは当然動いていないように見えるはずです。しかし，実際に動いていなくとも，私たちは動きを知覚することがあります。そういった運動知覚の例を見ていきましょう。

(1) 運 動 残 効

　運動残効（motion aftereffect）とは，ある方向に運動している物体を注視して順応した後に，静止した対象を見ると，それが順応した運動方向とは逆方向に動いて見える現象です。この現象の代表例として**滝の錯視**や**渦巻き残効**があります。滝の錯視では，滝の落下する流れをしばらく眺めていた後に，周りの景色に視線を移すとその景色がゆっくりと上方向に動いて見えます。また，渦巻き図形を回転させると，拡大したり縮小したりする運動が見えます。これを長時間観察した後，その回転を停止させると，先ほどとは逆方向に渦巻き模様が拡大あるいは縮小する運動が見えます。これが渦巻き残効です。

(2) 仮 現 運 動

　踏切の遮断機のランプの一つひとつは独立して点滅していますが，あたかも1つの光点が移動しているように見えます。このように物体が空間的・時間的に離れていても，それらが適切な空間的位置や時間的位置で明滅したとき，そ

の物体に運動が知覚されます。この見かけ上の運動を**仮現運動**（apparent motion）といいます。仮現運動は**ゲシュタルト心理学**において非常に重要な現象でした。2つの対象の消失と出現による仮現運動を**ベータ運動**と呼びます。この2つの対象の時間間隔が30ミリ秒を下回るとそれぞれが同時に提示されたように見え（同時時相），また200ミリ秒以上になると2つの対象が継時的に提示されたように見えて運動は知覚されず（継時時相），約60ミリ秒のときにスムーズな運動が知覚されます（最適時相）。

(3) 自 動 運 動

　暗闇で1個の静止した光点を凝視し続けると，その光点がさまざまな方向に不規則な動きをして見えます。これを**自動運動**（autokinetic movement）といいます。自動運動の原因は，暗闇の中で視空間の枠組みが定まらないため光点の安定的な定位が難しいことと，不随意的な**眼球運動**に関係すると考えられています。

(4) 誘 導 運 動

　静止対象が，周辺の運動物体の近くにあるときに動いて見えることがあります。このような運動の知覚を**誘導運動**（induced motion）といいます。有名な例は雲間の月です。月の周辺の雲が風に流されて一定の方向に動くとき，月がその方向とは逆に動いて見えますが，これは誘導運動によるものです。誘導運動は相対運動の一種で，複数種の運動情報が隣り合う事態を専門的に検出するメカニズムが関与していると考えられます。このメカニズムが引き起こす現象のもう一つの例が，逆方向の運動刺激同士の運動が強調されて見える**運動対比**です。

(5) ベクション

　停車中の電車内で，車窓から見える向かいの電車が動き出すと，あたかも自分の乗っている電車が動き出したように錯覚することがあります。このように観察者が静止しているにもかかわらず，視野内の多くの要素が一定の方向に運動すると，観察者自身の移動が知覚されます。これを**ベクション**（vection；視覚誘導性自己運動）といいます。ベクションは聴覚刺激や触覚刺激によっても生じます。

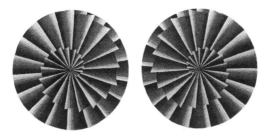

図3.4　フレーザー-ウィルコックス錯視（Fraser & Wilcox, 1979）

(6) フレーザー-ウィルコックス錯視

　静止画が動いて見える錯視現象も存在しています。そのうちの一つがフレーザー-ウィルコックス錯視（Fraser-Wilcox illusion）です（図3.4）。具体的には，輝度の勾配がある図形を鋸波状に並べると，そのパターンが動いて見えます（Fraser & Wilcox, 1979）。蛇の回転錯視（北岡，2003；図3.5（口絵））も，この錯視の一種です。

　こうした錯覚的な運動知覚は，視覚系に備わる運動処理器の特性を反映しています。動いていないはずなのに動いて見えることは，決して視覚系の弱点などではなく，むしろそういう処理を行うことで視覚世界をより正しく知覚できているのです。後に紹介するような錯視現象を含め，知覚を支えるメカニズムとはどのようなもので，それが何のためにあるのかということをぜひ考えてみてください。

4.　奥 行 き

　視覚の目標は，網膜上の二次元情報から実際の三次元世界を復元することです（Marr, 1982）。つまり，視覚系は三次元の外界から二次元の網膜像を得て，その二次元の網膜像から三次元の外界を認識しています（逆問題）。三次元世界が持つ重要な特徴は，奥行き（depth）があることです。この奥行き知覚には単眼性と両眼性の2つがあります。

(1) きめの勾配

　きめの勾配（texture gradient）は，表面上にある均一な要素パターン（きめ）の系統的な変化のことで，これは奥行き知覚の単眼性手がかりの一つです。

きめの大きさや間隔が大きいと近く，小さいと遠くに感じます。

(2) 運 動 視 差

　観察者が移動したり，物体が運動したりすると，時間の経過とともに視空間
にある対象の相対的位置が変化します。観察者が注視している物体の網膜像の
位置は変化しませんが，それ以外の対象は注視物体よりも手前にあるか奥にあ
るかで相対的な位置が逆方向に変化します。注視物体よりも手前のものは移動
方向とは逆向きに，注視物体よりも遠くにあるものは移動と同じ方向に相対的
位置が変化します。このような，観察者自身の移動や物体の運動がもたらす，
注視物体とは異なる奥行きにある対象の位置が規則的かつ一定方向に変化して
見えることを**運動視差**（motion parallax）といいます。この運動視差も，単眼
性の奥行き手がかりの一種です。

(3) その他の単眼性手がかり

　単眼性の手がかりには，線遠近法，大気遠近法，色彩遠近法，遮蔽，色立体
視，陰影など他にも数多くあります。これらはそれぞれ物理世界に無数に存在
している手がかりです。こうした手がかりについて学んだ後に，身の回りの
「手がかり探し」をしてみると面白いでしょう。

(4) 両 眼 視 差

　両眼性の奥行き手がかりとして，**両眼視差**（binocular parallax）が挙げられ
ます。人間の両眼は左右に離れて付いているため，1つの対象を見たときに右
目と左目ではそれに向かう視方向（あるいは網膜像）に差が生じます。これが
両眼視差です。また，このときの左右の網膜像に生じているズレを両眼像差も
しくは両眼非対応といいます。この左右の像が融合（融像）したとき，立体視
が可能となります。このような右目と左目のそれぞれで得られた網膜像の対応
を視覚系がどのようにとるのかという問題を**対応問題**といいます。

(5) 奥行き知覚の発達

　奥行きの知覚は生まれながらにして備わったものなのでしょうか。このこと
を知るためには，奥行き知覚の発達的側面を理解する必要があります。乳幼児
の奥行き知覚は，主に**視覚的断崖**（visual cliff；図 3.6）を用いて調べられまし
た。厚い透明のガラス板のテーブルの半分はすぐ下に底面があり，もう半分は

図 3.6　視覚的断崖

深い落ち込みがあります。底面はすべてチェッカーパターンで覆われ，ガラス
板を通してきめの勾配に連続性／非連続性が生じ，ガラス板の上を赤ちゃんが
ハイハイして移動すれば運動視差が生じます。この装置を用いて多くの実験が
行われた結果，たとえば 3 カ月児であってもきめの勾配や運動視差の手がかり
を有効に使えることが示唆されました。

5. 顔 知 覚

　視覚系は顔に特化した処理を行っています。たとえば，人の顔を見るとき，
視線はでたらめに動くわけではなく，目や口など多くの情報を含む箇所を次々
に凝視します。しかし，倒立させた顔ではそれらの処理がうまく機能しないこ
とも示されています。その好例として挙げられるのがサッチャー錯視という現
象です（図 3.7（口絵））。倒立顔を見ると，イギリスのサッチャー元首相であ
ることが違和感なく識別できますが，これを正立させてみると，とても奇妙な
顔をしていることがわかります。このように，私たちは倒立顔に対しては非常
に大雑把な処理しかできません。

　また，心理学者は表情にも関心を持っています。エクマン（Ekman, P.；
1934-）は喜び，怒り，恐れ，嫌悪，驚き，悲しみを基本 6 表情として提唱し
ました（たとえば Ekman & Friesen, 2003）。この 6 表情は，50 ミリ秒以下の
瞬間提示でもある程度正確に判断することが可能です。では，人間はどのよう
にして表情を知覚しているのでしょうか。目，眉，口の傾斜性，湾曲性，開示

性は表情の知覚において重要な役割を担っています。こうした顔の各部位の特徴や変化に基づいて，人は表情というものを知覚します。

　顔の好悪については，複数の顔を合成して作成された平均的な顔や，左右対称性の高い顔が好まれる傾向が見られます。これをコイノフィリアといいます。他にも，多数の顔が集合していると一人ひとりがより魅力的に感じられるという現象も報告されています（チアリーダー効果）。多くの成員を擁するアイドルグループのかわいさや魅力はこれが原因なのかもしれません。

　しかし逆に，顔が密集していると嫌悪感を喚起することも報告されています。それに，ロボットやアニメキャラの特徴を合わせ持つような人間の顔がしばしば非常に奇妙に感じられることも，近年になって報告されています。この現象は**不気味の谷**と呼ばれています。

3.3.3　錯　　視

　私たちが見ている世界はたいてい実際とは異なっています。特に**錯視**(visual illusion) はその顕著な例です。錯視は，視覚系のメカニズムに対して特殊な反応を返す刺激を提示することで起こる現象です。どう間違っているかがわかれば，視覚系がどう働いているかがわかりますから，錯視はアートや鑑賞物としての意味を越えて，視覚メカニズムを検討する上でも極めて重要な意味を持っています。以下に，有名な錯視についていくつか紹介します。

1.　幾何学的錯視

　平面図形のさまざまな幾何学的次元（大きさ，長さ，傾きなど）が実際とは異なって見えることがあります。その傾向が顕著な図形のことを**幾何学的錯視**と呼びます。図 3.8 にその中でも有名ないくつかの例を挙げます。錯視研究は大変長い歴史を持っており，多くが 100 年以上前に発見されています。

2.　月 の 錯 視

　月の錯視は日常で経験することのできる錯視の一つで，月の大きさが位置によって大きく異なって知覚される現象です（図 3.9（口絵））。月までの距離は一定であるにもかかわらず，月が地平線や水平線に近いときは，月が真上にあるときよりも大きく知覚されます。これは，月に限らず太陽や星といった天体

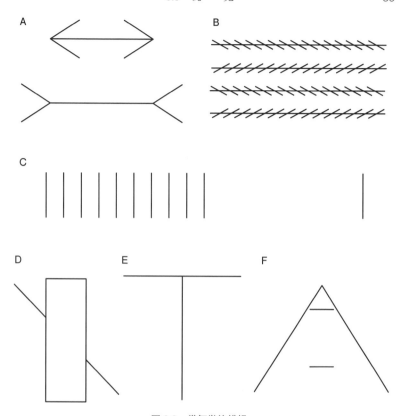

図 3.8　幾何学的錯視
A：ミュラー・リヤー錯視，B：ツェルナー錯視，C：オッペル–クント錯視，D：ポッゲンドルフ錯視，E：フィック錯視，F：ポンゾ錯視。

にも見られるため，「天体錯視」とも呼ばれます。古代ギリシャの時代から，アリストテレスをはじめ多くの人々が説明を試みてきました。

3.　主観的輪郭

　錯覚的な輪郭を生じさせる図形では，**カニッツァの三角形**が有名です（**図 3.10**）。いくつかの図形（パックマン）を連結する線が描かれていなくても，あたかもそれが存在し，輪郭を成しているように見えます（**主観的輪郭**）。この錯視では主観的輪郭だけでなく，主観的輪郭に囲まれた図形が手前に見えるという奥行き知覚，さらに主観的輪郭の内部が他より明るく見えるという明る

図 3.10　カニッツァの三角形（Kanizsa,1979）

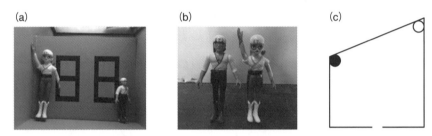

図 3.11　（a）エームズの歪んだ部屋内の人形，（b）エームズの歪んだ部屋の外での人形の大
　　　　きさの比較および（c）エームズの歪んだ部屋の俯瞰図
　　　　（九州大学文学部心理学研究室蔵）
　（c）の片手を上げている人形が黒点の位置に，両手を下げている人形が白点の位置に置か
れています。

さ変容といった現象的特性を持っています。これは視覚系が主観的輪郭の内部
を面として処理していることを示唆しています。

4. エームズの歪んだ部屋

　図 3.11（a）の部屋の中に存在する 2 つの人形は，明らかに左側が大きく見
えますが実際はほぼ同じ大きさです（図 3.11（b））。大変不思議に感じますが，
実は図 3.11（a）の部屋は特殊な構造をしています。俯瞰図（図 3.11（c））を
見ると，実はこの部屋の奥の壁が奥行き方向に傾いていることがわかります。
そして，左の人形は右に比べて手前に位置しています。つまり，左の人形は網
膜像が大きいため，大きく見えているのです。この部屋では奥行きを示す手が
かりが存在しないため，両者が異なる奥行き位置にあるようには見えず，結果
として網膜像の大きさのみに従って知覚が成立しています。このような部屋や

この現象のことを**エームズの歪んだ部屋**と呼びます。

3.3.4　その他の視覚の特性

1. 図 と 地

　ある対象の形を明瞭に知覚するためには，その形以外の部分を背景として分離して区別する必要があります（**図地分凝**）。このときの対象を**図**（figure），それ以外の背景を**地**（ground）といいます。しかし，図として知覚される領域と地として知覚される領域が交互に入れ替わって知覚されることがあります。このような図形を図地反転図形といいます。その最たる例はルビンの杯です（図3.12）。中央の杯に注目したときと両端の人間の横顔に注目したとき，注目した対象が図，それ以外が地となり，両方を一度に図としてとらえることは大変困難です。私たちは注目した対象を選択的に見て，それ以外を抑制します。これを**知覚の選択性**といいます。

　次の絵は何に見えるでしょうか（図3.13）。何も情報を与えられないままこの絵を見ると，ただのモザイク模様が描かれた絵に見えるでしょう。しかし，絵の中央右側にダルメシアン種の犬がいるという教示を与えられたら，犬を発見することができる人が多いはずです。このように，初めに私たちがこの絵の特徴に基づいてモザイク画として処理したことを**ボトムアップ処理**といいます。これは，対象を構成する要素や特徴を検出・分析し，それをもとに全体を認識するという情報処理の方略です。一方，ダルメシアン犬がいるという教示を与えられ，絵の中から犬を発見することを**トップダウン処理**といいます。これは，

図 3.12　ルビンの杯

図 3.13　トップダウン処理の例
（写真家 James, R. C., 1966 より）

初めに経験や知識，教示などから得られた情報をもとに対象が何であるのか構えを持って認識する処理方略です。

2．知覚の恒常性

　たとえば，今50m離れている恋人が100m離れてしまった場合，網膜に映る彼・彼女の像の大きさは50mのときと比べて半分になります。しかしながら，実際に私たちが知覚している大きさにはそれほどの変化は生じません。言い換えると，網膜像の情報を修正して，一定の大きさに知覚しようとする性質が視覚系には存在しているということです。これを**大きさの恒常性**といいます。形の知覚についても同様です。丸い皿を正面から見た場合と斜めから見た場合とでは網膜像の形は異なるはずですが，知覚上はいずれも丸です。このように見る角度に依存せず，一定の形に知覚される性質を**形の恒常性**といいます。また，**明るさの恒常性**も存在します。昼間の雪と夜間の雪とでは輝度は異なりますが，いずれも「白く」知覚できるのはこの性質のおかげです。同様に，昼間の屋外でも部屋の蛍光灯の下でも，リンゴは「赤く」知覚されます。これは，色に関する知覚が照明環境に依存せず保持される**色の恒常性**です。

　このように，観察状況の変化によって対象から受容器に与えられる刺激の物理特性が変化するにもかかわらず，見かけ上の特性を保つような性質が私たちの視覚系には存在しています。**知覚の恒常性**（perceptual constancy）は，知覚体験には刺激の物理的情報だけでなく，文脈や知識，刺激を取り巻く状況なども関与していることを示しています。このような機能が存在することで，私たちは安定した知覚世界を体験することができます。

3．充塡と補完

　網膜上には視神経が集中し，視細胞が存在せず，そのため光を受容できない箇所があります。これは**盲点**と呼ばれています。**図3.14**の×印を，右目を閉

図3.14　**盲点を確認するための図**

じて左目だけで見てください。そのまま図に顔を近づけたり，遠ざけたりすると，ある地点で黒丸が見えなくなります。これは黒丸が左目の盲点に投影されたためです。しかし，私たちは日常生活で盲点を意識することはほとんどありません。その理由の一つは，盲点周辺の情報をもとに盲点部分を補って知覚しているためです。この現象は**充塡**（filling-in）あるいは**補完**（completion）と呼ばれています。カニッツァの三角形では，補完によって実際には存在しない輪郭が存在しているように見えます（**モーダル補完**）。一方で，**図3.10**のパックマンは物理的には欠けた円盤なのですが，「欠けていない黒い円盤」が白い三角形の下に存在しているように知覚されます。このように遮蔽された部分の形を自動的に補完することを**アモーダル補完**と呼びます。補完現象は，私たちの視覚系が，欠落している情報を周辺情報に基づいてつじつまを合わせて知覚しているために生じていると考えられ，空間的にも時間的にも途切れなく外界を把握するために重要なものなのです。

4. 予測と後測

　私たちは，刻一刻と変動する動的世界に身を置いています。そして，その動的変化を遅延なくスムーズに知覚しています。しかしながら，神経処理には一定の時間を要するため，実際には感覚入力から意識体験の生起までに時間差が存在しています。この神経処理の遅延は，何らかの形で補償されていると考えられています。その補償方略の一つとして考えられているのが，**予測**（prediction）と呼ばれるものです。これは，過去から現在の情報を利用することで，この先起こる事象を予測し，処理遅延を埋め合わせる方略です。一方で，ある事象について，その事象が「起こった後」に入手された情報を利用して，時間的に遡って解釈する方略も存在するといわれています。このような遡及的な方略は，**後測**（postdiction）と呼ばれています。後測的な現象の代表例は仮現運動です。仮現運動は，2つ目の刺激が提示されることで初めて運動軌道が決定されますが，2つ目の刺激が提示される前からその運動が進んでいたように知覚されます。予測や後測によって，神経処理に起因する時間差を感じることなく，外界を安定して知覚することが可能となります。

3.4 聴　覚

　次に，聴覚，すなわち音を聴くとはどういうことかについて見ていきます。聴覚は視覚と類似点もありますが，相違点もあります。ここでは，聴覚の基本的性質とさまざまな現象について押さえることにします。

3.4.1 聴覚の基本的性質

1. 音の大きさ・音の高さ・周波数

　音には物理的属性として，**振幅**（音圧；単位 Pa），**振動数**（周波数；単位 Hz），**波形**があります。また，音圧は主に音圧レベルとしてデシベル（dB）の単位で表されます。これら3つの物理的特性の関係を図に表したものは**スペクトル**と呼ばれます。人が音を聴いたときの感覚として，振幅によって音の大きさ，振動数によって音の高さ，波形によって音色が引き起こされ，振幅が高いほど大きな音に，振動数が多いほど高い音として知覚されます。しかし，これらの心理的属性は物理的特性と必ずしも一対一で対応するわけではなく，たとえば波形が同一であっても音圧や周波数の違いによって音色が異なるように感じられることがあります。

2. 可 聴 範 囲

　聴覚系が聴くことのできる音の大きさ・高さの範囲は限られており，これを**可聴範囲**（audibility range）といいます（図3.15）。音の大きさの可聴範囲は音圧によって決まり，聴くことのできる一番小さな音を**最小可聴値**，一番大きな音を**最大可聴値**といいます。ヒトの最小可聴値は0dBで，最大可聴値は約120dBです。音の高さについては，聴くことのできるもっとも低い音を**最低可聴値**（約20Hz），もっとも高い音を**最高可聴値**（約2万Hz）といいます。

　人は歳をとると次第に耳が遠くなりますが，これは最小可聴値が大きくなったと言い換えることもできます。また，加齢とともに高域の音から次第に聴こえにくくなり，75歳を過ぎると平均して5,000 ～ 6,000Hzまでしか聴こえなくなります。それに，可聴範囲は生物の種類によっても大きく異なっています。たとえば，音の高さにおいてイルカの最高可聴値は約30万Hzもの高さに達

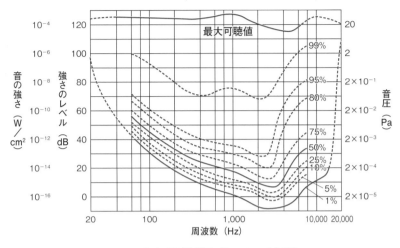

図3.15　ヒトの可聴範囲（Fletcher, 1940）

します。

3.4.2　音に関する諸現象

1.　マスキング

　工事現場の近くで人と話をすると，工事の音で相手の話がかき消されて聴き
とれなくなることがあります。このようにある音によって他の音が聴こえにく
くなる現象を**聴覚マスキング**といいます。聴覚マスキングの生起には音の大き
さや周波数が関係しています。聴覚マスキングのうち，マスクする音（例：工
事の音）とマスクされる音（例：話し声）が同時に提示されて生じるものを**同
時マスキング**，マスクする音とマスクされる音が継時的に提示されるものを**継
時マスキング**といいます。継時マスキングはさらにマスクする音が先に提示さ
れる**順向マスキング**と，マスクされる音が先に提示される**逆向マスキング**に分
かれます。また，他の音によってどのような音であるかの認知を妨害すること
を**認知マスキング**といいます。この例として，スタジアムの大歓声でアナウン
スの音自体は知覚できるけれど，何と言っているかを認知できない場合が挙げ
られます。

2. 錯　　聴

　視覚における錯視と同様に，聴覚においてもさまざまな錯覚が存在しており，これを錯聴（auditory illusion）といいます。たとえば音の高さや音源の位置，存在しない音の補完などが生じます。ここでは錯聴の代表的な例をいくつか挙げて説明します。

(1)　連続聴効果（音素修復）

　人がスピーチをするときの音声を，ごく短時間（100 ～ 200 ミリ秒）ごとに削除して無音の状態に変更したとします。このとき，スピーチは無音の部分によって途切れ途切れとなるので，非常に聴きとりづらくなります。しかし，無音の代わりに雑音へと変更した場合，スピーチは途切れ途切れとならず，削除されたはずの音声が滑らかにつながっているように聴こえます。この現象を連続聴効果（auditory continuity effect）といい，人の話し声に対する連続聴効果を特に音素修復と呼びます。これは，知覚される音が物理的な音を完全に再現したものではなく，物理的な音を脳内で処理する過程で音声の補完を行っていることを示しています。

(2)　音 脈 分 凝

　音の高さの異なる音「ド」と「ソ」がドソドソドソ……と交互に提示されるのを想像してみてください。このとき，ドドド……という音のつながりとソソソ……という音のつながりに分かれて聴こえることがあります。このように，耳に入る音の波形が 2 つ以上のつながりに分かれて聴こえることを音脈分凝（(auditory) stream segregation）といいます。

(3)　ドップラー効果

　目の前を救急車が通るときと過ぎ去るときとでは，救急車のサイレンの音の高さが異なっているように聴こえます。これをドップラー効果（Doppler effect）といいます。ドップラー効果の生起には音の周波数が関係しており，音源（例：救急車）が近づくときには時間の経過とともに波の振動が詰められることによってサイレンの周波数が高くなり，音が高くなっていくように感じられます。逆に音源が遠ざかるときには，時間の経過とともに波の振動が伸ばされてサイレンの周波数が低くなり，音が次第に低くなっていくように感じら

れます。

(4) 音の対比・同化

　私たちが知覚する対象は，その前に知覚した対象や周囲の刺激による影響を
受けます（文脈効果）。たとえば，高い音，低い音，高い音の順に音を聴いた
ときに，低い音が単独で聴いたときより高い音に聴こえることがあります。こ
れは音における同化の例といえます。同化や対比は聴覚だけでなく，視覚や触
覚といったすべての感覚で，また，さまざまな感覚次元（音の大きさや高さな
ど）で生じることが知られています。

3.5　視覚・聴覚以外の感覚および多感覚相互作用

3.5.1　触覚，味覚，嗅覚

　ここまで，主に視覚と聴覚について紹介してきました。しかし，現実の世界
はマルチメディアです。物理世界の中で適応的に生きていくには，もっとたく
さんのモダリティ（感覚）の情報をうまく処理できる必要があります。もちろ
ん，心理学は触覚，嗅覚，味覚などについても扱ってきました。触覚について
は，触2点閾（皮膚表面の2カ所に同時に圧刺激を与えたときに，それが2点
と判断できる最小の距離）に関する研究が古くに行われました。これは現在で
も大学の心理学の実験演習などでよく扱われるトピックです。味覚については，
20世紀初頭にすべての味は甘味，塩味，酸味，苦味とその組合せで表現でき
るといった4基本味説が提唱されました。近年では，これにうま味が加わった
5基本味説となっていることが多いです。一方で，味覚体験は統合的なもので
あり，分解は困難であるという基本味説とは対立する考えも存在します。嗅覚
研究は，これまで刺激の生成や制御，提示などが困難であったため比較的遅れ
をとっていました。現在では技術の発達によって以前よりも実験を実施しやす
くなってきています。触覚，味覚，嗅覚研究は，近年だんだんと勢いを増しな
がら行われるようになってきており，視聴覚に負けず新たな知見が日々得られ
ています。より詳細な仕組みや最新の知見は，それぞれの専門的な書籍などで
ぜひ確認してみてください。

3.5.2　多感覚相互作用

　それぞれの感覚モダリティは独立して並列に働いているのでしょうか。おそらくそんなことはないはずです。現に，これまでの長い心理学の歴史の中で，異種の感覚間で生じる相互作用を示す現象がいくつも発見されてきました。ここではいくつかの代表的な例を紹介します。

1.　マガーク効果

　私たちは会話している相手の発する言葉を，音の情報だけをもとに理解しているのでしょうか。他者が発する音韻を知覚する際に，聴覚情報だけでなく視覚情報からも影響を受けることがあります（McGurk & MacDonald, 1976）。たとえば「ガ（ga）」と言っている映像を見ながら「バ（ba）」という音声を聴くと，「ダ（da）」と聴こえます。この現象は**マガーク効果**（McGurk effect）と呼ばれています。マガーク効果は，音韻表象は聴覚情報と視覚情報が統合されることで形成されていることを示唆しています。

2.　ダブルフラッシュ錯覚

　聴覚情報が視覚処理に影響を与える現象の例としては，**ダブルフラッシュ錯覚**（double flash illusion；Shams et al., 2000）があります。一瞬だけ提示される視覚刺激を観察するときに，同時に短い音を2回聴くと，視覚刺激が2回提示されたように知覚されます。マガーク効果も含めて考えてみると，視覚・聴覚どちらのモダリティからでも互いの処理に影響しているようです。

3.　ラバーハンド錯覚

　ラバーハンド錯覚（rubber hand illusion；Botvinick & Cohen, 1998）と呼ばれる現象が近年注目を集めています。これは，実験参加者の手の横にゴムの手を並べて配置し，参加者自身の手を仕切りなどで見えなくした状態で，ゴムの手と参加者の手を同期して触覚刺激（たとえば筆で撫でたり）すると，ゴムの手の位置から触覚刺激が与えられていると感じる現象です。当然ながら，実際に触覚刺激を受け取っているのは実際の手のほうですので，この現象は明らかに錯覚です。

3.5.3　共 感 覚

私たちは通常，感覚情報同士を互いに区別しています。音楽を聴いていて，その情景を視覚的に思い浮かべることはあっても，実際に見ているときと同じくらいはっきりとした視覚体験を得ることはありません。しかしながら，ごくまれに特定の刺激から通常では生起することが考えられない別の感覚を感じる人が存在します。具体的には，ある音に対して色を感じたり（たとえば，「ド」という音に青色を感じる），ある文字に対して特定の色を感じたりする（たとえば，「あ」という文字に赤色を感じる）というような知覚体験を恒常的に経験する人が少数ながら存在しています。このような特殊な感覚現象は**共感覚**（synesthesia）と呼ばれています。中でも，「音を聴いて色を感じる」共感覚は**色聴**，「文字に色を感じる」共感覚のことは**色字共感覚**と呼ばれています。共感覚は単に特殊な知覚現象であるということにとどまらず，**点字**や**手話**といった，視覚や聴覚などの感覚を失った人々が用いる**感覚代行**手段として重要な意味を持っています。

3.6　おわりに

この章では私たちの感覚に関するさまざまなトピックを紹介しました。感覚情報は物理情報と必ずしも同一ではありません。それに，視覚は目だけで見ているわけでも，聴覚は耳だけで聴いているわけでもありません。私たちの意識世界は，その時点で利用可能なすべての感覚情報を使って，適応的に世界を感じるための総合的な解釈に基づいて作り上げられているようです。ただしこの働きは，実験室のような非日常的な状況では，錯視などの一見すると間違った知覚を生じることもあります。もしかすると錯覚は日常的にも生じているのかもしれません。したがって，感覚のメカニズムを知れば知るほど，今，自分が感じている世界は本当にその姿なのかという点について疑問が湧き始めます。そしていつしか，この世界への感じ方が大きく変わっていきます。感覚の研究者は，もしかするとその瞬間を楽しむために研究を続けているのかもしれません。

復習問題

1. 人間の目とカメラの間で似ている点と違っている点について説明してください。
2. 知覚の恒常性について，その働きと意義を説明してください。
3. 日常生活における錯覚かもしれない現象を1つ挙げ，その錯覚量を精神物理学的測定法を使って調べる具体的な手続きを記述してください。

参考図書

下條 信輔（1996）．サブリミナル・マインド——潜在的人間観のゆくえ——　中央
　　公論社

　感覚・知覚について研究するとはどういうことなのかについて，親しみやすい文章と多様なアプローチで紹介しています。初心者向け。

松田 隆夫（2000）．知覚心理学の基礎　培風館

　書名の通り，知覚心理学の基礎を網羅的に学ぶことができます。初心者〜中級者向け。

北岡 明佳（編著）（2011）．知覚心理学——心の入り口を科学する——　ミネルヴァ
　　書房

　本章の内容をもっと詳細に知りたい人には最適です。中級者向け。

第 4 章

"覚える"心のメカニズム

テスト前に必死になって暗記をしたり，新しく知り合った人の顔と名前をなかなか覚えられなかったり，今日出すつもりだった手紙を出し忘れたり……。皆さんの中には，"覚える"ということに苦労した経験のある人も多いのではないでしょうか。この章では，"覚える"ということがどのような心の仕組みで起こっているのかについて見ていくことにします。

4.1 "覚える"ってどんなこと？

歴史のテストで，「平安京遷都は何年の出来事か」という問題が出たとしましょう。「794 年」と答えられた人は正解です。「私，覚えてた！」「私は覚えてなかった……」のように，問題に正解したかどうかを，私たちは「覚えていた」「覚えていなかった」の一言で片づけてしまいます。しかし実際は，"覚える"ということはそんなに単純ではありません。実は"覚える"ということは，図 4.1 のようなプロセスで考えられています。

授業で最初に「平安京遷都は 794 年の出来事です」と教わったとき，その情報が頭の中に入ってきて記憶しようとする，その作業を**記銘**（memorization），もしくは**符号化**（encoding）といいます。普段皆さんは，このことを"覚える"と呼ぶかもしれませんが，実際は，"覚える"という仕事はこれで終わりではありません。授業で教わってから，テストで記憶を問われるまで，何日間か時間があきますが，その間ずっと頭の中で情報を覚え続けておかなければなりません。このことを**保持**（retention），もしくは**貯蔵**（storage）と呼びます。そしてテストで「平安京遷都は何年の出来事か」と問われたときに，頭の中にしまわれている「794 年」という情報を適切に探し出してくる必要があります。

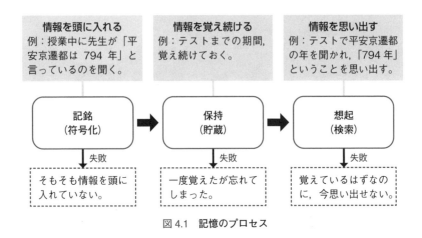

図 4.1　記憶のプロセス

この作業を**想起**（recollection），もしくは**検索**（retrieval）と呼びます。

　授業中に寝ていて，先生の「平安京遷都は 794 年の出来事です」という説明を全く聞いていなかった人は，テストで答えられないことでしょう。この人はそもそも記銘（符号化）をしていなかったということになります。授業ではちゃんと聞いていたけれど，「あれ，先生が何か言っていた気がするけれど，復習していなかったし，全く覚えてない……」という人もいるかもしれません。この人は，記銘はしたけれど保持（貯蔵）に失敗したといえます。そして，「絶対覚えているはずなのに，さっきまで覚えていたのに，今思い出せない！」という一番悔しい状態に陥ってしまった人は，想起（検索）に失敗しているのです（私はよく，芸能人の名前でこの状態に陥ります。その人の顔も出演作も思い出せるのに，名前が喉まで出かかっているのに，出てこない……このような現象のことを，**舌先現象**（tip of the tongue 現象）といいます）。

　つまり，「平安京遷都は何年の出来事か」という問題に答えられなかった人の中には，記銘（符号化）に失敗した人（最初から覚えていなかった人），保持（貯蔵）に失敗した人（一度覚えたけれど忘れてしまった人），想起（検索）に失敗した人（覚えているのに思い出せなかった人）の 3 種類の人がいるということです。記銘（符号化）→保持（貯蔵）→想起（検索）のプロセスすべてをクリアできた人だけが，「覚えていた」といえるのです。

4.2　どんなふうに覚えているの？

4.2.1　系列位置効果

　今，皆さんは新しいサークルに入ったと考えてください。目の前には初対面の人たちが 20 人いて，順番に自己紹介してくれています。「初めまして，私は佐藤です」「僕の名前は山田です，よろしくね」……。皆さんはきっと，できるだけたくさんの人の名前を覚えようと努力しながら，自己紹介を聞くことでしょう。20 人の自己紹介がすべて終わったときに，皆さんは誰の名前を覚えていて，誰の名前が頭から抜け落ちてしまっていると思いますか？

　今さっき自己紹介を聞いたばかりの，20 人目の人の名前はきっと覚えているでしょう。19 人目，18 人目ももしかしたら覚えているかもしれません。最初に自己紹介してもらった 1 人目や 2 人目の人はどうでしょうか。たぶん覚えているのではないかと思います。それでは 7 人目の人はどうでしょう。10 人目は？　13 人目は？　たぶん，中間あたりで自己紹介した人の名前は，忘れてしまっている確率が高いと思います。このことを**系列位置効果**（serial position effect）と呼びます。

　一連の単語のリストを 1 つずつ順に提示されて覚えた場合，直後にテストを

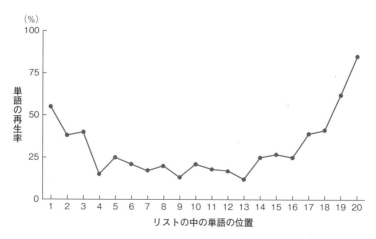

図 4.2　**系列位置曲線**（Glanzer & Cunitz, 1966 を改変）

すると，リストの最初あたりの言葉と最後あたりの言葉をよく覚えているということが知られています（結果を図で表すと図4.2のようになります）。これが系列位置効果です。リストの最初の成績がよいことを**初頭効果**（primacy effect），リストの最後の成績がよいことを**新近性効果**（recency effect）と呼びます。

　それではなぜ，この2カ所で成績がよいのでしょうか？　人は，最近覚えた新しい記憶のほうが鮮明に覚えていられるというのなら，新近性効果は説明できますが，初頭効果は起こらないはずです。頭が空っぽのときに覚えたもののほうがよく覚えていられるのだというのなら，初頭効果は説明できますが，新近性効果は起こらないはずです。しかし，私たちはリストの最初と最後の両方をよく覚えているのです。これは，私たちの頭の中に，記憶の入れ物が2つあるからだと考えられています。

4.2.2　二重貯蔵モデル

　頭の中にある2つの記憶の入れ物は，**短期貯蔵庫**（short-term store）と**長期貯蔵庫**（long-term store）と呼ばれています。図4.3を見てください。覚えようと意識した情報は，まずは短期貯蔵庫の中に入ります。この短期貯蔵庫の

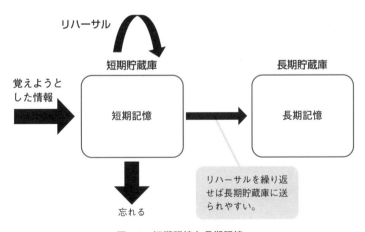

図 4.3　短期記憶と長期記憶

中で保持されている記憶のことを，**短期記憶**（short-term memory）と呼びます。短期記憶は，数十秒しか持ちません。数十秒経っても長期貯蔵庫に移ることができなかった記憶は，忘れ去られてしまうのです。短期記憶のうちのいくつかは，長期貯蔵庫に転送され，**長期記憶**（long-term memory）となります。長期記憶の保持期間には限度がありませんので，長い期間覚えておくことが可能です。このように，頭の中に短期貯蔵庫と長期貯蔵庫の2つの記憶の入れ物があると考える理論を，**二重貯蔵モデル**（マルチストア・モデル；multi-store model）と呼びます。

　新しいサークルでの自己紹介の例に戻りましょう。20人の自己紹介が終わった時点で，最後の20人目や19人目の人の名前は，まだ短期記憶になってから時間が短いですから，忘れ去られずに短期貯蔵庫の中に残っています。だからすぐに思い出すことができるのです。これが，新近性効果が起こる理由です。新近性効果は，短期記憶を思い出しているために起こるのです。

　それでは，最初に自己紹介した人の名前をよく覚えているのはなぜでしょうか。実は，短期記憶は頭の中で何度も繰返し考えると，長期貯蔵庫へと転送されやすいことが知られています。この，頭の中で繰返し考える作業のことを，**リハーサル**（rehearsal）と呼びます。たとえば，20人中最初に自己紹介した人は佐藤さんだったとしましょう。佐藤さんが自己紹介したとき，皆さんはその名前をできるだけ覚えようと努力しますから，頭の中で「この人は佐藤さん，佐藤さん……」と繰返し考えることでしょう。次に山田さんが自己紹介しているときには，「この人は山田さん。さっきの人は佐藤さんで，この人は山田さん。佐藤さん，山田さん……」と，1人目の佐藤さんも忘れないように振り返りながら，2人目の山田さんの名前も覚えようと努力するかもしれません。このように，最初のほうに自己紹介した人の名前は何度もリハーサルされることになります。その結果，最初に覚えた人の名前は長期記憶になりやすく，時間が経った後でも思い出すことができるのです。これが，初頭効果が起こる理由です。初頭効果は，何度もリハーサルされて長期記憶になった情報を思い出しているために起こるのです。

　自己紹介が7人目，8人目……となってくると，最初のほうの人を忘れない

ために復習することにも頭を使わなければならないし，次々に新しい人の自己
紹介が始まってそちらも覚えなければならないし……で，十分に頭の中でリ
ハーサルすることができません。そのため，長期貯蔵庫に移されないまま，短
期貯蔵庫の保持期限が来てしまい，忘れ去られてしまうのです。

4.2.3　短期記憶と長期記憶

　短期記憶と長期記憶にはどのような違いがあるのでしょうか。まず，すでに
述べた通り，保持しておける期間の長さが違います。短期記憶は数十秒しか持
ちませんが，長期記憶の保持期限は無限です。長期記憶になった情報は，一生
の間でも保持し続けることができるのです。ただ，一度長期記憶になった情報
を，すべて一生覚えておくことができるというわけではありません。テスト前
に一夜漬けで覚えた内容を，テストが終わるまでは覚えていたけれど，テスト
が終わって1週間もすれば，きれいさっぱり忘れてしまった，という経験があ
る人もいるかもしれません。一度長期記憶として覚えた情報でも，忘れてしま
うこともあるのです。このことについては，この章の4.5で説明します。

　また，短期記憶と長期記憶では，覚えておける量も違います。長期貯蔵庫の
容量に限度はありません。こう言うと，自分の頭の中に入る記憶の量に限度が
ないだなんて信じられない，と思う人もいるかもしれません。でも，いまだか
つて，脳の容量がいっぱいになってしまって，もうこれ以上何一つ覚えられな
いという状態に陥ってしまった人はいません（脳に損傷がある場合は別です
が）。何カ国語をも理解して操り，たくさんの知識を持った博学な人であって
も，まだまだ新しい知識を頭に入れることができます。たとえば皆さんは，人
の名前を何人分覚えていますか？　自分の名前，家族の名前，親戚の名前，こ
れまでの友人の名前（小学校時代の友人，中学時代の友人，高校時代の友人，
大学での友人……），部活や習い事やバイト先での友人・先輩・後輩の名前，
これまでに出会ってきた先生の名前……。そのような直接出会った人の名前だ
けでなく，歴史上の人物の名前，世界中の芸能人や文化人，政治家の名前……。
皆さんの頭の中には，人の名前だけでも何百，もしかしたら何千もの記憶が
入っているのではないでしょうか。そして私たちが覚えているのは人の名前だ

けではありません。物の名前，色の名前，場所の名前，ひらがな・カタカナや何千もの漢字の読み方や書き方，アルファベットや英単語の知識，英文法，数学や理科の知識，これまでに体験したさまざまな出来事の記憶……。こう考えると，こんな小さな脳の中に，どうやってこんなにたくさんの記憶が蓄えられているのかと不思議になるくらい，たくさんの記憶を私たちは保持しているのです。長期記憶の容量には限度がないということが，少しは実感していただけたのではないでしょうか。

　その一方で，短期貯蔵庫の容量には限度があります。たとえば，皆さんが買い物に行くよう頼まれたとしましょう。「買ってきてほしいものは，卵と，牛乳と，きゅうりと，ブロッコリーと，鶏もも肉と，ベーコンと，絹ごし豆腐と，トイレットペーパーと，洗濯用洗剤と，ゴミ袋と……」と続けざまに言われても，全部をいっぺんに頭に入れることはできないでしょう。これは，短期貯蔵庫の容量に限りがあるからです。

　短期記憶の容量は，7 ± 2 といわれています。電話番号や携帯番号を見て覚えて電話をかけるとき（最近は，携帯電話に記録されている番号を呼び出して電話をかけることばかりで，そんな機会もめっきり減りましたが……），何とか覚えられるけれど，これ以上桁が増えると難しいなと感じた経験がある人もいるかもしれません。7桁，8桁という電話番号くらいの情報量が，私たちの短期記憶の容量だといえます。ですが，短期記憶の容量は，7 ± 2 "桁"ではありません。7 ± 2 "チャンク（chunck）"という単位で言い表されます。

　たとえば「2387156496」という数字を覚えるとしましょう。これは10桁の数字ですから，数字を1つずつ覚えようとすると，短期記憶の容量を超えてしまいます。ですがこれを，「23＝兄さん」「87＝花」「15＝イチゴ」「64＝虫」「96＝苦労」という言葉に置き換えて，「兄さん，花，イチゴ，虫，苦労」とするとどうでしょう。10個の数字を1つずつ覚えるよりも覚えやすいのではないでしょうか。このときの「23＝兄さん」というのが1つのチャンクです。チャンクというのは，"意味のあるまとまり"という意味です。つまり，10チャンクの数字を2つずつまとめてチャンクを作り，5チャンクに減らしたわけです。5チャンクであれば，短期記憶の容量内に収まりますから，10桁の数

字であっても一度に覚えられそうです。さらに，「兄さん（23）は花（87）を育てるのが好きで，イチゴ（15）も育てているが，虫（64）が付いて苦労（96）している」という1つのストーリーにすれば，1チャンクということになり，もっと短期記憶の負担が少なく記憶することができるかもしれません。

4.2.4　感覚記憶

　人は，一瞬の間にどのくらいの情報を覚えることができるのでしょうか。スパーリング（Sperling, 1960）はそのことを調べる実験を行いました。

　スパーリングは，実験参加者たちに50ミリ秒（20分の1秒）という非常に短い時間アルファベットを見せ，直後に，何のアルファベットがどの位置にあったかを報告させました。その結果，見せる文字数がどれだけ増えても，報告できたのは4.5文字程度でした。ですが，参加者たちは，「本当はもっとたくさんのアルファベットが見えていたのに，報告をしているうちに忘れてしまい，見えたアルファベットをすべて報告することができなかった」と訴えたのです。本当にそんな一瞬の間にたくさんの情報を記憶することができるものでしょうか？　そしてせっかく覚えた情報をそんな一瞬の間に忘れてしまうことがあるのでしょうか？　この問題を解決するために，スパーリングはとても巧妙な工夫を行いました。

　図4.4のような，3行×3列のアルファベットを提示する際に，アルファベットが消えると同時に音を鳴らします。音は，高い音・中程度の高さの音・低い音の3種類で，高い音が聞こえれば一番上の行の3文字を，中程度の音が

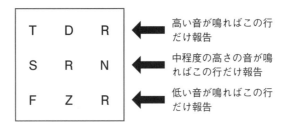

図4.4　スパーリングの実験で用いられた刺激と実験の説明（Sperling, 1960を改変）

聞こえれば真ん中の行の3文字を，低い音が聞こえれば一番下の行の3文字だ
けを報告してもらいます。アルファベットが消えてから音が鳴るので，参加者
たちは，アルファベットを見ているときには，どの行を報告しなければいけな
いかわかりません。どの行への回答を求められても答えられるようにするため
には，すべてのアルファベットを見て覚えておくしかありません。

　この実験の結果，9文字見て3文字報告する場合，正答率はほぼ100％でし
た。つまり，50ミリ秒の間に9文字のアルファベットがすべて見えていたこ
とになります。すべてのアルファベットを報告しなければならないときは，9
文字のアルファベットすべてが見えていたのに，4〜5文字程度報告している
間に，残りのアルファベットを忘れてしまったものと考えられます。

　このスパーリングの実験により，**感覚記憶**（sensory memory）の存在が明
らかになりました。つまり，見たり聞いたりしたものを一瞬で大量に覚えて，
でも非常に短い時間で忘れてしまうという記憶です。

　アトキンソンとシフリン（Atkinson & Shiffrin, 1968）が，感覚記憶・短期記
憶・長期記憶という順で情報が記憶されていくモデルをまとめています（**二重
貯蔵モデル；図4.5**）。見たり聞いたりした情報は，まずは**感覚登録器**（sensory

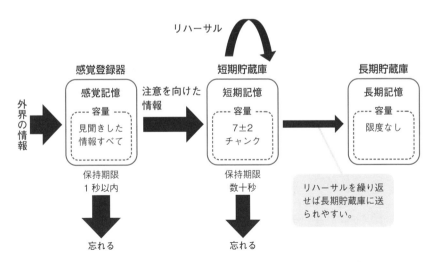

図4.5　**二重貯蔵モデル**（Atkinson & Shiffrin, 1968をもとに作成）

store）という場所で非常に短い間保持されます。この情報が感覚記憶です。
ですが，見たり聞いたりした情報をすべて長く記憶しておく必要はないでしょ
う。その中から意識を向けた情報だけが短期貯蔵庫へと移されて短期記憶にな
り，それ以外の情報は1秒以内に忘れ去られるのです。短期記憶になった情報
も，リハーサルされなければ数十秒で忘れられてしまいます。リハーサルに
よって長期貯蔵庫に転送された情報だけが，長期記憶となって定着するのです。

4.2.5 ワーキングメモリ

　二重貯蔵モデルで短期記憶と呼ばれていたものは，現在では**ワーキングメモ
リ**（working memory；**作業記憶**ともいいます）という考え方に置き換えられ
ています。

　授業を受けている場面を思い浮かべてみてください。先生が何か重要なこと
を言ったとき，皆さんはそれをメモしようとするでしょう。メモをとるために
は，メモをとり終わるまでの間，先生の言ったことを覚え続けておかなければ
なりません。ですが，皆さんがメモをとり終わるまで先生が黙って待っていて
くれることはありません。皆さんがメモをとっている間も，先生は話し続けま
す。その内容も聞いておかなければ，授業についていけなくなるでしょう。し
たがって皆さんは，メモをとり終わるまでの間，先生の言った重要なことを頭
の中に保持し続けたまま，先生の話も同時に聞いて理解する必要があるわけで
す。

　このように，私たちは日常生活の中で，一時的に何かを覚えておくと同時に
別の知的作業（考えたり，理解したり，計算したり，思い出したり……）も
行っています。そこで，ただ一時的に情報を保持するだけの短期記憶という考
え方から，情報を保持しつつ別のことも行うワーキングメモリという考え方へ
と変わってきたのです。

　ワーキングメモリについては，バッドリー（Baddeley, 2007）が図4.6のよ
うにまとめています。**音韻ループ**（phonological loop）というのは，音の情報
を一時的に保持する場所です。**視空間スケッチパッド**（visuo-spatial
sketchpad）というのは，視覚的な情報を一時的に保持する場所です。そして

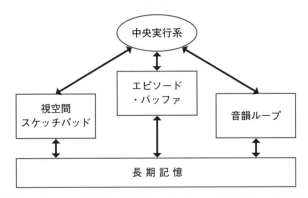

図 4.6 ワーキングメモリのモデル (Baddeley, 2007 をもとに作成)

エピソード・バッファ (episodic buffer) は,長期記憶と情報をやりとりしな
がら,音の情報や視覚的な情報を統合します。音韻ループ,視空間スケッチ
パッド,エピソード・バッファは情報を一時的に保持する場所ですが,**中央実
行系** (central executive) は情報の貯蔵庫ではありません。3 つの貯蔵庫にう
まく**注意**を配分し,私たちがすべきことをきちんと遂行できるように制御する
働きを持っています。たとえば授業中,黒板に書かれた図を見て,先生の話を
聞きながら,図や話の内容をまとめてメモをとるとしましょう。先生が話した
言葉を,メモをとるまでの間覚えておく場所が音韻ループです。また,黒板に
書かれた図をメモするためには,黒板から目を離してノートを見なければなり
ませんが,その間も黒板に書かれた図の視覚イメージは頭に残っていると思い
ます。これが視空間スケッチパッドの働きです。そして,話の内容と図を頭の
中でまとめたり,長期記憶を呼び起こして話や図の意味を理解したりするのが
エピソード・バッファです。中央実行系は,私たちが黒板の図を一時的に覚え
ることに集中しすぎて先生の話を忘れてしまったりしないよう,注意をうまく
配分しながら音韻ループ,視空間スケッチパッド,エピソード・バッファの働
きをコントロールしています。このように考えると,授業中のありふれた状況
においても,ワーキングメモリが複雑な働きをバランスをとりながら行ってい
ることがわかります。

4.3 よりよく覚えるには？

試験前に、「教科書やノートを一度見ただけで全部覚えられたらいいのに！」と思ったことのある人もいるかもしれません。ですが、私たちの脳はそのような作りになっていません。図4.5で示した通り、見たものは感覚記憶になりますが、意識しなければ1秒程度で忘れてしまいます。意識して見たものは短期記憶になりますが、それもリハーサルをしなければ数十秒で忘れてしまいます。何度も繰返しリハーサルした情報だけが、長期記憶として残るのです。試験勉強中、覚えなければならない年号を何度も繰返し唱えたり、英単語を何度も繰返し書いて覚えたことのある人もいると思いますが、それは理に適った記憶法だったわけです。それでは、覚えるためにはそのように何度も繰返し言ったり書いたりするしかないのでしょうか？

4.3.1 処理水準

皆さんは、歩行者用の信号の赤と青、どちらが上でどちらが下か覚えていますか？　何度も見たことがあるはずなのに（これまでの人生の中で、たぶん何千回、何万回と見ているのではないでしょうか？）、改めて質問されるとどちらだか自信がない人もいるかもしれません。ただ見るだけでは、何度見ても感覚記憶止まりで、長期記憶にはならないのだということがわかります。

答えは、図4.7のように、上が赤（人が静止しているイラスト）で下が青（人が歩いているイラスト）です。これを覚えなければならないとき、信号の写真を何度も何度も見て目に焼きつけたり、「上が赤で、下が青。赤・青、赤・青、赤・青……」と何度も繰返し言えば、覚えられるかもしれません。ですが、覚えるには少し時間と労力がかかりそうですし、しばらく時間が経てば忘れてしまうかもしれません。実は、上が赤で下が青という信号の色の配置には、理由があります。赤と青、どちらのほうが通行者に間違いなく見える必要があるでしょうか。答えはもちろん、赤です。「青が見えなかった」ということがあっても大きな問題にはならないでしょうが、「赤が見えなかった」というのは重大な事故につながりかねません。そこで、前に背の高い人や背の高い

図 4.7　歩行者用信号

　トラックなどがあっても隠れにくいように，見えやすい上の位置に赤色を配置しているのです。筆者はこのことを小学生のときに教えてもらって以来，歩行者用信号の色の配置について，忘れたことはありません。このように，ただ表面的に覚えようとするよりも，理由や成り立ちを知るなど，深く理解したり考えたりしたほうが記憶に残りやすくなるということを明らかにしたのが，クレイクとタルヴィングです（Craik & Tulving, 1975）。

　クレイクとタルヴィングは，実験参加者に英単語を短時間見せ，そのときに3 種類の課題を行ってもらいました。いくつかの単語については，「出てくる単語は大文字で書かれているか？」を判断してもらいます（形態条件）。また，別のいくつかの単語については，「○○という語と韻を踏んでいるか？」を判断してもらいます（音韻条件）。また，別の単語については，「×××という文章の空欄にあてはまるか？」を判断してもらいます（意味条件）。そして最後に，見た単語を覚えているかテストしたところ（実験参加者に単語を覚えてくださいとは伝えていなかったので，抜き打ちテストです），意味条件でもっとも成績がよく，形態条件の成績がもっとも悪いという結果でした。単語を見て「大文字で書かれているか，小文字で書かれているか」を判断する程度であれば，わざわざその単語が何と書いてあるのかを読まなくても，ぱっと見ただけで判断できるでしょう。一方，「韻を踏んでいるか」を判断しなければならな

い場合は，必ず書かれている語を読む必要があります。そして，「文章の空欄にあてはまるか」を判断する場合は，必ずその語を読んだ上で，意味まで考えなければなりません。このように，頭の中で行った作業の程度が違ったために，記憶への残り方が異なったと考えられます。

　この，頭の中で行う作業の程度のことを**処理水準**（levels of processing）と呼びます。形態条件では，単語を見るだけで読むことすらしないので，処理水準が浅いということができます。一方，音韻条件，意味条件となるにつれ，処理水準は深くなる，つまり，深いレベルまで考えることになります。処理水準が深くなるほど，長期記憶に残りやすくなるのです。

4.3.2　リハーサルの種類

　クレイクとタルヴィングの実験結果を踏まえると，リハーサルにも2種類あることになります。一つは，覚えたいことをただ表面的に繰り返すことで，これは**維持リハーサル**（maintenance rehearsal）と呼ばれています。維持リハーサルを行えば，情報は長期記憶として定着しやすくなります。私たちが小学2年生のときに，九九を何度も何度も唱えたり歌ったりして覚えたのは，まさに維持リハーサルです。しかし，覚えなくてはならないことすべてをその方法で覚えていては，時間と労力がかかりすぎます。意味や成り立ち，他の事柄との関係などを知る，理解する，考えるなど，処理水準を深くすることは**精緻化リハーサル**（elaborative rehearsal）と呼ばれていますが，この方法であれば維持リハーサルよりも少ない回数で（場合によっては1回のリハーサルで）長期記憶に定着するのです。

　時々，「試験前に記憶するにはどんな方法がいいですか？」と聞かれますが，一番いいのは授業をちゃんと聞いてその場で理解することだと思います。授業中，先生は知識をただ表面的に羅列するわけではなく，きちんとその裏にある意味や成り立ち，他の知識との関連などを説明してくれることでしょう。それを聞いてしっかり理解すれば，精緻化リハーサルになりますから，少し復習すれば記憶が定着すると思います。最悪なのは，授業を全く聞かずに，試験前になって教科書やノートを意味もわからずにとにかく丸暗記しようとするやり方

です。処理水準が浅い維持リハーサルになりますから，時間はかかるし，意味はわからず苦痛だし，そして忘れるのも早いのです。

4.4　記憶にはどんな種類がある？

　長期記憶の容量には限度がありません。私たちの頭の中には，信じられないくらい多くの記憶が保持されているのです。その膨大な量の長期記憶も，その性質によっていくつかの種類に分類されます。

4.4.1　長期記憶の種類

　長期記憶は，まず，**宣言的記憶**（declarative memory）と**非宣言的記憶**（non-declarative memory）に分けられます（図4.8）。宣言的記憶とは，言葉で言い表すことのできる記憶で，非宣言的記憶とは，言葉では言い表すことのできない記憶のことです。

　宣言的記憶は，さらに**意味記憶**（semantic memory）と**エピソード記憶**（episodic memory）に分類されます。意味記憶とは，いわゆる知識のことです。「リンゴを英語で言うと apple である」「昆虫の足の数は6本である」「三角形の内角の和は180度である」といったような，学校で習うような知識はもちろん，「この道具の名前ははさみである」「この色を水色と呼ぶ」「私の名前は〇〇である」といった，日常生活の中で身につける知識もまた意味記憶です。

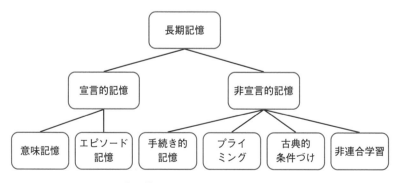

図4.8　**長期記憶の分類**（Squire, 2004 をもとに作成）

　エピソード記憶とは，過去に起こった出来事についての記憶です。「小学生のときに自転車で転んで骨折した」「高校時代に部活の試合で全国大会に出場した」「先週末友だちと話題の映画を見に行って，映画はあまり面白くなかったのだけれど，帰りに食べたパフェがおいしかった」といった記憶はすべてエピソード記憶です。子どもの頃の思い出から，昨日の夕食の内容まで，私たちの頭の中には本当にたくさんのエピソード記憶が保持されています。

　さて，意味記憶やエピソード記憶のような，言葉で言い表すことのできる宣言的記憶はよく理解できると思いますが，言葉で言い表すことのできない記憶，非宣言的記憶とはどのようなものなのでしょうか。**図 4.8** にはいくつかの種類が示されていますが，ここでは**手続き的記憶**（procedural memory）についてのみ紹介します。

　手続き的記憶とは，「自転車の乗り方」などの身体の動かし方についての記憶です。自転車の乗り方は，「両手でハンドルを握って，サドルにまたがって，ペダルに足を乗せてこぐ」と，言葉で言い表せるじゃないかと考える人もいるかもしれません。ですが，自転車の補助輪をはずしたばかりの子どもだって，そんなことは知っています。知っているけれど，補助輪なしの自転車に乗れないのです。補助輪なしの自転車をまだうまく操縦できない子どもに，「どうやったらそんなふうに上手に自転車に乗れるの？」と質問されたら，どう説明したらよいでしょう？　私たちは，たとえば自転車が右に傾いたら，左腕に力を入れてバランスをとります。そのときに左腕に力を入れすぎたら左に傾いて転んでしまいますから，ちょうどいい程度の力を入れなければなりません。右に何度傾いたときには，どのようなタイミングで左腕にどの程度の力を加えるのか，そのときに右腕にはどの程度の力を加えておくのか，そういったことをすべて言葉で説明することは不可能でしょう。言葉では説明できないけれど，私たちはうまくバランスをとりながら自転車に乗ることができます。つまり私たちは，自転車の乗り方について，言葉では言い表せない記憶を持っているのです。この，言葉に言い表せない記憶については，そんな記憶を持っているとは普段意識すらしないかもしれませんが，立つ・歩く・走る・スキップする・言葉を発音する・はさみなどの道具を使う，といった日常生活の中での身体動

作から，スポーツや楽器演奏などの訓練が必要な身体動作まで，多岐にわたる非常に多くの記憶を私たちは持っているのです。

　ちなみに，宣言的記憶と非宣言的記憶は，脳の異なる部位の働きによって作られていることが知られています。宣言的記憶，特にエピソード記憶と脳の関わりについては，H.M. という人の症例が有名です。H.M. はてんかんの治療のために，脳の**海馬**（hippocampus）という部分を含む内側側頭葉を切除する手術を受けました。手術後，H.M. は，知能は高いレベルにあり，手術以前の昔の記憶は問題なく思い出すことができるにもかかわらず，新しいエピソード記憶を作ることができなくなってしまいました（Scoville & Milner, 1957）。このことから，海馬はエピソード記憶を新しく作ることに関わっていることがわかります。なお，海馬に損傷を受けた H.M. も，身体を動かす課題に取り組んだとき，日に日にその運動が上達しました（Corkin, 1968）。つまり，海馬がなくても手続き的記憶は作られるということになります。手続き的記憶が作られる際には，大脳基底核が重要な働きをすると考えられています。宣言的記憶と手続き的記憶は，脳の全く異なる部位による働きによって作られているのです。

4.4.2　自伝的記憶

　エピソード記憶の中でも，「昨日の晩はカレーライスを食べた」というような記憶ではなく，「高校時代，部活に打ち込んでかけがえのない仲間ができた」とか，「小学生のときにとてもいい先生に出会い，将来は学校の先生になりたいと思うようになった」など，自分の人生や人格に大きな影響を与えるような出来事の記憶を，**自伝的記憶**（autobiographical memory）と呼びます。ある程度年齢を重ねた人に自伝的記憶を思い出してもらうと，何歳頃の記憶をよく思い出すかということを表したのが**図 4.9** です。国や文化が異なっても，だいたいこのような結果になることが知られています（Conway et al., 2005）。

　図 4.9 を見ると，最近の記憶をよく思い出すということがわかります。この他に，多くの研究に共通する特徴が 2 つ見出されています。一つは，3 歳以前の記憶が非常に少ないということです。このことを**幼児期健忘**（infantile amnesia）と呼びます。生まれたばかりの赤ちゃんの脳は小さく，大人と比べ

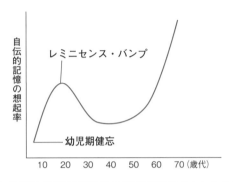

図4.9　高齢者の自伝的記憶の年代別想起率に見られるパターン

ると未熟です。エピソード記憶の生成に重要な役割を果たす海馬も，乳児の時点ではまだ発達途中なのです。また，エピソード記憶は言葉で言い表すことができる記憶である，宣言的記憶の一種であったことを思い出してください。生まれて1，2年の乳幼児はまだ十分に言葉を身につけていませんので，言葉で言い表す記憶であるエピソード記憶をうまく作れなくても無理はないでしょう。たとえばディズニーランドに遊びに行ったと考えてみてください。皆さんは，言葉を十分に操れるし，ディズニーランドについての知識をたくさん持っていますから，パレードを見ても，「音楽が流れる中，ミッキーマウスを見て，ミニーマウスを見て，色とりどりの風船を見た」と自分自身の体験を言葉で整理して記憶することができるでしょう。しかし，まだ言葉を身につけていない赤ちゃんが同じ体験をしても，さまざまな音が耳から飛び込んできて，さまざまな色や形が目の前を流れていっても，それが何であるのか，自分が体験していることを言葉で説明することができません。このような理由で，体験をエピソード記憶として定着させることが難しいと考えられます。

　2つ目の特徴は，レミニセンス・バンプ（reminiscence bump）と呼ばれるもので，10代後半から20代頃の記憶を多く思い出すというものです。この時期には，親からの自立・就職・結婚・出産など，人生における大きなイベントが数多くあるというのがその理由と考えられます。また，この時期には"初めて"の経験が数多くあるのも理由の一つです。初めての経験は，複数回目の経

験よりも印象が強く，記憶に残りやすいものです。人生で初めてのデートについては，どんな服装をしていたか，どこで待ち合わせてどこへ行って，どんな会話をしたか，どんな気持ちになったか，詳しく覚えているかもしれませんが，人生で 24 回目のデートについては，そんなに詳しく覚えていなくても無理はないでしょう。人生における初めての経験や大きなライフイベントを多く体験する 10 代後半〜 20 代の記憶は，高齢者と呼ばれる年齢になっても多く思い出すことができるのです。

4.4.3 展望的記憶

　記憶というと，過去のことを覚えておくものというイメージが強いかもしれません。ですが，私たちの頭の中には，「明後日までに図書館に本を返さなくてはいけない」「今夜 10 時から見たいテレビドラマがあるから，それまでには家に帰らなければ」などといった，未来に行うべき行為を覚えておく記憶というものもあります。これを，展望的記憶（prospective memory）といいます。展望的記憶には，時間ベースの展望的記憶（time-based prospective memory）と，事象ベースの展望的記憶（event-based prospective memory）という 2 種類の記憶があります。時間ベースの展望的記憶とは，「あと 15 分経ったら家を出よう」「明後日の 10 時に駅で友人と待ち合わせをしている」といったような，ある時間にある行為をすることを記憶しているものです。一方，事象ベースの展望的記憶は，「今度彼女に会ったら，この本を返さなければ」「次に雨が降った日には新しい傘をおろそう」といったような，ある出来事が起こったときにある行為をしようという記憶です。

　この展望的記憶の通りに行為を遂行できなかった，という経験をしたことのある人も多いのではないでしょうか。友人に会ったら伝えようと思っていたことがあったのに，そのときになったらすっかり忘れてしまった，あと 30 分経ったら家を出る準備をしようと思っていたのに，テレビを見ていたらいつの間にか時間が過ぎていて慌てて家を飛び出した……。こんなことは，私たちの日常生活の中で頻繁に起こっています。そういったとき，私たちはよく「あ！忘れてた！」などと言いますが，正確に言うと，忘れていたのではなく，思い

出せなかったのです。展望的記憶の難しさは，4.1で説明した記憶のプロセス
の中の「想起（検索）」の難しさにあります。「今度友人に会ったらこの話をし
よう」と考えたとします。次にその友人に会うまでにはしばらく時間があるで
しょうから，その間そのことをずっと意識して考え続けるわけにはいかないで
しょう。そこで，「この話をしよう」という意図は，一度意識しなくなります
（とはいえ，もちろん忘れ去ってしまったわけではなく，脳の中に保持はされ
ています）。そしてその友人に会ったそのときに，タイミングよく自発的に思
い出さなければいけないわけです。このことが難しいのです。

　それでは，この "行為を行うべきときにタイミングよく自発的に思い出す"
ということは，時間ベースの展望的記憶と事象ベースの展望的記憶では，どち
らのほうが難しいでしょうか？　セレンらは，オフィスで働く人たちを対象に，
通常通りに仕事をしながら，あらかじめ決められた時間になったら身につけた
バッジのボタンを押してもらうという条件（時間ベース条件）と，あらかじめ
決められた場所に来たときに身につけたバッジのボタンを押してもらうという
条件（事象ベース条件）で実験を行い，どちらのほうがきちんと遂行できる確
率が高いか比較しました（Sellen et al., 1997）。その結果，時間ベース条件のほ
うが，仕事中より頻繁に「時間になったらボタンを押さなければならない」と
いうことを考えたにもかかわらず，事象ベース条件よりも，実際に決められた
通りにボタンを押した確率はずっと低かったことが明らかになりました。この
ように，事象ベースの展望的記憶よりも時間ベースの展望的記憶のほうが，タ
イミングよく思い出して遂行することが難しいのです。

　これは，事象ベースの展望的記憶の場合，想起の手がかり（思い出すきっか
け）があるためだと考えられます。事象ベースの展望的記憶は，「何らかの出
来事が起こったときに，何らかの行為を行う」というものですが，その "出来
事" が，やるべきことを思い出す手がかりになるのです。セレンらの実験でい
えば，仕事中に移動してある場所に来たとき，その場所の光景を見ることが
きっかけとなり，「あ，そういえばここに来たらボタンを押すんだった」と思
い出すことができるかもしれません。ですが，時間については，仕事中に思い
出す手がかりがありません。ずっと時計とにらめっこしているわけにはいきま

せんから，時計から目を離して仕事をしていると，つい，気づいたら決められた時間が過ぎているということになってしまうのです。

　ということで，時間ベースの展望的記憶のほうが予定通りに遂行することが難しいのですが，その分，日常生活では時間ベースの展望的記憶を思い出すためのツールがたくさんあります。手帳やカレンダー，スマホのスケジュールアプリ，アラーム，場合によっては家族や友人に「時間になったら教えて」とお願いすることもできます。こういった工夫のおかげで，私たちは時間ベースの展望的記憶も，何とか思い出しながら生活できているのでしょう。

4.5　忘れるってどんなこと？

　4.2で説明した通り，私たちは見たり聞いたりしたものをすべて覚えておけるわけではありません。意識した情報だけが感覚記憶から短期記憶になり，リハーサルを経た情報だけが長期記憶になります。そうやって苦労して長期記憶になったものも，すべてを一生覚えておけるわけではなく，時間が経てば一部は忘れてしまいます。それでは，忘れるということは，いったいどのような仕組みで起こるのでしょうか。

4.5.1　エビングハウスの忘却曲線

　エビングハウス（Ebbinghaus, H.）は記憶に興味を持ち，自分自身を対象にしてたくさんの実験を行いました。文字をランダムに組み合わせた単語をたくさん作り（実在しない，意味のない単語なので**無意味つづり**と呼ばれます），それを覚えて時間をあけてテストをする，ということを，文字の長さを変えたり，一度に覚える量を変えたり，テストまでの時間の長さを変えたり，さまざまな条件で何度も繰り返したのです。その結果明らかになった，記憶してから何日後にどれだけ覚えているかというデータを示したのが，図4.10です。最初の1日で急激に忘れ，その後の忘れ方は緩やかなのがわかります。このグラフはエビングハウスの**忘却曲線**（forgetting curve）と呼ばれています。

　短期記憶の保持期限は数十秒ですから，1時間後のテストで覚えていた単語

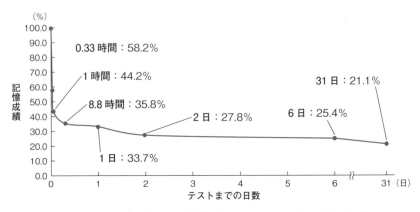

図 4.10　**エビングハウスの忘却曲線**（Ebbinghaus, 1885 をもとに作成）

は，いったんは長期記憶になったものと考えられます。ですが，その単語も 1
カ月後には半分ほど忘れてしまっています。テスト直前に頭に詰め込んだ知識
は，テストを受けるときまでは何とか覚えていられても，1 カ月もすれば頭か
ら抜け落ちてしまうのと同じですね。長期記憶となった情報も，すべてが記憶
に残り続けるわけではないのです。

4.5.2　忘却の理論

　それでは，私たちは一度覚えたものをどのようにして忘れてしまうのでしょ
うか。この忘れるということの仕組みについては，いくつかの理論があります。
　まずは，時間が経つと頭の中の記憶の痕跡がだんだんと薄れ，なくなってし
まうというものです。これは**減衰説**（decay theory）と呼ばれます。私は大学
を卒業してから数十年経ちますが，この数十年間一度も使うことがなかった大
学時代の学籍番号を，全く思い出せません。思い出そうとしても，1 桁の数字
も思い浮かばないし，まず何桁の番号だったのかすら思い出せません。今，
「あなたの大学時代の学籍番号はこれですよ」と教えられても，初めて聞く番
号のように感じるかもしれません。このように，過去に一度覚えたはずのもの
を，再び見聞きしたときに初めて知ったように感じるのであれば，それは減衰
説の忘れ方をしているのでしょう。頭の中から記憶が完全になくなってしまっ

ているのです。

　ですが，この忘れ方をすることは意外にも少ないようです。実際には，忘れたと思っていても，その情報を教えてもらうと「あ，そういえばそうだった」と思い出すことが多いのです。「そういえばそうだった」と思い出せるということは，その情報が頭の中から完全に消え去っていたわけではない，ということです。これは**検索失敗説**（retrieval failure theory）と呼ばれます。つまり，情報は頭の中に保持できているのですが，それを検索することができない状態であるということです。

　この章の最初の例に戻って説明してみましょう。歴史の授業で「平安京遷都は794年の出来事です」と教えてもらったはずなのに，「平安京遷都は何年の出来事か」というテストの問いに答えられなかったとします。後から答えを確認してもまるで初めて聞く話のように感じたら，そのときは，記憶の保持（貯蔵）自体ができていません。これは減衰説の忘れ方です。テストのときには答えられなかったけれど，後から友だちに答えを確認したら「そういえばそうだった！」と思い当たった場合は，検索失敗説の忘れ方です。この2つの理論はどちらか一方が正しいというものではなく，どちらの忘れ方もあり得るのです。

　また，頭の中にある別の記憶の影響を受けてしまうことで，思い出せなくなることもあります。これを**干渉説**（interference theory）といいます。たとえば野球観戦が趣味で，年に何度も球場に足を運ぶ人は，「去年観に行った試合で，あの選手がファインプレーをしたのは，中日戦だったっけ？　横浜戦だったっけ？」「そのときのピッチャーって，A投手だったっけ？　B投手だったっけ？」と記憶が混ざってしまい，思い出せなくなる確率が高くなります。ですが，去年初めて球場に野球観戦に行き，これまでにその一度しか球場に行ったことがない，という人は，おそらくその試合のことをはっきりと思い出せるでしょう。このように，記憶している情報量が増えるほど，そしてその記憶同士が似ているほど，干渉は起こりやすくなります。

　また，記憶は覚えているか忘れてしまったか，マルかバツかという単純なものではなく，記憶間違いが起こってしまったり，記憶が実際とは違う形に歪ん

でしまうというケースもたくさんあります（**コラム 4.1** 参照）。記憶は不思議です。私たちは日々膨大な量の情報に触れ，毎日何かを記憶したり忘れたりしながら生活しています。私たちの小さな頭の中には，信じられないくらいたくさんの情報が記憶されていて，それはさまざまな種類に分かれ，時には思い出せなくなったり，歪んだりもしながら，私たちの日常生活を支えてくれています。記憶の仕組みは大変よくできたシステムでありながら，不完全で，それでいて私たちの日常や人生にとても密接に関わるものです。この記憶の不思議さ，面白さが，長年にわたって多くの心理学者たちを引きつけ，多くの研究を生み出してきたのでしょう。

復習問題

1. 試験前に，英単語を覚えるのに苦労している高校生に対し，どのようなアドバイスができるでしょうか。マルチストア・モデルやリハーサルの種類を参考にしながら，具体的なアドバイスと，そのようにするとよい理由を説明してください。

2. 長期記憶の種類について，自分自身が持っている記憶を具体例として用いながら，それぞれどのようなものか説明してください。

3. 忘却の減衰説・検索失敗説・干渉説それぞれについて，自分自身が何かを忘れてしまった体験を具体例として用いながら，それぞれどのようなものか説明してください。

参考図書

箱田 裕司・都築 誉史・川畑 秀明・萩原 滋（2010）．認知心理学　有斐閣

　この章で紹介したような基本的な記憶の仕組みは，数多く出版されている心理学の教科書ではだいたいどの本にも載っていますが，この本では多くの実験を紹介しながら詳しく説明されています。初学者向けの書籍です。

森 敏昭（編著）（2001）．おもしろ記憶のラボラトリー　北大路書房

　この章でも紹介した，自伝的記憶や展望的記憶，その他にも記憶と感情，記憶と知識など，日常生活と密接に関わるトピックについてわかりやすく説明されています。記憶の基礎的なメカニズムを勉強した人が，さらに記憶と日常生活との関連を知りたいときに適した書籍です。

日本認知心理学会（監修）太田 信夫・厳島 行雄（編）（2011）．記憶と日常　北大路書房

　記憶研究の歴史から現代の研究に至るまで，基礎的な研究から実践的な研究まで幅広く紹介されています。記憶の脳内メカニズムや数理モデルについての章などもあり，記憶についてさらに詳しく勉強したい中級者向けの書籍です。

コラム 4.1 　目撃証言としての記憶 　　石崎千景

　記憶というのは，案外不正確なものです。人は，経験した出来事のすべてを思い出せるわけではありませんし，記憶違いをしてしまうことだって少なくありません。こうした記憶の性質は，以前から心理学者の関心を集めてきました。そして現在では，法やその隣接領域の研究者および実務家（弁護士，検察官，警察官など）からも関心を集めています。なぜならば，事件や事故に関する目撃証言もまた「記憶」であることに変わりはないからです。

　目撃証言の信頼性は，さまざまな要因によって低下することが知られています。対象からの距離や明るさといった物理的な要因は，もちろん目撃証言の正確さに影響するでしょう。しかし，視認状況さえ良好であれば信頼性の高い証言が可能かというと，必ずしもそうとは限りません。目撃証言の正確さには，種々の心理学的な要因が影響を及ぼすためです。たとえば，犯人の手に凶器が握られていた場合，凶器自体は目撃者の記憶に残りやすい一方で，犯人の顔などは記憶されにくくなるといった現象が報告されています。この現象は凶器注目効果と呼ばれ，目撃者の注意が凶器に引きつけられるために生じる可能性や，凶器を目撃することで有効視野が狭くなるために生じる可能性などが議論されています（原田，2016）。

　また，目撃者から情報を聞き出す場面では，聞きとりの手続きそのものが，結果として目撃証言の正確さを低下させてしまうことが起こり得ます。たとえば，ロフタスらの実験（Loftus & Palmer, 1974）では，実験参加者に自動車事故の映像を見てもらい，その後で「自動車が "ぶつかった" ときのこと」について思い出すよう求めました。このとき，別の実験条件では "ぶつかった" を "激突した" に変えて質問したところ，質問の趣旨は同様であるにもかかわらず，自動車のスピードはより速かったと判断され，「割れたガラスを見た」という回答も増える傾向にあったのです。質問者からの問いかけに含まれる情報によって，証言の内容が影響を受けてしまったといえるでしょう。

　それでは，目撃証言の信頼性を適切に見極めることは可能なのでしょうか。事件や事故の捜査や裁判といった場面では，それらが信頼できるものなのかどうかを何らかの方法で判断しなければなりません。そうしたとき信頼性を測る手がかりの一つとして参照されやすいのが，証人が示す自信の程度です（伊東・矢野，2005）。たとえば，「確かに事件現場でこの人を見ました！」と自信を持って述べられた証言は，「あまり覚えていませんが，この人だったような気がします……」といった自信のな

い証言よりも信頼されやすいことでしょう。しかし，目撃証言の正確さと自信との間に対応関係があるかどうかを調べた研究によれば，両者には必ずしも関係性があるわけではありませんでした（伊東・矢野，2005）。目撃証言の信頼性は，適切に判断することがなかなか難しいものなのです。

　こうした事実を踏まえ，裁判を念頭に置いた心理学者の実務では，主に 2 つの観点から，目撃証言の信頼性に対してアプローチが行われてきたように思われます。1 つ目は，目撃証言の信頼性の評価，すなわち鑑定です。心理学者による鑑定では，実際の事件に近い状況を実験的に再現し，そこで目撃した事柄について実験参加者らがどの程度正確に記憶できるかを調べる，再現実験と呼ばれる手法がしばしば用いられます（一例として，厳島（2014））。それによって，問題となっている目撃証言の信頼性について事後的な推定を行うのです。再現実験の結果，得られた目撃証言の正答率が高かったとすれば，事件当時の目撃証言もその確率に応じて信頼できると考えられ，反対に，正答率がチャンスレベル程度（適当に回答した場合と変わらない程度の正答率）であったとすれば，その証言の信頼性は低いと考えられるわけです。ただし，鑑定で得られた知見がいつでも裁判で影響力を持つかというと，必ずしもそうとは限らないのが現実です。鑑定結果をどのように重みづけしてとらえるのかは，裁判の実務における今後の課題であると考えられます（箱田，2009；厳島，2014）。

　2 つ目は，聴取方法を工夫することで，目撃証言の信頼性を高めようとする取組みです。**認知面接**（Fisher & Geiselman, 1992）や NICHD プロトコル（Lamb et al., 2007）などの司法面接の研究がよく知られており，日本でも立命館大学の仲 真紀子らの研究グループなどが，司法面接に関する研究活動を精力的に展開しています。仲らの研究グループでは，種々の研究知見に基づき司法面接のトレーニング教材を作成し，ノウハウを必要とする児童相談所職員や警察官などに研修を行う取組みをしています。仲らの研究グループが行う研修の受講者数は年々増加しており（多専門連携による司法面接の実施を促進する研修プログラムの開発と実装，2018），面接法研究への期待が社会的に高まっている様子がうかがえます。

　以上のように，記憶の問題に対しては，法の実務的な観点からもさまざまな研究が行われています。こうした学際的な取組みが今後さらに深まっていくことで，記憶研究に対する研究者および実務家の関心は，ますます高まっていくものと思われます。

第 **5** 章

"わかる" 心のメカニズム

本章では「わかる」ということについて，①既有知識と「わかる」，②学び方を「わかる」，③協同で「わかる」，④「わかる」をわかる，という異なる4つの視点から考えていきます。それらは，わかるという営みを理解するための前提が異なっているので，もしかすると少し理解しにくいと感じるかもしれません。しかし，わかるという人間の営みを理解する際の視点の違いによって多様な理解ができること，それらを重ね合わせたときにわかるという営みの複雑さと面白さが「わかる」ことを感じてもらえるとうれしく思います。

5.1　知識を深く学ぶ

何かを「わかる」とはどういうことでしょうか。このことについて考えるきっかけとして，ペレグリーノら（Pellegrino et al., 2011）が示しているアルマダの海戦の年代に関する2人の生徒のやりとりを紹介したいと思います（表5.1）。生徒1と生徒2のやりとりを比べると，同じアルマダの海戦が行われた年代という知識であっても，その「わかり方」にはずいぶん違いがあると感じられます。生徒1はアルマダの海戦が行われた年代を正しく答えていますが，その知識は他の歴史的な知識と切り離されています。それに対して生徒2は年代を正確に記憶しているわけではありませんが，アルマダの海戦がいつ頃行われたかという知識と他のさまざまな歴史的な知識が結びついています。このように「わかる」ということをわかるためには，その人が「何を」学んでいるかだけでなく，「いかに」学んでいるかに注目することが重要になります。

ソーヤー（Sawyer, 2005）はこのようなわかり方の違いについて，認知科学の研究知見が明らかにしてきた知識の深い学びの特徴を，教授主義という立場からの学習と対比して整理しています（表5.2）。教授主義とは，より多くの

表5.1　アルマダの海戦についての2人の生徒の理解（Pellegrino et al., 2001）

【生徒1とのやりとり】
Q. スペイン無敵艦隊の敗戦はいつの出来事ですか？
A. 1588年です。[正しい年]
Q. その出来事について何か教えてもらえますか。
A. 特に話すことはないですね。試験のために記憶した年代の一つですから。他にも言いましょうか？

【生徒2とのやりとり】
Q. スペイン無敵艦隊の敗戦はいつの出来事ですか？
A. 1590年あたりに違いないと思います。
Q. なんでそう考えるの？
A. 正確な年代はわかりませんが，イングランドがヴァージニアに定住しはじめたのが1600年直後くらいだということはわかっています。スペインが支配力を持っていたとすれば，彼らはそんな向こう見ずな海外探査はしないでしょう。遠征隊を組織するためには少し時間がかかるでしょうから，イングランドが海戦において優位に立ったのは，おおよそ1500年代の終わり頃に違いないと思います。

表5.2　深い学びと伝統的な授業実践との比較（Sawyer, 2005）

知識の深い学び （認知科学の知見から）	伝統的な授業実践 （教授主義）
• 深い学習のためには，学習者が新しい考えや概念を既有知識や経験と関連づけることが求められる。	• 学習者は学ぶ内容を自分の既有知識と無関係なものとして扱う。
• 深い学習のためには，学習者が自分の知識を相互に関連づけられた概念システムへと統合することが求められる。	• 学習者は学ぶ内容を相互に切り離された知識の断片として扱う。
• 深い学習のためには，学習者が基礎となる原則やパターンを探求することが求められる。	• 学習者は，「なぜ」「いかにして」といったことを理解しようとせず，ただ事実を記憶し，手続きを実行する。
• 深い学習のためには，学習者が知識を創造する対話の過程を理解し，論証を批判的に吟味することが求められる。	• 学習者は，事実や手続きを全知全能の権威的存在から渡される静的知識であるかのように認識する。
• 深い学習のためには，学習者が自身の理解と学習の過程を振り返ることが求められる。	• 学習者は学習の目的や自身の学習方略を振り返ることなく，ただ記憶をするだけである。

事実と手続きを生徒に身につけさせることを目的として，教師が生徒の頭の中に事実と手続きを注入する，といった教育観（学習観）を示す言葉です。教授主義は，能動的な知識獲得や学習過程の省察などを重視する深い学びとは対照的な考え方だといえるでしょう。知識を深く学ぶことで，その知識を保持できるだけでなく，多様な文脈に対して一般化したり，応用したりすることができると考えられます。ペレグリーノらが示している2人の生徒をこの枠組みにあてはめて考えると，生徒1は教授主義的な学習観に沿ったわかり方をしているのに対して，生徒2は深い学びに対応するようなわかり方をしているといえるのではないでしょうか。

5.2　既有知識と「わかる」

5.2.1　既有知識の重要性

　何かをわかろうとするときに，私たちは関連する知識をすでに獲得していることがあります。このような既有知識は，新しく何かをわかる上で重要な役割を果たしています。以下の文章はブランスフォードとジョンソン（Bransford & Johnson, 1972）が実験で用いたものですが，皆さんはこの文章の意味がわかるでしょうか。

　「もし風船が割れたとしたら，あらゆるものが目的の階から遠すぎることになってしまうために，その音は伝わらないだろう。たいていの建物は遮音性が高いだろうから，窓が閉められているということも音が届くことの妨げになるだろう。作業全体が電気の安定供給に依存しているため，配線が途中で切れてしまうと問題が生じる。もちろん男性は大声を出すこともできるが，人の声はそんなに遠くまで届くほど大きくはない。その他の問題として，楽器の弦が切れてしまう可能性がある。その場合には，メッセージに伴奏がなくなってしまう。距離が短いことが最適な状況であることは明らかである。その場合には，起こりうる問題は少なくなる。面と向かった場合に，計画が失敗する可能性は最も少なくなるだろう」（Bransford & Johnson, 1972）。

　おそらく大半の人が意味のわからない文章だと感じるのではないでしょうか。

図 5.1　**実験参加者に示した 2 種類の絵**（Bransford & Johnson, 1972）

　では，図 5.1 の左側の絵を見てからもう一度同じ文章を読んでみてください。今度は文章の意味がわかるようになったのではないでしょうか。ブランスフォードとジョンソンの実験では，上記の文章を録音したものを実験参加者に聞かせました。絵を見ずに録音を聞いた群，録音を聞き終わった後に絵を見た群，不完全な絵を見た群などと比べて，録音を聞く前にこの絵を 30 秒間見ていた群は，内容についての記憶成績や理解のしやすさに関する自己評定の得点が高くなることが示されました。

　ブランスフォードとジョンソンの実験では，図 5.1 の左側と右側の 2 種類の絵が比較されました。どちらも文章の中に登場する要素は同じように含まれているのですが，左の絵のみが文章理解を促進しました。文章に登場する個々の要素について事前に知っておくというだけでなく，それらの要素がどのような関係になっているのか，文章で説明されている出来事が全体としてどのような状況なのかといったような，理解の枠組みとなる抽象度の高い情報の提示が重要であったと考えられます。学習者の理解を促進するために先だって提示される枠組みは**先行オーガナイザー**（Ausubel, 1960）と呼ばれます。プレゼンテーションの冒頭に全体をまとめた図を提示することで聴衆の理解を促すといった工夫などは，この発想を活用したものといえるでしょう。

5.2.2 知識の体制化

　既有知識によって新しく学ぶ内容の理解を促すためには，単に関連する知識を保持しているというだけでなく，それらの知識がどのように**体制化**されているかという点が重要だと考えられます。チーら（Chi et al., 1981）は，物理学の熟達者（大学院の博士課程に所属する物理学専攻の大学院生）と初心者（力学に関する1学期の学習を終えたばかりの大学生）を比較して知識構造の違いを明らかにしています。チーらが行った実験では，物理学の熟達者と初心者に**図5.2**に示したような物理学の問題を分類することを求めました。初心者は「どちらも斜面の問題である」といった理由でAとBを同じ問題のグループに分類しました。それに対して熟達者はそのような表面的な類似性ではなく，「エネルギーの保存について考慮すべき問題である」といったような物理法則に基づく理解によってAとCを同じ問題のグループに分類しました。さらに，「斜面」という知識が他の知識とどのように関連づけられているか，という点について初心者と熟達者が語った内容を分析した結果，熟達者の「斜面」という知識は「ニュートンの力の法則」「エネルギーの保存」といったような「力学の原理」と結びついていることが示されました。それに対して，初心者の「斜面」という知識は「力学の原理」のような抽象的な原理や法則との結びつきは見られませんでした。このように，ある領域の熟達者と初心者では，単に

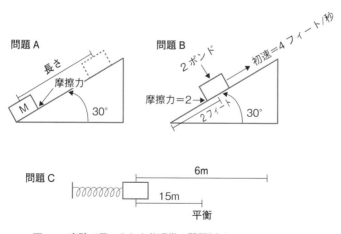

図5.2　**実験で用いられた物理学の問題例**（Chi et al., 1981）

知識の量に違いがあるだけでなく，その知識がどのような知識と関連づけられ，全体としてどのように整理されているか，といった体制化のされ方も大きく異なっており，そのことが問題解決の過程にも影響すると考えられます。

5.2.3　素朴理論と誤概念

　私たちはしばしば日常的な経験を通じて直感的に物事を理解し，そのような理解に基づいて何らかの知識を構成していることが指摘されています。このような日常の経験に基づいて構成された知識は**素朴理論**と呼ばれます。科学的に正当な手続きを踏まえて構成された知識とは異なり，誤りを含む知識であるということから**誤概念**と呼ばれることもあります。ヴォズニアドゥとブリューワー（Vosniadou & Brewer, 1992）は，子どもが地球の形という概念的な知識をどのように獲得しているかについて検討しています。小学1年生，3年生，5年生を対象にした調査の結果，図5.3に示したような理解をしている子どもたちがいることが示されました。

　「物体は支えなしでは宙に浮くことはできない」や「物体が動かずに停止した状態でいるためには，その物体は平らな面に置かれていなければならない」

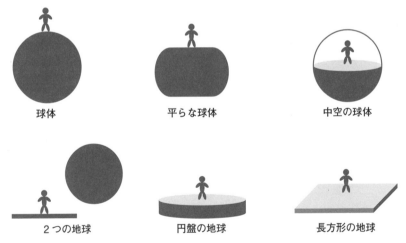

図5.3　地球の形についての子どもの理解（Vosniadou & Brewer, 1992）

といった日常の経験から構成される知識によって，地球は球体であるという科学的な知識の獲得が困難になっており，子ども独自の理解がなされていることがわかります。このような誤概念の影響は子どもだけに生じるものではなく，大人であっても物理学に関する知識などを中心にさまざまな誤概念を持っていることも指摘されています（Clement, 1982 など）。

　誤概念を修正することは容易なことではありません。そこで，誤概念の反証となる事例の与え方などに着目した効果的な介入方法の検討がなされています（進藤ら，2006）。素朴理論や誤概念に関する研究の知見を踏まえると，教師が正しい知識を伝えたからといって，子どもがその通りに理解しているとは限らないことは明確です。ですので，教授・学習過程を理解し，日々の授業実践を改善していくためには，「教師が何を教えたか」と，「子どもがどのようにわかっているか」という2つの視点から考えることが重要となるのです。

5.3 学び方を「わかる」

　何かをわかるためには，その内容に関連する豊かな知識を持っているだけでなく，効果的な考え方やわかり方についての知識や技能を持っていることや，自分自身がわかっているかどうかをわかることなども重要となります。本節ではこのような「学び方を学ぶ」という観点から，メタ認知と自己調整学習という概念を紹介します。

5.3.1 メタ認知

　認知というのは，知覚，記憶，推論といった情報処理の過程全般を表す言葉ですが，私たちはしばしば自分の認知について認知することもあります。この「自分の認知に対する認知」がメタ認知（metacognition）です。たとえば，定期試験のために授業で習った内容を記憶するとします。その際に，自分は記憶が苦手だから多くの時間を費やす必要があると考えたり，他の人に説明してみることで自分の記憶が曖昧な部分に気づいたり，やみくもに声に出して記憶するのではなく他の知識との関係を図にして整理するといったような効果的な記

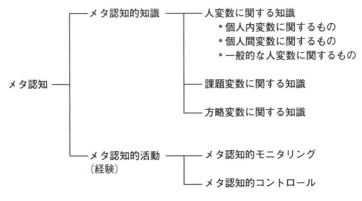

図 5.4　メタ認知概念の内容（三宮，1995）

憶方法を考えてみたりすることがあります。これらは，いずれも記憶という認知活動についての認知だといえるでしょう。

　三宮（1995）は，メタ認知を図 5.4 のように「メタ認知的活動」と「メタ認知的知識」の 2 つに分けて整理しています。メタ認知的活動は実際にメタ認知を働かせることを指しており，自分の状況を把握する「メタ認知的モニタリング」と，その結果に応じて自分の認知活動を調整する「メタ認知的コントロール」が循環的に働いていると考えられます。このメタ認知的活動を機能させる上で必要となる知識がメタ認知的知識です。自分はどのような認知活動が得意もしくは苦手なのかといったような知識や，人間の認知活動には一般的にどのような特徴があるのか，といった知識があれば，これからの学習活動において注意すべき点を考えることができます。自分は記憶が苦手だと思っている人は，知識の記憶が求められるようなテストの場合には，より多くの学習時間を費やすのではないでしょうか。その他に，これから取り組もうとしている課題の性質に関する知識や，学習方略に関する知識（どのような方略を，いつ，どのように，なぜ用いるのか）なども，メタ認知的活動の働きを支えていると考えられます。

5.3.2　自己調整学習

　自分の学習活動について，状況把握，評価，調整といったことを行う過程を**自己調整学習**（自己制御学習；self regulated learning）と呼びます。定期試験に向けて学習のスケジュールを立てる，さまざまな学習方法を試してみる，学習しやすい場所を選ぶ，試験の後に自分の学習方法を振り返る，といったことをした経験は皆さんにもあるのではないでしょうか。

　ジィマーマン（Zimmerman, 2002）は，図 5.5 に示したような自己調整学習のサイクルモデルを提案しています。このモデルは自己調整学習を 3 段階のプロセスで表現しています。最初の段階は予見です。予見は実際の学習課題に取り組む前の段階であり，自分なりの目標設定，目標到達のための下位目標設定，学習方略の計画などが行われます。学習を効果的に進めるためには，具体的で適切な水準の目標を定めることが重要です。また，予見の段階には，学習への動機づけも大きく関わります。予見の段階で，これからの学習に対する**自己効力感**（self-efficacy）や**内発的動機**を持つことができているか，これからの学

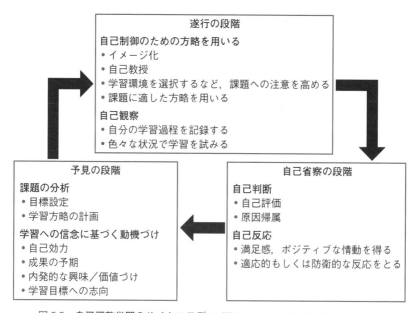

図 5.5　**自己調整学習のサイクルモデル**（Zimmerman, 2002 をもとに作成）

習が自分にとってどのような価値を持つと認識しているか，といったことがその後の学習に影響すると考えられます。予見段階における自己調整学習のための方略として「次のテストでよい点をとることができたら映画を見に行こう」といったように，課題を達成した際の報酬を自分で設定することで，自分の動機づけを高めようとすることなども考えられます（Zimmerman & Pons, 1986）。

　次の段階は遂行です。遂行は実際に課題に取り組んでいる際になされる自己調整であり，自分の学習過程について把握するための自己観察や，予見段階で設定した方略を効果的に運用する自己制御などの過程が含まれます。自己観察の例としては，学習時間や学習内容などを記録することで自分の学習過程についての気づきを得る，さまざまな状況での学習成果を比較してみることで自分に適した学習環境を把握するといったものが考えられます。村山（2005）は大学生が「空所補充型テストには暗記方略が有効である」といったテスト形式に関する暗黙の知識を持っており，そのような知識に基づいて異なる学習方略を選択していることを示していますが，課題に関するメタ認知的知識に基づいた学習方略の選択も遂行段階での自己調整の例だといえるでしょう。

　最後の段階は自己省察です。この段階の主な営みは，課題を遂行した後に自分の学習活動を振り返ることです。他の人の成績，自分の過去の成績，何らかの絶対的な評価基準などと比較しながら自己評価を行います。また，そのような結果が得られた原因を考えることや，その結果に基づく何らかの反応をすることなども含まれます。人間の能力は生まれつき決まっていて変化しない，といった考え方を持っている人がいたとしましょう。このような人が成績不振の原因を自分の能力に帰属した場合，次に何らかの学習を行う際にも「どうせ頑張っても無駄」だと思うことで動機づけの低下が生じたり，自己イメージの低下を避けるために次の試験を受験しないといったような不適応的な反応が生じたりする可能性が考えられます。

　ジィマーマンのモデルでは，自己調整学習の3つの段階は一連のサイクルとして相互に影響し合いながら展開していくと考えられます。自己調整学習が効果的に営まれている場合を想定してみましょう。予見段階で学習スケジュールや学習方略について具体的に計画しておくことができれば，遂行段階でそれら

を円滑に運用しやすくなるでしょう。また，遂行段階で学習がうまく進まなかったとしても，具体的に計画を立てることができている場合には計画と実際の学習とのズレに気づきやすくなるため，学習の仕方を自己制御しやすくなると考えられます。遂行段階で自分が何をどのように学習しているのかを詳細に自己観察しておくことで，自己省察の段階ではより綿密な振り返りが可能になります。予見の段階でしっかりと目標を設定して計画的に取り組んだ学習であれば，結果が他の生徒と比べて悪かったとしても，他者との比較だけでなく，自分自身が成長することができたか，自分にとっての目標が達成できたか，というようにさまざまな基準から自己評価を行うことができると考えられます。また，成績不振の原因を考える場合にも，学習計画や自己観察がしっかりと遂行されていれば，次の学習の際にはどこをどのように変えればよいのか，といったように学習の仕方という変容可能な原因に帰属することで次の学習についての見通しを持ち，動機づけを維持しながら次の学習に取り組むことができるでしょう。

　時間をかけて学習したとしても，効果的ではない学習方略を使用していたとすれば知識を深く学ぶことは困難だと考えられます。実際の学習場面においては，学習に費やすことができる時間は限られており，効果的に複数の学習内容に時間を配分するといったことなどが強く求められます。メタ認知を効果的に働かせることで，自分の学習状態を絶えず把握，評価，調整しながら，自己調整学習のサイクルを効果的に展開させ，主体的かつ自律的に学習に取り組んでいく学習者の育成は，現在の教育における重要な課題だといえるでしょう。

5.4 協同で「わかる」

5.4.1 協同による学びと対話の質

　本節では，他者と協同でわかるということについて考えたいと思います。私たちの日常生活の中では，自分一人でわかるというだけでなく，他者と一緒になってわかるという状況もしばしば生じます。それでは，他者と一緒になって考えれば常に課題解決や個人の学習が促されるのでしょうか。これまでの研究

は，協同活動中になされる相互作用の質が学習の成果に影響することを示してきました。たとえば，松尾・丸野（2009）は小学校の授業中に見られた子ども同士の話し合いをマーサー（Mercer, 1995）の枠組みを参考にして分類しています（**表 5.3**）。この枠組みでは「探求型の話し合い」がもっとも協同的な学びの効果を高めると想定されています。それに対して「競争型の話し合い」では，お互いが相手の意見をほとんど聞かずに自分の考えだけに基づいてバラバラに意思決定していることがわかります。これでは協同で学んでいることのよさは発揮されないでしょう。「共感型の話し合い」は一見すると話し合いがスムーズに展開しているように見えます。確かに，他の子どもから自分の意見に賛同してもらうことで自信を得たり，自分の意見に新たな根拠を付け足したりすることができるといったよさはあるでしょう。ただ，話し合いの中で子どもたちが自他の考えを振り返って，批判的に吟味，検討するような機会は少ないと考えられます。

　このように，話し合いの質によって協同による学びの成果は異なると考えられますが，質の高い話し合いを実現することは容易ではありません。効果的に話し合いを進めるためのスキルや知識の欠如，子ども間の能力の差（学力の高い子どもが低い子どもの意見を無視する，学力の低い子どもが間違いを恐れて参加を避ける）など，質の高い話し合いの実現を阻害し得るさまざまな要因の影響が想定されます。そこで，子どもたちが主体的に話し合いに参加し，互いの話をしっかりと聞き合うような学習環境のデザインが教師に求められます。たとえば，**ジグソー学習**（Aronson, 1978）では，問題解決に必要となるいくつかの知識をグループの各メンバーにバラバラに与えた上で話し合いを行うことで，そのような必然性を生み出す工夫がなされています。**相互教授法**（Palincsar & Brown, 1984）は，文章理解のための 4 つの方略（①質問，②要約，③明確化，④予想）を明確化し，教師による支援のもとで子どもたちがこれらの方略を用いながら話し合いをする状況を作り出すことで，協同での文章理解の促進と，個人における読解方略の獲得を可能にしています。

表 5.3　話し合いを通じた協同思考の分類 (松尾・丸野, 2009)

分類の枠組み	具体例
「**競争型の話し合い** (Disputational talk)」 意見の決裂と個人的な意思決定が特徴。情報が共有されることや, 建設的な批判や提案がなされることはほとんどない。主張と反論によって構成される顕著に短いやりとり。	※説明文の形式段落から中心文を班で考える場面 S1：やっぱ1番って。 S2：お前の言葉には動揺されんけどね。 S1：だから, しかしその繁栄は, っていうか……。 S3：なんでいつもS1だけ違うと？　意見。 S1：うん, だけんやっぱり1番にしよう。
「**共感型の話し合い** (Cumulative talk)」 会話の参加者は積極的にお互いが言ったことを積み重ねるが, それは批判的なものではない。参加者は蓄積によって共通の理解を構成しようとして会話を行う。繰り返しと, 確認と, 精緻化が特徴。	※説明文の形式段落から中心文を班で考える場面 S1：筆者の主張って, 最初にさ, ずばり言うやん。それで, 次々と中に入っていくような感じでいくよね。だけん1番やない？ S2：だってさ, 最後らへんに, 最後らへんに。 S3：ここ, 「3分の1にまで」 S2：うん, 3分の1にまで減少していたって, どんだけ減ってるかわからん。 S1：そうそう, わからんよね。
「**探求型の話し合い** (Exploratoly talk)」 会話の参加者が批判的で, しかし建設的にお互いの考えに関わり合っているときに生じる。発言や提案は共同で検討を行うために提示される。彼らは, 反論を述べられることも, その反論に対して, さらに反論を受けることもあるが, その反論は十分な根拠に基づくものであるし, 代替の仮説も提示される。そして, 最終的には全員の賛同を伴いながら, 考えの展開が生じる。	※主人公が, 死にそうな母になぜ話しかけなかったか, という問いを班で考える場面 S1：父が黙っているので, ひとみも黙っている。そしたら何で父もしゃべらなかったかってことになるやろ？ S2：なぜ父はしゃべらなかったか, やろ？　ひとみは父をマネしたと考えて。 S1：祈っていた？ S2：祈っとることはないと思うけど, 声をかけたら, 死がつらくなるから黙って過ごした。でも決定的証拠が。 S1：きついけん話す気力がなかったって考えるやろ？ S3：話す気力がなかったよね。けど最後やけん普通に話しかけられなかったと思う。 S1：生き抜くって信じよった. 母さんは絶対大丈夫。 S4：これはマイナスの方に考えんで, 絶対, 助かる, とか治るとかそういうことを考えながら, お母さんがんばってとか言ったら, もう死ぬみたいな感じやけん。 S2：確かにそれはそうやね。

注：談話例は, Mercer (1995, 1996) の枠組みをもとに, 筆者らが日本の学級において行った観察の中で得た談話データから選択したものです。話し合いの名称の日本語訳は, 比留間ら (2006) によるものを用いました。

5.4.2　協同的な学びと教師の足場作り

　子ども同士の協同的な学びの実現は，教師による足場作り（scaffolding；Wood et al., 1976）によって支えられています。足場作りとは，学習活動において子どもが自分で考えることができるように大人が状況に応じて行う援助のことです（8.1.6参照）。どのような援助をどのくらい提供するかということは，子どもの状況に合わせて変化していきます。相互教授法に関する研究においても，子どもたちが4つの読解方略を適切に運用することができるように，方略を説明する，方略を引き出す，使用する方略の修正を促す，子どもたちの方略使用に対して賞賛やフィードバックを返す，といったような関わりを通じて教師は積極的な足場作りを行っていることが示されています。ここでは，子ども同士の話し合いを教師が足場作りしている例として，筆者が小学校で観察した小学2年生の国語の授業におけるやりとりを示したいと思います（表5.4）。「お手紙」という教材を扱った授業で，子どもたちが登場人物の「あぁ」という言葉をどのように音読するかについて話し合っている場面です。

　表5.4に示したやりとりの中で，教師はC1の最初の発言の中の「1の場面」という表現を繰り返しつつ確認をしています。そのことで，1の場面に目を向

表5.4　小学2年生の国語の授業におけるやりとり

C1： あの，ため息，1の場面のAちゃんが言ったように，ため息をつけるように，あの，言った，言ったらいいと思います。
T： ため息をつくようなね，あの，1の場面のとき？
C2： 質問があります。
T： はい，C2さん。
C2： この前は，「あぁ」って一度も，1の場面のときに，そこは悲しい場面だったから，息を吐くようにってAちゃんは言ったけど，今はうれしくて，お手紙をもらって，あの，書いたんだよって，僕がお手紙出したんだものって聞いて，うれしい気持ちだから。この前，出したのは，悲しい，一度ももらったことないだけど，今は，ため息はあんまりつかないんじゃないですか？
C1： うーんと……ため息をつくように，明るく元気に読んだらいいと思います。
T： C1くんはじゃあ，ため息は……。
C3： 悲しいため息のほうじゃない。
T： あぁのほうじゃなくって，うれしいって気持ちを伝えたいのかな？

注：教師の発言はT，子どもの発言はCと記載しています。また，C1，C2，C3はそれぞれ別の児童の発言であることを表しています。

けた C2 が，1 の場面について学級で行った議論と C1 の発言を関連づけ，この場面でため息をつくのはおかしいのではないかという指摘をしています。教材と過去の学級での議論と現在の C1 の発言を相互に関連づけた，高度な聞き方ができているといえるでしょう。この C2 の指摘は，C1 にとっては自分の考えを振り返って説明を精緻化するという状況を生み出すことになります。C1 はうれしいときにもため息をつくことはあり，この場面ではそのような音読の仕方ができるのではないかと提案したいのですが，それをうまく伝えることができません。そこで教師は，他の児童に C1 の考えを説明するように求めたり，「うれしいって気持ちを伝えたいのかな？」と言葉を補って本人に確認をしたりしています。

　表 5.4 のやりとりにおいて，教師は積極的に子どもの発言を言い換えながら確認しています。このような言い換えと確認の中でも，教室談話において特別な機能を果たすものを，オコナーとマイケルズ（O'Connor & Michaels, 1993, 1996）はリヴォイシング（revoicing）と呼んでいます。リヴォイシングを通じて，教師は学習内容と関連づけながら児童の発言を明確化する，強調する，発言を他の児童に向けて伝え直す，考えを表現するための語彙を教える，児童の発言をわずかに変えることで話し合いを展開させる，といったことを実現していると考えられます。たとえば「あの，1 の場面のとき？」という確認を通じて，児童 C1 の発言の「複数の場面をつなげて読む」という点を強調することで，発言を理解するためのポイントを他の子どもたちに示しつつ，複数の場面をつなげて読むという読み方についても強調しています。このようにして「1 の場面とのつながり」が強調されたことで，児童 C2 の発言が引き出されたという解釈も可能でしょう。

　リヴォイシングの別の機能として，子どもたちの立場や発言の関係性を明確にすることで，**参加者枠組み**（Goodwin, 1990）を作り出すという点が指摘されています。たとえば「あぁのほうじゃなくって，うれしいって気持ちを伝えたいのかな？」という言い換えは，C1 が主張したいことを明確に全体に伝えると同時に，C1 が C2 とは異なる意見を持った参加者であるという立場を明確にしていると解釈することも可能です。このような関係性の明確化を行うこ

とで，話し合いに参加する他の児童も C1 と C2 の立場の違いを意識しながら両者の話を聞き，自分の意見をそれらに位置づけながら話し合いに参加するといった関わりが可能になると考えられます。このように，教師に支えられながら，子どもの間で協同的な話し合いが成立するといった姿を，教室ではしばしば目にすることができます。

　ヴィゴツキー（Vygotsky, 1956）は**発達の最近接領域**（ZPD; Zone of Proximal Development）という考え方を提唱しています（8.5.5 参照）。発達の最近接領域とは，子どもが独力で自主的に問題解決を行うことが可能な水準と，大人の指導や援助のもとで可能な問題解決の水準との間のズレを指す概念です。発達の最近接領域には，まさに今，そこで生成されつつある，発達の過程と可能性が現れていると考えられるのです。表5.4 の例を見ると，学級集団というレベルで生じる協同的な思考においても，教師の関わりによって発達の最近接領域が構成されているといえるでしょう。子どもたちだけで可能な協同思考のレベルと，教師の足場作りによって実現される協同思考のレベルには明らかに違いが見られます。そして，このようなやりとりを経験する中で，いつか，教師による足場作りがなくても，子どもたちは複数の考え方を比較したり，発言の論理や前提に目を向けて批判的に思考したりしながら，話を聞くことができるようになると期待されるのです。このように，教室では子ども同士という横の関係での対話と，大人と子どもという縦の関係での対話が織り合わされながら，協同的な学びが展開しています。

5.5　「わかる」をわかる

5.5.1　社会・文化的な実践と「わかる」

　「わかる」とはどういうことでしょうか。もう一度，この問いに立ち返ってみたいと思います。何が，どこまで，どのように理解できればわかったことになるのでしょうか。今，同じ教室で授業に参加している全員にとって「わかる」という行為の意味は同じなのでしょうか。本節では，「わかる」という行為そのものについての認識や信念に注目したいと思います。

表 5.5 カテゴリー分類に関する調査者とシェルのやりとり (Luriya, 1974)

シェル：この四つはみんないっしょにできる！　のこぎりは丸太をひくのに使うし，ハンマーは打ちつけるのに必要で，なたはたたっ切るのにいるけど，それをよく切るためにはハンマーが必要だ！　だからそこからはどれも取り去ることはできない。そこには余分なものはないんだ。
調査者：三つのものは〈道具〉という一つの語で呼べるけれども，丸太はだめでしょう。
シェル：それらをいっしょに使わないとすると，それらを一つの単語で呼ぶことにどんな意味があるんだね?!

　最初にこんな問題を考えてみましょう。ここに，のこぎり，丸太，ハンマー，なた，があるとします。これらをグループ分けしてみてください。あなたはどのように分類するでしょうか。たとえば「道具」として，のこぎり，ハンマー，なたを1つのグループにまとめ，丸太は「材料」として別のグループに分類する人が多いのではないでしょうか。ルリヤ（Luriya, 1974）はカテゴリー分類に関する研究の一環として，この課題を中央アジアに住む人たちに実施しました。表 5.5 は，この課題に関する調査者とシェルという人のやりとりです。

　シェルは最後まで調査者が期待する回答をしなかったようです。では，シェルはカテゴリー分類という抽象的思考ができないと考えられるでしょうか。「それらを一つの単語で呼ぶことにどんな意味があるんだね?!」という最後の発言を読む限りでは，おそらく道具という抽象的概念として分類すること自体は理解しているようです。しかし，シェルの立場からは，そのような概念化をするという行為自体の意味がわからないということです。シェルの生活の中にある，木材を加工して何かを作るといったといった実践の文脈では，のこぎり，ハンマー，なた，と，丸太は常に一緒に存在するものですし，一緒に存在しなければ何かを作ることは不可能です。ですから，そのような文脈ではむしろこれらを分離しない認識こそが意味のある思考様式ということになるのでしょう。調査者はこのようなシェルの生活の文脈を共有していません。道具と材料に分類することが「正解」とみなされる課題を当然のものとして提示していることを踏まえると，そのような分類をできることが高い知的能力を備えていることだとみなされ，社会的な価値を持つような実践の文脈の中で調査者は生活していると推測することができるでしょう。こういった，それぞれの人が認識して

いる「わかる」という行為の意味や価値の違いが，表 5.5 におけるやりとりに
反映されているのではないでしょうか。

5.5.2 授業における「わかる」の意味

　私たちの「わかる」という行為には，今，自分が参加している実践の文脈に
おける「わかる」ということの意味や，価値についての信念が影響していると
考えられます。以下では，このような信念が学校における教授・学習の過程に
及ぼす影響について考えたいと思います。以下に 2 つの算数の問題を示してい
ますので，解いてみてください。

問 1：4 つのリンゴと 7 つのオレンジがあります。掛けるといくつでしょ
　　　　う。

問 2：買い物かごにキュウリ 3 本と豆腐 2 丁とオレンジ 4 つが入っていま
　　　　す。足すといくつでしょう。

（Arimoto, 1991）

　これらの問題について，問 1 は 28，問 2 は 9，というような計算結果を得た
人も多いかもしれません。でも，問題をじっくり読んでみると，これらが現実
的におかしな問題であることがわかるはずです。リンゴとオレンジを掛け合わ
せることはできませんし，キュウリと豆腐とオレンジを足すというのもいった
い何をするということなのか想像がつきません。にもかかわらず，これらの問
題を「算数の問題」として小学 5 年生に出題したところ，80％以上が計算をし
て答えを出したという調査結果が示されています（Arimoto, 1991）。このよう
な結果が生じた原因の一つとして，小学校の算数の授業における「わかる」と
は，問題の意味などは考えずに，求められている計算を素早く，正確に処理す
ることである，といったような暗黙の理解や信念の影響を想定することも可能
でしょう。

　授業における「わかる」ということについての信念の影響は，児童や生徒だ
けでなく教師にも及ぶと考えられます。秋田（1996）は大学生 219 名と現職教
員 125 名を対象として「授業とは～のようだ。なぜなら……」という形式で比

喩の作成を求めることで授業イメージを調査しています。「授業」「教師」「教えること」について生成された比喩を分類した結果，「授業」については「教師生徒の協同作成の場」（キャッチボール，オーケストラなど），「伝達の場」（テレビ，ラジオ番組，映画など），「教師の学びの場」（鏡，旅など）といったような多様な理解がなされていることが示されました。また，「伝達の場」に含まれる比喩を生成した人は，教師の役割について「権力者」（岩，鬼）や「伝達者」（役者，ロボット）などの比喩を生成する割合が高く，「教師生徒の協同作成の場」「教師の学びの場」に含まれる比喩を生成した人は，教師の役割について「育て手」（親，農業），「支え手」（黒子，空気），「導く者」（ガイド，指揮者）などの比喩を生成する割合が高いことなども示されています。このように，授業におけるわかり方，学び方，とはどのようなものかという教師の信念が，授業における振る舞いにも影響する可能性があることが示されています。

5.5.3 「わかる」ことの信念への介入

　授業という営みに関連する信念としては，教室談話への参加の仕方についての規範としての**グラウンド・ルール**（ground rules；Edwards & Mercer, 1987），知識とはどのようなものか，知るとはどういうことかといった**認識的信念**（野村・丸野，2014），それぞれの教科領域においてどのようなものを異なる／洗練された／効率的な／受け入れ可能な解法とみなすかについての規範（たとえば，数学領域ではヤッケルとコブ（Yackel & Cobb, 2001）の**社会数学的規範**（sociomathematical norms））など，さまざまな側面からの研究がなされています。これらの研究を踏まえると，一見すると同じ「授業」という活動に参加しているけれども，授業においてわかるとはどういうことなのか，また，わかるためにはどのように振る舞うべきなのか，といったことについて，教師と子どもの間で，また，子ども同士で共通した認識が持たれているとは限らないということになります。さらに言えば，ある学級と別の学級における「授業」は同じ意味を持った営みではないかもしれません。学級の歴史性を考慮するならば，たとえ同じ学級であっても，「授業」という活動の意味が日々の実践の中

で絶えず協同構成されている可能性もあるでしょう。

　したがって，教師の立場から授業作りを考える場合，それぞれの教科内容の理解に関する働きかけも重要ですが，同時に，この学級における「授業」とはどのようなものであるのか，そういった信念を学級で協同構成していくことを促す働きかけも重要になります。この点について，松尾・丸野（2008）は，小学校の5年生時と6年生時で授業の進め方が大きく異なる2名の教師が担任をした学級を対象に，授業中の話し合いに対する子どもたちの認識の変化を調査しています。この調査では，話し合いにおいて「自分なりの考え方を大切にする」とか「自分の考えにこだわって納得いくまで考える」といった行為の意味について，実際の授業の経験を通じてさまざまに認識を変化させていった児童の存在が報告されています。このような視点を踏まえて，松尾・丸野（2009）は，教師が子ども同士の話し合いを積極的に足場作りすることによって，子どもたちに話し合いを通じた学びの意義を実感させながら，その話し合いの過程を明確化して意味づけていくことの重要性を指摘しています。

　本節では授業を例にしながら「わかる」ということをわかる，という側面の重要性について考えてみました。おそらく，このことは授業に限定された話ではないでしょう。日常のさまざまな営みの中で，私たちはさまざまな活動への参加を通じて，その実践の文脈における「わかる」という行為の意味を絶えず協同構成しているのではないでしょうか。

復 習 問 題

1. 知識の深い学びを促す学習の特徴を挙げてください。

2. 「自己調整学習」について，自分の経験からの例を示しながら説明してください。

3. 学校以外であなたが何かを学んでいる場（部活動やアルバイトなど）を1つ思い浮かべてください。そして，その場における「学び方」の特徴を説明してみましょう。

参 考 図 書

ソーヤー，R. K.（編）森 敏昭・秋田 喜代美・大島 純・白水 始（監訳）（2018）.
　　学習科学ハンドブック　第2版　第1～3巻　北大路書房

　学習科学に関する理論や研究知見の全体像を知ることができます。「人が，何を，どのようにわかるのか」といった視点から，学びの過程をもっと深く理解したいと感じた人におすすめの書籍です。

佐伯 胖（2004）.「わかり方」の探究――思索と行動の原点――　小学館

　人が何かを「わかる」とはどういうことか，について多様な視点から論じられています。具体的な例が豊富に用いられており，初学者でも読みやすい本になっています。「わかる」という営みに対する自分の理解を問い直すために，ぜひ読んでほしい一冊です。

丸野 俊一（編）（2008）.【内なる目】としてのメタ認知――自分で自分を振り返る
　　――　現代のエスプリ497　至文堂

　本章で紹介したメタ認知の働きについて，さまざまな領域の研究者が多様な観点から論じています。メタ認知という概念をさまざまな領域における研究成果とどのように関連づけることができるのかについて，より深く，幅広く学びたいという人におすすめの一冊です。

第 **6** 章
"決める" 心のメカニズム

　人間は日々いろいろなことを決めています。個人においては，晩御飯は何にしようか，どこの大学に進学しようか，異性の友だちから告白されて付き合うか否か，など。組織や社会レベルでも，新商品を売り出すかどうか，どのような法律を制定するか，といったものです。このように「決める」場面は社会にあふれている重要な要因です。将来の行動の選択肢の中から１つの行動を決めることを，心理学では意思決定（decision making）と呼びます。この章では人間が意思決定を行う際の心のメカニズムについて説明します。

6.1　意思決定における３つのアプローチ

　人間が行う**意思決定**に対する研究アプローチは大きく３つに大別されます（Bell et al., 1988）。それは，規範的アプローチ，記述的アプローチ，処方的アプローチです。

　規範的アプローチ（normative approach）とは，合理的な意思決定を行うべく，最適な選択解を示すことを目標としています。いわば，「人々がいかに意思決定すべきか」を示すアプローチです。最適解を提示することに主眼があるために，数学的手法が用いられることが多く，オペレーションズ・リサーチ，ゲーム理論，経済学などがこのアプローチにあたります。

　記述的アプローチ（descriptive approach）とは，現実の人間がどのように意思決定を行っているのかを理解することを目標としています。いわば，「人々がどのように意思決定しているのか」を示すアプローチです。この前提となっているのは，人間の合理性には限界があるという考え方です。人間の情報処理能力には限界があり，常に合理的な解を導き出せるとは限らず，現実の人間は時に不合理な判断をします。こういった現実の人間の意思決定のあり方を記述

するのが，この記述的アプローチです。心理学や認知科学がこのアプローチの代表的な研究領域です。

　処方的アプローチ（prescriptive approach）とは，前者2つのアプローチの限界点を克服するために提示されたものです（Bell et al., 1988）。規範的アプローチは，合理的な最適解を示す一方で，その最適解が現実の人間が選択できる選択肢とは限りません。反対に，記述的アプローチでは現実の人間の判断は明らかにされますが，それが最適なものとは限りません。そこで，これら2つのアプローチを相互補完的に扱い，現実の意思決定への「処方箋」を提示しようとするアプローチがこの処方的アプローチなのです。つまり，現実の人間の認知的特徴を踏まえた上で，できるだけ望ましい意思決定を追求しようとする立場です。

　心理学の立場は主に記述的アプローチです。しかし，現実の意思決定をよりよいものにするという観点からは，規範的アプローチによる最適解も踏まえた上で，よりよい意思決定に向けた処方箋を提示していくことが必要となります。とはいえ，限られた本章の紙幅ですべてを扱うのは困難ですので，本章では主に記述的アプローチの心理学研究を中心に，現実の人間がどのように意思決定を行っているのかについてご紹介します。

　本章では，意思決定の心理学研究として，2つの意思決定場面を見ていきます。一つは，個人の意思決定であり，一人で何かを意思決定することです。もう一つが，集団の意思決定であり，他の人と一緒に集団で何かを意思決定することです。

6.2　個人の意思決定

　個人の意思決定にはさまざまな特徴があります。心理学の意思決定研究は，人間の判断はいかに歪んでいるかという視点からの研究が数多くなされてきました。正確かつ客観的な判断を行うのは非常に難しく，私たちは常に「色眼鏡」を通じて判断しているといえます。そして，人間の判断の歪み方には一定の法則性があります。こうした判断の歪み方の法則性に関して，個人の意思決

定の特徴を本節では大きく3つに整理しました。それは，①早くて大まかな判断，②統計的・確率的理解の困難さ，③自己中心的判断，です。

6.2.1　早くて大まかな判断

　人間は物事を判断する際に，熟慮することなく，つい**早くて大まかな判断**を多用しがちです。こういった直感的で大雑把な判断はおおむねうまくいくため，日常場面では問題がありません。だからこそ多用されているともいえます。しかし，時には間違った結論を導くこともあり，これが重要な意思決定場面であれば大惨事につながりかねません。

1.　**自動システムと熟慮システム——二重過程理論**

　人間が物事を認識する認知プロセスに関しては，2つのシステムが同時並行で機能していることが指摘されています（Stanovich & West, 2000；Kahneman, 2011）。これは**二重過程理論**（dual-process theory）と呼ばれ，そのうちの一つが**自動システム**です（**システム1**とも呼ばれます）。たとえば，人間が他者の表情を読みとるときには，怒っている，笑っているといったことが見た瞬間に直感的に判断できます。「眉毛がつり上がっていて，口がへの字に曲がっている。これは怒っているな」といった論理的で意識的な判断は必要とされません。このように，意識して論理的に解を見出すのではなく，本人も気づかないうちに自動的に判断が下される判断が自動システムです。自動システムの特徴は，早くて大雑把であるという点です。たいていの場合うまくいくのですが，場合によっては不正確な判断となることがあります。

　もう一つが**熟考システム**です（**システム2**とも呼ばれます）。たとえば，3桁の足し算を暗算で行うときには，意識的に注意を割り当てながら，しっかりと論理的に順を追って判断を加えていきます。このような熟慮を加えながら行われる判断が熟考システムです。丁寧に意識的に順を追って判断を行うため，正確性は高いことが多いのですが，その一方で判断に時間がかかります。

　人間の認知過程では自動システムと熟考システムの2つのシステムが同時に働き，これらの総合的判断として意思決定が行われます。これら2つが同時並行で働いているのですが，ここで重要となるのは，主として本人の意識に上る

熟考システムのほうです。そのため，本人はしっかりと熟慮して合理的な判断を下したつもりでも，気がつかないうちに直感的な自動システムに従った判断になることが多いのです。このような自動システムが，次に示すようなさまざまな誤った判断を下してしまうことがあります。

2. 各種のヒューリスティック

　自動システムによる判断の典型的な機能の一つが，**ヒューリスティック**（heuristic）です。ヒューリスティックとは，ある程度のレベルで正解に近い解を得ることができる早くて簡便な便宜的判断です。人間はさまざまなヒューリスティックを駆使した自動システムによって非意識的なうちに判断を行っています。ヒューリスティックを用いた判断は通常うまくいくことが多いのですが，自動的・非意識的に働くがゆえに時々誤った判断を下してしまうことがあります。ここでは誤った判断となりがちな具体的な問題を例に挙げながら，人間が持つさまざまなヒューリスティックをそれぞれ見ていきましょう。

(1) 代表性ヒューリスティック

　代表性ヒューリスティックとは，与えられた情報から，代表的，典型的な特徴を持つことの生起確率を過大に見積もってしまうヒューリスティックです。このことを典型的に示す問題が，下の「リンダ問題」です。

　リンダは 31 歳独身で，ものをはっきり言うタイプで大変賢い女性です。彼女は大学時代には哲学を専攻していました。当時，彼女は差別問題に関心があり，反核デモにも参加していました。さて，現在のリンダは，

　(a) 銀行員でありフェミニストでもある。

　(b) 銀行員である。

のいずれかである場合，どちらだと思いますか？

　　　　　　　　　　　　　（Tversky & Kahneman, 1983 を参考に作成）

　(a) フェミニストである銀行員は，当然ながら全員が (b) 銀行員です。そのため，確率的に考えると，リンダが (a) である確率は，(b) である確率を上回ることはありません。しかしながら，多くの回答者は (a) のほうが (b) よりも起こりそうなことだと感じます。これはリンダの人物記述の内容が，

フェミニストの特徴をよく代表している典型的な内容だと感じられるためです。このように，人間には確率的な判断よりも代表性や典型性に基づいた直感的な判断がなされる傾向があります。

(2) 利用可能性ヒューリスティック

　人間は思い浮かべやすさをもとに直感的判断を行います。事例が思い浮かべやすいものほど，頻度が高い，起こりやすいと判断しがちです。これは**利用可能性ヒューリスティック**と呼ばれます。

　たとえば，アメリカでのさまざまな原因による1年間の死亡者数を参加者に推測してもらい，実際の死亡者数との値をプロットしたものが，**図 6.1** です。左下から右上への対角線よりも上にプロットされた死亡原因は過大視，下にプロットされた死亡原因は過小視されているといえます。グラフを見ると，ボツリヌス菌中毒や洪水，竜巻は過大視されているのに対して，心臓病や胃ガンは過小視されています。それは，一般的な病気と比較して，ボツリヌス菌中毒や洪水，竜巻での死亡は，まれであるがゆえに目立って記憶されやすいことや，事件・事故として多く報道されたことにより事例を思い浮かべやすいため，実際よりも多いのだと判断されてしまうのです。

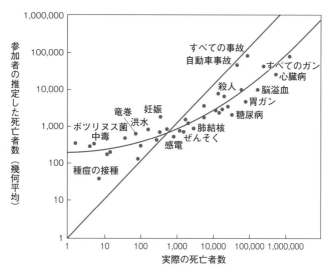

図 6.1　**アメリカにおける死者数の推測**（Lichtenstein et al., 1978；増田，2006）

3. フレーミング効果

　質問の仕方，すなわち「枠組み」によって回答が変わる効果があります。これは**フレーミング効果**（枠組み効果）と呼ばれています。次の問題を考えてみてください。

　ある国で 600 人が死亡すると予想される伝染病が発生しました。この病気を治すため，以下の 2 種類の対策が提案されました。あなたなら，どちらの対策を採用しますか。

条件①（利得枠組み）

対策 A：200 人が助かる。

対策 B：600 人が助かる確率は 3 分の 1 で，誰も助からない確率は 3 分の 2 である。

条件②（損失枠組み）

対策 C：400 人が死亡する。

対策 D：誰も死亡しない確率は 3 分の 1 で，600 人が死亡する確率は 3 分の 2 である。

（Tversky & Kahneman, 1981 をもとに作成）

　条件①では，約 7 割の回答者が対策 A を選んだのに対して，条件②では，約 8 割が対策 D を選びました。しかし，よく考えるとわかるのですが，対策 A と C は同じことを書いており，また対策 B と D も同じことを書いています。つまり，条件①も条件②も人数と確率は同じことを述べているのですが，選ばれた対策は反対のものでした。異なっているのは「助かる」という利得の枠組みで提示したか，「死亡する」という損失の枠組みで提示したかです。提示した枠組みが利得に注目させる場合，一般に人は確実なものを好み，リスクを避けます。それに対して，提示した枠組みが損失に注目させる場合，一般に不確実でリスキーな選択肢が好まれます。

4. アンカリング

　事前に与えられた数値情報に引きずられる形で，後の判断が歪んでしまうことがあります。これは，事前に与えられた数値情報が船の碇（いかり，アン

カー）のように基準点となり，その後の判断がその基準点から調整する形で判断が行われることから，**アンカリング**（anchoring）と呼ばれます。次のリスト①②それぞれの問題を考えてみてください。

リスト①

問1：アフリカ諸国が国連加盟国に占める割合は，10％よりも多いでしょうかそれとも少ないでしょうか？

問2：アフリカ諸国が国連加盟国に占める割合は，何％でしょうか？

リスト②

問1：アフリカ諸国が国連加盟国に占める割合は，65％よりも多いでしょうかそれとも少ないでしょうか？

問2：アフリカ諸国が国連加盟国に占める割合は，何％でしょうか？

(Tversky & Kahneman, 1974 をもとに作成)

リスト①と②で異なるのは，問1の際に多いか少ないかを判断させる数値が10％か65％かという点のみです。事前に10％を提示したリスト①の回答者は，問2の回答の中央値25％であったのに対して，事前に65％が提示されたリスト②の回答者では，問2の回答の中央値は45％でした。これは事前に提示された数値情報（10％か65％）を参照点に，そこから調整する形で判断するために，問題2での回答が事前の数値に近い形で回答されてしまうのだといえます。

こういったアンカリングの効果は，プロの専門家でも陥りがちなものです。住宅販売の専門家を対象とした実験では，住宅の詳細なパンフレットをもとに，住宅の販売価格を見積もってもらいました（Northcraft & Neale, 1987）。この実験には2つ条件があり，パンフレットに「11万9,900ドル」を希望販売価格に掲載していた条件では，専門家は平均11万7,745ドルだと見積もったのに対して，「14万9,900ドル」を提示した条件では，平均13万981ドルだと見積もっていました。しかも，判断の際に重視したものを3つ挙げてもらったところ，提示された希望販売価格を挙げた人はわずか8％にすぎませんでした。このように，プロの専門家さえ気づかないうちに，数値情報をアンカーにした判

断が行われているのです。

6.2.2　統計的・確率的理解の困難さ

　2つ目の個人の意思決定の特徴は，統計的・確率的理解の困難さです。人間は出来事の中に法則性を見出す賢い生き物です。だからこそ，たとえば，池で魚釣りをするときに，「雨の日にはこのスポットでよく釣れる」といったような法則を見出し，賢く生き延びてきました。その一方で，そういった法則性を見つけ出す能力は「過剰検出」の傾向があり，統計的に無関連な事例の集合の中に，時に法則性を誤って知覚してしまいがちです。この節では，そういった統計的・確率的理解の困難さについて見ていきます。

1.　サンプルサイズ（標本の大きさ）への感受性の低さ

　人はサンプル（標本）の大小によって偏りやすさが異なることについて，なかなか理解しにくいものです。次の問題を考えてみましょう。

　ある街には2つ病院があります。大病院では毎日約45人の赤ちゃんが生まれ，小病院では約15人の赤ちゃんが生まれます。ご存じの通り赤ちゃんの約50％は男の子です。しかし，正確な比率は日ごとに異なっていて，50％よりも高かったり低かったりします。

　さて，1年の間に，大病院・小病院それぞれで生まれた赤ちゃんの男の子の割合が60％以上の日はどちらが多いでしょうか？

　a.　大病院

　b.　小病院

　c.　おおよそ同じ（5％以内の違い）

（Tversky & Kahneman, 1974 をもとに作成）

　回答者の過半数が「c.　おおよそ同じ」を選んでいました。しかし，サンプルが小さい場合には偏る頻度が多くなるため，正答は「b.　小病院」です。もっと極端な例を考えると理解しやすくなります。たとえば，1日1人しか生まれない病院では，2日に1回は男の子だけが生まれる日（男の子率100％）があり，男の子の割合が60％以上の日は2日に1回あることになります。逆

に1日1,000人生まれる病院で60%にあたる600人以上に偏って男の子が生まれる日は，ほとんどないでしょう。このように実際にはサンプルが小さいほど偏った事例が起こりやすいのです。しかし，このことはあまり認識されておらず，人は小サンプルの偏りの中に（誤った）意味や法則性を見出してしまうことさえあるのです。

2. ランダムネスの知覚

コインを投げたとき，表・裏の出る確率はそれぞれ50%です。したがって，表の次に裏が出る確率も当然50%であり，「今回は表が出たから，次は裏になる」ということはありません。しかし，人間は，実際よりも変化の大きいもののほうがよりランダムであると感じます。その結果，真のランダムには何らかの法則性があるように感じられます。次の例を見てみましょう。

> A：×○×××○○○○×○××○○○×××○×
>
> B：×○×○×○○○××○×○×○○×××○×
>
> （増田，2006）

さて，AとBのどちらが「ランダム」だと感じられるでしょうか。この例だと○と×が交互に現れることがAは20回中10回，Bは14回あることから，実はAのほうがランダムです。それにもかかわらず，回答者の約半数がBのほうがランダムだと回答していました。コインを20回投げれば，そのうち4回連続して出る確率は50%，5回連続で出るのは25%，6回連続で出る確率も10%はあります。完全にランダムでも中に有意味な規則性があるかのように感じられる並びは含まれるのです。人間はランダムの中にも「法則性」のようなものを見つけてしまいがちなので，真のランダムはあまりランダムだと知覚されないのです。

こういった判断は日常のさまざまな俗信・迷信としても現れます。たとえば，スポーツで「波が来た」「流れが来た」という言い方をします。これはバスケットボールでは「hot hand」と呼ばれ，シュートが繰返し決まる状態が訪れたことを指します。しかし，心理学者が統計的に調べたところ，連続フリースローの決定率には，統計的に意味のある連続性は見られませんでした（Gilovich

et al., 1985)。つまり，バスケットボールのシュートの正否はランダムな確率
事象であり，その中に波や流れというものを人間側が誤って知覚してしまうの
だといえます。

3. 共変性の錯覚

　「急いでいるときに限って，赤信号に引っかかる」「スーパーマーケットで同
じ長さの列に並んだはずなのに，いつも隣の列のほうが早く進む」，このよう
なことばかりが自分に起きて，なんて自分は運が悪いんだろう，と感じてしま
うことはないでしょうか。しかし，当然ながら信号が通る人を狙って赤信号に
するわけではありません。つまり，まるでそのようなことが実際に起きている
かのように錯覚してしまっているのです。これは**共変性の錯覚**と呼ばれます。
この心理メカニズムを考えるためには，4分割表で考えてみるとわかりやすく
なります（図6.2）。赤信号に引っかかる日もあれば，赤信号に引っかからな
い日もあります。また，急いでいる日もあれば，急いでいない日もあります。
すると，全部で組合せは 2 × 2 = 4 パターンあります。この4パターンの中で，
どれが一番目立って感じられるでしょうか。それは「急いでいる」かつ「赤信
号に引っかかる日」です。遅刻しそうで急いでいる日に，赤信号で何度も引っ
かかると，焦りの気持ちを強く感じ，そのことが強く記憶に残ります。それに
対して，「急いでいない日に赤信号に引っかかる」こと，「急いでいる日に赤信
号に引っかからない」ことにはほとんど気づきません。その結果，先に説明し
た利用可能性ヒューリスティックによる判断（思い浮かべやすいものはよく起
きることだと感じられる）の結果，「急いでいるときに限って赤信号に引っか

図6.2　共変性の錯覚を生じさせる理由の4分割表

かりやすい」というように，つい錯覚してしまうのです。

4. 平均への回帰

　さまざまな出来事はランダムに変動し，よくなったり悪くなったりします。テストの得点も，学力が全く同じであっても，偶然自分の知っている問題が出たり出なかったり，体調がよかったり悪かったりといった理由で，成績は常に変動します。そういった場合，よいテスト成績をとった次の回には，その高得点よりは低い点に戻ることが起きやすいといえますし，逆に悪い成績の次は，その低得点よりも高い点に戻ることが起きやすいといえます。このように，あるタイミングで程度がよい状態あるいは悪い状態になったとしても，次には平均に近づいた状態に戻る場合が多いことを**平均への回帰**と呼びます。

　状態が悪いときに「祈る」と，次にはよくなることが多いものです。そのため，真の効果は存在しなくても，「祈り」がまるで状況を改善させたかのように錯覚してしまいがちです。「叱る」ことも同様で，「叱る」のは状態が悪いときなので，「叱る」ことが効果的に思えてしまうわけです。

5. 無視される統計数値情報

　そもそも人間は取りまとめられた統計情報にあまり影響を受けません。むしろ統計よりも1つの具体的な事例のほうが心を動かします。実際にこれを示した興味深い実験があります。この実験では，実験の謝礼金としてもらった5ドルのうち何ドルを寄付するかを比較しました（Small et al., 2007）。アフリカの飢餓に関する統計データを見た条件では，23％の寄付額でした。しかし，マリ共和国の Rokia という名の1人の飢えた子どもの写真を見た後では，48％を寄付しました。このように人間は実例に共感し，行動するのです。逆に言うと，統計数値だけでは人を動かすことは困難だともいえます。

6.2.3　自己中心的判断

　個人の意思決定の3つ目の特徴は**自己中心的判断**です。日常的な言葉で「自己中心的」，もしくはその俗語の「ジコチュー」という言葉は自分勝手でわがままなことを意味します。しかし，自分を大事に思わない人はいません。そういった意味で，人間は誰もが自己中心的だといえます。自己中心的であるとい

う人間の特徴は時に歪んだ判断の原因となることがあります。ここでは平均以上効果，自己奉仕的バイアス，確証バイアスの3つを紹介します。

1. 平均以上効果

人間は誰もが自分は人並み以上だと考えています。これは**平均以上効果**（above average effect）と呼ばれます。よく考えるとこれはおかしな話で「人並み」が平均を指すならば，平均以下の人は50％いるはずですので，皆が人並み以上というのは現実的にあり得ません。それにもかかわらず，アメリカの高校生を対象に，自分の社交性の高さがどのくらいの順位にあるかを尋ねたところ，自分の社交性の高さが上位10％に入ると答えたのは60％。上位1％に入ると答えたのは25％もいました（Gilovich, 1991）。多くの人が自信過剰な自己認識をしているのが端的に示されています。

2. 自己奉仕的バイアス

自分の成功は内的属性に帰属し，自分の失敗は外的属性に帰属しやすいという認知的なバイアスを**自己奉仕的バイアス**（self-serving bias）と呼びます。たとえば，学校のテストを考えてみましょう。よい成績をとったときには，自分の才能や努力といった「自分のおかげ」だと考えます。こうすることで，自分の自尊心が高まるからです。逆に，テストで悪い点をとったときには，自分のせいだとは考えません。「テストが難しすぎたから」「忙しくて勉強時間がとれなかったから」といったように，自分の外にある環境や状況に原因があると考える傾向があります。よい場合は「自分のおかげ」，悪い場合は「自分のせいではない」といった都合のよい判断がなされるのです。

3. 確証バイアス

物事を判断するときに，私たちはさまざまな情報を集めます。集めた上で中立に判断するのではなく，実は自分がもともと持っている態度にあてはまる情報ばかりに注目し，「やっぱりそうなのだ」という形で自分の持っている知識を強めます。これを**確証バイアス**（confirmation bias）と呼びます。

たとえば，有名な課題に「2—4—6」課題（Wason, 1960）があります。この課題では「2—4—6」という数列が与えられ，この数列の並びに隠されたルールをあててもらうという課題です。その際に，「A—B—C」という3つの数列

を挙げて，自分が思いついたルールにあてはまるかどうかを実験者に教えてもらうことができます。さて，読者の皆さんはどのような数列を挙げるでしょうか。

この実験では，多くの人は「2ずつ増える偶数」といったルールを想定し，「8—10—12」といった数列を尋ねようとします。ここでのポイントは，たとえば，「2ずつ増える」というルールが正しいかどうかを確認するために，ルールにあてはまるもの（「8—10—12」）を取り上げて確認しようとするという点です。「4—5—6」のように想定したルールが間違いであることを検証するやり方はとろうとしません。ちなみに，このルールの正解が「左から増加する」というものであった場合，「8—10—12」でもルールにあてはまるため，反例を挙げないと正答には辿りつけません。

こういった確証バイアスは，対人認知，すなわち他人を判断する場面でも同様に生じます。たとえば，ある実験では，インタビューで，ある人物が外向的かどうかを調べてもらうために，質問をしてもらいます。そのときに，大半の参加者は「友だちとワイワイ遊ぶことは好きですか？」と外向的であることを尋ねる質問をします。逆に，内向的な側面を否定する形での探索はほとんど行われません。(Snyder & Swann, 1978)。さらに，確証バイアスが偏見を強める場合もあります。一般的に「貧しい子どもは成績が悪い」というステレオタイプが社会で広く共有されています。したがって，ある子どもが金持ち／貧しい子どもという事前情報を与えられると，子どもの授業場面のビデオを見たときに，その子の成績がよい／悪いと判断するようになります（Darley & Gross, 1983）。このように，対人場面でも事前情報に合致する情報の確認ばかりが行われる確証バイアスは，大きな影響を持つのだといえます。

6.3　集団の意思決定

前節では，個人の，つまり1人で意思決定をする場面における心理過程を見てきました。しかし，人間社会で意思決定を行う場面を考えると，重大な物事であればこそ個人が1人で決定するのではなく，「みんな」で決めることが多

くなります。企業ではトップ・マネジメントチームでの会議によって，政治場面でも閣僚会議や国会という集団での話し合いによって，社会や集団，組織に関する意思決定を行っていくのです。このように集団で物事を決定することを**集団意思決定**（group decision making）と呼びます。ここからは，集団意思決定の特徴を見ていきます。

6.3.1　個人 vs. 集団──話し合いは効果的か？

なぜ人は集団で意思決定を行うのでしょうか。その理由の一つに，集団での判断によって，個人よりも優れた意思決定が行われると考えられていることが挙げられます。これは，ことわざで言うところの「三人寄れば文殊の知恵」というものです。さて，これは真実なのでしょうか。

心理学の実験では，個人の判断と集団の判断の良し悪しを比較してきました（Hastie, 1986；広田，2006）。集団判断課題は次の3つに大別されます。

1. 量と強度についての判断（例：ビンの中に詰められた豆の数を推定する）
2. 難しい問題を論理的に解答する判断（例：数学的な論理課題）
3. 一般的知識問題（例：「山口県で人口が一番多いのは山口市か」といった問題）

これらの課題で個人と集団を比較したところ，1のような課題では，確かに集団の判断のほうが個人の判断よりも優れていました。重要なのは2，3で得られた知見です。集団判断は平均的個人判断よりも優れていましたが，集団内でもっとも優れた個人（ベストメンバー）には及びませんでした。これは，多くの研究で指摘されているものです（Hastie, 1986；亀田，1997）。

集団での叡智を結集し，1＋1が2以上の効果を生み出す効果（創発性）が生まれるのであれば，ベストメンバーを超えて，集団のほうがよりよい判断を行うことが期待されます。しかし，心理学の実験研究では，ベストメンバーには及ばないことが多いのです。別の言い方をすると，集団意思決定よりもベストメンバー1人で決めたほうが優れており，ベストメンバーのよりよい判断を他のメンバーが足を引っ張っているともいえます。

集団が持つ効果は，サイズが大きくなることで，解決できるメンバーが加わ

る可能性が高まることが最大の要因です。逆に言うと，成員間の相互作用でプラスの効果が生まれた結果というよりは，単に個人が集まることの効果にすぎないともいえます。とはいえ，平均的に見たときには，個人よりも集団のほうが合理的な判断に優れていることには変わりはないので，集団のほうが問題が多いというわけではないことには留意する必要があります。

6.3.2　"歪み"を生み出す集団での話し合い

集団で話し合いがなされるもう一つの重要な理由は，メンバー個々人の意見を的確に集団で集約していく必要があるためでしょう。しかしながら，実は集団での話し合いは，個々人の意見を的確に集約できるとは限りません。時には集団での話し合いの過程で歪んだ意思決定が行われることがあります。そのような集団意思決定が引き起こすバイアスとして，集団極性化，共有情報バイアス，多元的無知の3つを紹介します。

1.　集団極性化

集団で話し合うことで，メンバーの多様な見解や意見がうまく集約され，平均的な結論に至るという素朴な信念を私たちは抱いています。しかし，それは本当でしょうか。心理学の研究によると，集団意思決定では，一人ひとりがもともと持っていた意見の平均よりもリスキーな意見になったり，逆により慎重な意見になったりすることが知られています。これは**集団極性化**（group polarization）と呼ばれています（図6.3）。

集団極性化は当初，リスキーな意見となる現象のみが指摘されていました。ストーナー（Stoner, 1961）は，集団で話し合いをすることで，よりリスキーな選択を行うようになることを実験で示しました。この実験の参加者は，結婚や転職，病気の手術といった人生の岐路となる選択をどのくらいの成功確率ならば選択するのかを回答しました。低い確率でも選択する場合，それはリスキーな選択を行ったといえ，高い確率でしか選択しない場合には慎重な選択を行ったといえます。実験の結果，話し合い前と比べて，参加者はよりリスキーな意思決定をするようになることが示されました。これはリスキーな方向への意見の移動ということで，**リスキーシフト**（risky shift）と名づけられました。

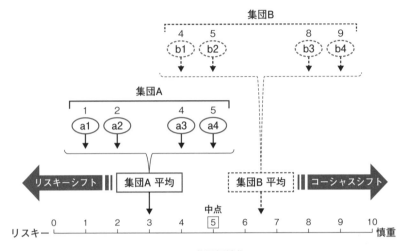

図 6.3　集団極性化

　このリスキーシフト現象は，その後数多くの実験で追試された一方で，リスキーシフトとは逆に，むしろ慎重な方向へと意見が変化することがあることも示されました（Stoner, 1968）。これは**コーシャスシフト**（cautious shift）と呼ばれます。リスキーシフトとコーシャスシフトは，一見，相対する現象のように見えますが，これは実は同じ原理で生じるものです。集団の話し合いは，もともと持つ傾向をより極端にした意思決定を導きます。もともと全体の傾向としてリスキー寄りの集団は，話し合いの中でよりリスキーになります。逆にもともとの傾向が慎重寄りの集団は，より慎重な意思決定を行います。言い換えると，集団のメンバー一人ひとりがもともとリスキー側か慎重側かのどちらかの意見に偏りがちかによって，集団判断の偏り方が決まります。このように，リスキーシフト，コーシャスシフトの両者を合わせて，極端な意思決定を行うという意味で，この現象は集団極性化と呼ばれます。

2. 共有情報バイアス

　集団で話し合うことには，お互いが持っている情報を共有するという役割があります。しかし，この集団討議における情報集約にはバイアスがかかることも指摘されています。これは**共有情報バイアス**と呼ばれるものです。集団での話し合い場面では，どういった内容が議論されるのでしょうか。こうした点を

議論したのが，**隠されたプロフィール**と呼ばれるステイサーらが行った実験研究です。

　ステイサーらの実験では，大学生に4人の集団を作ってもらい，学生組織の自治会長を話し合いで決めてもらうという架空の状況を設定しました（Stasser & Titus, 1985）。候補者は3人で，各候補者の性格や能力を示す16文のメモが参加者に配付されていました。その16個の特性のうち，候補者の長所に関して，A氏には8個，B氏とC氏には4個が記述されていました。普通に選べば，長所を多く持つA氏が選ばれると考えられます。実際に参加者4人ともが同じ情報を持っていた共有条件では，85％の集団がA氏を選んでいました。しかし，別の条件ではA氏が選ばれる確率が大きく下がりました。その条件では，A氏の8個の長所に関する情報が4人に2個ずつ分散されています。分散されているだけで，集団のメンバーのうち誰かには情報が与えられているので，話し合いの中で適切に情報を出し合えば，情報は共有されるはずです。しかし，実際にはそうならず，A氏を選んだのは20％の集団にとどまっていました。

　話し合いの中で個人のメンバー1人しか持っていない情報は，そのまま埋もれてしまうことが多く，皆が同じように持っている情報ばかりが話し合いの場に出されていることがこの実験からわかります。

3.　多元的無知

　集団での意思決定が個々人の好みの集約とはならず，むしろ誰も個人的には支持していない選択肢が，集団での意思決定で決定されてしまうことがあります。その典型例として，**多元的無知**（pluralistic ignorance）という現象を考えてみましょう（Miller & Prentice, 1994）。

　たとえば，友だちグループで旅行を計画していたときに，当日どしゃぶりの雨が降った場面を想像してください。メンバー一人ひとりの態度としては，全員が豪雨の中旅行に行くことには気が乗らず，誰もが中止にしたいと考えています。その一方で，全員が「自分以外の友だちは行きたいのであろう」と友人の態度を推測したとしましょう。すると，本来個人としては誰も旅行に行きたいわけではないにもかかわらず，誤って推測された"多数派"に同調した結果，旅行が決行されることがあります。つまり，誤って推測された成員の態度や規

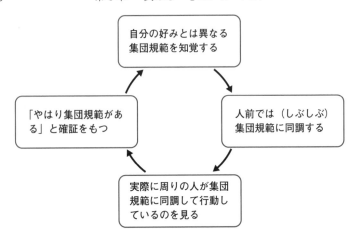

図6.4　多元的無知と集団規範の維持

範への同調がなされた結果，個々人では誰も望んでいない選択肢が集団全体として意思決定されてしまうのです。

　多元的無知が生じるメカニズムには大きく2つの段階があります。第1段階は，他者の態度は自分とは異なると推測する認知バイアスが集団全体で生じることです。第2段階は，（誤って）推測された他者意見へと皆が同調することで，集団全体で個々人の望まない行動が行われることです。

　こうした2段階の過程を経て，多元的無知は，場合によっては誰も支持しない集団規範を維持し続ける機能を持っています（図6.4）。自分の好みとは異なる集団規範を知覚したときには，たとえ心の奥底では嫌だと思いながらも，人は表面的には同調することが多いでしょう。しかし，他の人から見ると，嫌々集団規範に従っていることはわからず，むしろ他者は自発的に集団規範に沿って行動しているように見えます。その結果，「皆心の底から規範に従って行動しているのだ」と誤解をし，多くの人が支持していない不人気な集団規範が維持され続けるという奇妙なことが生じてしまうのです。

6.3.3　愚かな集団意思決定——集団浅慮

　集団での話し合いでは，時に悲劇的な結果となる愚策を決定してしまうこと

があります。賢いエリートたちの叡智を集めたはずの政治や企業トップ集団が，素人目にも愚かな決断を行ってしまうことは，日常的にニュースで見聞きします。このような愚かな結論を導く集団意思決定を，ジャニス（Janis, 1982）は**集団浅慮**（集団思考；groupthink）と名づけました。これは，「凝集性の高い集団の中で，集団内の意見の一致を重視する結果，現実的な選択肢を評価しようとしなくなる思考様式」と定義されます。ジャニスは，アメリカがキューバ・ピッグス湾侵攻に失敗した事例に基づいて，集団浅慮を説明しました。

　ケネディ政権は，1961 年 4 月，キューバのカストロ政権の転覆を目指し，アメリカ軍をキューバのピッグス湾に上陸させようとしました。しかし，この作戦は，上陸地点が悪かったり，キューバの戦力を読み間違えていたりして，大変ずさんな計画でした。その結果，上陸後すぐにキューバ軍約 2 万人に包囲されて攻撃を受け，多数の死者・行方不明者が出るとともに，生き残った侵攻軍も捕虜としてとらえられました。結局この上陸作戦は 3 日間で失敗に終わり，アメリカは補償金や食糧・医薬品をキューバに支払うこととなりました。後にCIA は内部調査の結果，「作戦，組織，人事，全般的管理の全てにわたってずさんであった」と報告しており，ケネディ大統領自身も「なぜあのような愚かな意思決定に至ったのだろうか」と嘆いたそうです（白樫，2012）。

　ケネディ政権は，アメリカ最高の頭脳を結集したトップエリート集団でした。それにもかかわらず，優秀な彼らがいったいなぜこのような愚かな意思決定を行ってしまったのでしょうか。

　それを説明する，集団浅慮が生じるプロセスを示したものが，図 6.5 です。集団浅慮を引き起こす前提条件として，ジャニスは次の 3 つを挙げています。①集団のまとまりのよさを示す凝集性が高いこと，②集団が孤立していたり，閉鎖的なリーダーシップがとられていたりなど構造的に欠陥を持つこと，③外的脅威によるストレスが高いといった状況文脈があること，です。これらの先行条件があるときには，集団の中で意見が一致するような傾向が強まります。そして，①自分たちは間違うわけがないといった集団の過大評価，②不都合な事実などを正しく解釈せず，型にはまった偏見のもとに敵を解釈したりするなどの閉鎖的な精神性，③満場一致でないといけない，異議を唱える者に圧力が

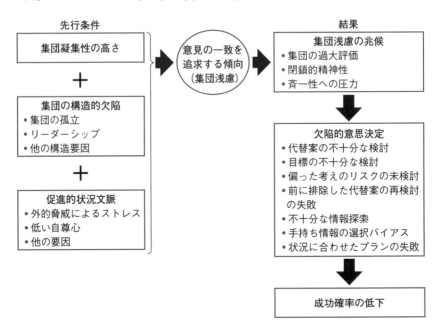

図6.5　ジャニスによる集団浅慮の生起過程（Janis, 1982）

かけられるといった斉一性への圧力，の3つの集団浅慮の兆候が現れます。こ
れらによって欠陥のある意思決定がなされた結果，集団は失敗するというのが
集団浅慮の生起過程です。

　こういった集団浅慮の過程は，多くの組織的意思決定の失敗を説明できるこ
とが示されています。提唱者のジャニス（Janis, 1982）自身が，トルーマン政
権下の北朝鮮侵攻，ルーズベルト政権下での真珠湾攻撃への対策などの分析を
行っています。また，他の研究者も，スペースシャトル・チャレンジャー号の
爆発事故（Esser & Lindoerfer, 1989），イラン・テヘランでの人質救出失敗
（Smith, 1985）などを分析しています。いずれも，集団浅慮が失敗を導いた
ケースとして検証されてきました。

　ただし，留意すべき点として，後の実証研究では，必ずしもジャニスのモデ
ルが全面的に正しいことを示してはいません。特に，ジャニスは集団浅慮にお
いて，集団の凝集性が悪影響を及ぼすことを強調していましたが，後の実証研

究では凝集性の悪影響は示されていません。たとえば代表的な研究の一つでは，実験的にリーダーシップと凝集性が意思決定の質に及ぼす効果を実験室実験によって検証したところ，リーダーシップのみの効果が指摘され，凝集性の効果は見られませんでした（Flowers, 1977）。

　むしろ凝集性は集団のパフォーマンスを促進することも指摘されています（Beal et al., 2003；Gully et al., 1995）。集団で問題解決に取り組むにあたって，チームが1つにまとまって，取り組んでいくことは重要になってきます。凝集性そのものが悪いというよりも，むしろ凝集性の中の負の側面である，異論や多様な意見を認めない硬直化した風土こそが問題だといえます。

6.4　おわりに――よりよい意思決定を目指して

　以上，心理学における意思決定研究を，個人と集団の2つの視点から概観してきました。こういった意思決定の心理学研究は，記述的なアプローチであり，現実の人間がどのように意思決定しているのかを示す研究です。つまり，現状把握はできるのですが，ではどうすればよい意思決定になるのかについては不十分だといえます。いわば，心理学は，現実の人を記述することに注力したがために，現実の意思決定場面でどうすれば優れた意思決定ができるのかについて語ることを避けてきたともいえます。

　そこで，記述的アプローチによって明らかにされた人間の意思決定が持つ限界を踏まえた上で，よりよい意思決定となる意思決定法を採用していくことが必要です。これが最初に述べた意思決定研究の3区分における処方的アプローチに相当します。現在の意思決定の心理学研究はいまだ現実の社会問題解決へと役立てることのできる段階までは至っていません。もちろんだからといって，心理学の記述的アプローチが無意味だということはありません。たとえば，近年では脱バイアス（debiasing）という，人間の認知的バイアスを避ける意思決定のあり方が考案されています。こういった脱バイアス手法を適切に用いることはよりよい意思決定をサポートするツールとなるでしょう。さらに，社会問題の解決という視点からは，いわば「決断」と呼べるような社会的問題解決

場面でのリーダーを中心としたプロジェクト集団の意思決定過程を解明していくことも重要です。現実の人間の意思決定の特徴をつぶさに把握しながら，その制限を乗り越えたよりよい意思決定のあり方を提示することが，今後の心理学研究に強く求められます。

復 習 問 題

1. 二重過程理論が想定する 2 つのシステムのそれぞれの特徴と違いについて考えてください。
2. 身の回りに存在する確証バイアスの例を考えてみましょう。
3. 集団極性化とはどういった現象か説明してください。
4. 集団浅慮が発生する 3 つの前提条件について答えてください。

参 考 図 書

広田 すみれ・増田 真也・坂上 貴之（編著）（2018）．心理学が描くリスクの世界
　　　──行動的意思決定入門──　第 3 版　慶應義塾大学出版会

　リスクを中心とした意思決定に関してまとめられた教科書です。入門者から中級者までにおすすめです。

カーネマン，D. 村井 章子（訳）（2014）．ファスト＆スロー──あなたの意思はどのように決まるか？──（上・下）　早川書房

　ノーベル経済学賞を受賞した認知心理学者カーネマンが，二重過程理論とヒューリスティックを中心に著した一般向けの書籍です。入門者から中級者までにおすすめです。

亀田 達也（1997）．合議の知を求めて──グループの意思決定──　共立出版

　集団意思決定の心理学研究に関する専門書です。中級者向け。

ブラウン，R. 黒川 正流・橋口 捷久・坂田 桐子（訳）（1993）．グループ・プロセス──集団内行動と集団間行動──　北大路書房

　やや古くなったものの，集団研究に関するまとまった日本語で読める数少ない書籍の一つです。中級者向け。

第 7 章

"やる気が出る"
心のメカニズム

　あなたは，どのようなときにやる気を出すことができるでしょうか？　日頃から，いつでもどこでもやる気を出すことができるでしょうか？　ひと口にやる気といっても，それがなぜ出たり出なかったりするのかについては，よくわからないのではないでしょうか。

　心理学では，やる気のことを「動機づけ」と呼び，さまざまな研究がすすめられています。本章では，やる気——動機づけがどのように起こるのかについて，いくつかの研究成果から見ていくことにします。なお，本章では「やる気」と「動機づけ」を必要に応じて使い分けますが，どちらも意味は同じです。

7.1　やる気をどのようにとらえるか

　やる気（motivation）は，行動を持続させるための原動力であり，人間に備わる欲求によって高まります。マズロー（Maslow, 1954）によると，人間の欲求には5つの種類があり（図10.6参照），これらの欲求は階層に従って段階的に現れるととらえられています。たとえば生理的欲求が満たされると，次に安全と安定の欲求が顕著に現れるようになります。それらがある程度満たされると，周囲との関係を求め，その中で自分の居場所を確保したいという欲求（所属と愛情の欲求）が現れるようになります。さらにそれらが満たされると，他者から認められたいと考えるようになり（承認欲求），最終的に自分の理想や目標を実現しようとする自己実現欲求が発現するようになるといわれています。

　こうした欲求によって高まるやる気は，次の2つに大別されます。一つは**外**

発的動機づけ（extrinsic motivation）で，お金や権限，その他資源などの外的
報酬を得ることを目的とした行動を促すものです。もう一つは**内発的動機づけ**
（intrinsic motivation）です。これは外的報酬を目的とした外発的動機づけとは
異なり，たとえば知的好奇心を駆り立てられて行動そのものが目的となってい
る場合のやる気などを指します。

　内発的動機づけは，外発的動機づけと比べて，前向きで積極的な行動の維持
につながりやすいといわれています。また，内発的動機づけは外発的動機づけ
が加わると大きく妨げられてしまうと考えられてきました。たとえば，デシ
（Deci, 1971）は，大学生にあるパズルの課題に取り組んでもらう実験をしまし
た（11.4.3参照）。実験参加者の半分にはパズルを解くたびに金銭を与え，も
う半分には金銭を与えないという実験条件を設定し，両方のグループにしばら
くパズルを解かせました。その後，休憩時間を与え，その間にどのような行動
をとるかを観察しました。その結果，金銭を与えられなかったグループでは，
休憩時間中も自発的にパズルを解き続けていた学生が多かったのに対し，金銭
を与えられたグループでは，休憩時間に入った途端にパズルを解くのをやめて
しまう学生が多かったことがわかりました。実験を行ったデシは，内発的動機
づけが外発的動機づけによって大きく妨げられることを指摘し，この現象を**ア
ンダーマイニング効果**（undermining effect）と命名しました。アンダーマイ
ニング効果が起こる背景には，外発的動機づけによって，内発的動機づけを支
えてきた本人の自律性が失われ，周囲にコントロールされているという実感が
芽生えたことが原因であると考えられています。

　内発的動機づけと外発的動機づけは対照的な概念として位置づけられてきま
したが，その後の心理学研究では，たとえ外発的動機づけによって駆り立てら
れた行動であっても，本人の自己調整段階によって，より自律的な動機づけに
発展し得るというとらえ方がなされるようになりました。デシとライアン
（Deci & Ryan, 1985）は，**自己決定理論**（self-determination theory）の中で，
外発的動機づけを具体的に4つの自己調整の段階に分けて考えました。彼らは，
自己調整が進むにつれて，本人がその活動に価値を見出し，より自律的になり
得ると仮定しています（**表7.1**）。

表7.1 自己決定理論における外発的動機づけと内発的動機づけの関係
(中谷, 2007；外山, 2011 を参考に作成)

動機づけ	外発的 動機づけ				内発的 動機づけ
調整スタイル	外的調整	取り入れ的 調整	同一化的 調整	統合的 調整	内発的 調整
例	• 先生や親に叱られるから • 先生や親に褒められるから	• 勉強ができないと恥ずかしいから • よい成績をとりたいから	• 自分の夢や目標のために必要だから • よい高校や大学に入りたいから	• 自分の能力を高めたいから • 知識を得ることで幸せになれるから	• 面白くて楽しいから • 新しいことを知りたいから
自律性の程度	非自律的 ◀━━━━━━━━━━▶ 自律的				自律的

　第1の段階は，外的調整です。これは，賞罰のような外的圧力によって行動が駆り立てられる段階で，「先生や親に叱られるから」「先生や親に褒められるから」勉強する，といった内容の動機づけを指しています。

　第2の段階は，取り入れ的調整です。これは，「勉強ができないと恥ずかしいから」「よい成績をとりたいから」など，罰や不安を避けたり，達成感を得たりすることを目的とした行動が駆りたてられる段階のものです。活動の価値を見出しつつも，義務感を併せ持つ状態を指しています。

　第3の段階は，同一化的調整です。この段階では，活動そのものの価値を理解しており，大きな目的のために積極的に行動している状態を指しています。

　第4の段階は，統合的調整です。「自分の能力を高めたいから」「知識を得ることで幸せにつながるから」など，活動の価値が十分に内在化されており，もっとも自律性が高い状態を指しています。

　このように，外発的動機づけは自己調整が進むにつれて自律的になり得ると考えられていますが，最終的に内発的動機づけへ移行するというわけではありません。外発的動機づけと内発的動機づけの源泉はあくまで異なるものであり，やる気をとらえる上では注意が必要です。

7.2　やる気のなさは経験によって獲得される

　あなたは，何事にも前向きに取り組むことができるでしょうか？　普段から
そうであっても，「やらないといけないのに，やる気が出ない」といった経験
がある人も多いかもしれません。

　そもそも，やる気の高さ（量）は生まれつき決まっているわけではありませ
ん。従来の心理学研究では，やる気のなさは経験や環境によって植えつけられ
てしまうものであると指摘されてきました。

　たとえば，セリグマン（Seligman, 1967）はイヌを使って次のような実験を
しました。まず，イヌを実験箱に入れ，動けないようにし，実験箱の床から前
足に電気ショックを与えました。イヌは体をじたばたさせながら，電気ショッ
クから逃れようとします。しばらくして電気ショックを止め，時間を置いて再
度電気ショックを与えます。この一連の作業を延々と繰り返し，イヌの行動を
観察しました。その結果，イヌは次第に電気ショックから逃れようとする素振
りを一切見せなくなり，無気力なまま，ただ黙って電気ショックに耐えるよう
になりました。

　この実験の後，セリグマンは今度は別の実験箱の中にイヌを入れました。こ
の実験箱はイヌの肩の高さくらいの板で仕切られており，その板を飛び越えて
脱出すれば，電気ショックから逃れることができるようになっています。前回
と同様，イヌは実験箱の床から電気ショックが与えられます。ところが，前回
の実験で無気力に陥ってしまったイヌは，電気ショックを与えられても相変わ
らず逃れようとせず，ただ電気ショックを受け続けたことが確認されました。

　この実験結果から，セリグマンは，自分が頑張って行動すれば結果に結びつ
く，という期待が持てなければやる気は起こせないことを発見しました。すな
わち，やる気は自分の意志だけでどうにかなるものではなく，自分ではコント
ロールできない経験や環境によって簡単に失われてしまうことを指摘し，これ
を「**学習性無力感**（learned helplessness）」と命名しました。

　セリグマンによって確認された学習性無力感の現象は，その後，人間を参加
者とした実験でも確認されています。たとえば，ヒロト（Hiroto, 1974）は，

まず参加者に大きな音を聞かせて不快な状態にしました。半分の参加者には複雑なボタンを正しい組合せで押すと音を止めることができる状況にし，もう半分の参加者にはボタンをどのように押しても音を止めることができない状況を設定しました。その結果，音を止めることができない参加者は次第に無気力になったことが確認されました。

　以上の一連の実験結果から，やる気のなさは経験と環境によって獲得されるものであり，本人の頑張りのみで解決できるものではないことがうかがえます。

7.3 やる気はどのように起こるのか

7.3.1 やる気の起こるメカニズム

　ここまで，やる気とはどのようなものなのか，また，やる気ややる気のなさはどのように獲得されるかについて見てきました。では，やる気はどのようにすれば起こすことが可能なのでしょうか。

　まず第1に，頑張ればうまくいくという期待が持てるかどうかでやる気の起こり方が変わってきます。これは，セリグマンの学習性無力感の実験結果からもうかがえることです。また，アトキンソン（Atkinson, 1964）は，やる気の高さは期待と価値の2つの積によって決まるという「**期待・価値理論**（expectancy-value theory）」を提唱しています。ここで言う期待とは，「どのくらいの確率でうまくいきそうか」という見込みであり，価値とは，「うまくいった結果が自分にとってどのくらい重要か」という評価を指しています。たとえば，志望校を目指して勉強を頑張っている生徒がどの程度勉強に前向きになれるかは，志望校に受かる確率がどの程度あるかと，その志望校が魅力的かどうか，という2つで決まります。期待と価値の積で決まるので，どちらか一方がゼロだとやる気は起こりません。

　うまくいくかどうかに関わる期待は，実際の成果を決める環境やそれまでの経験で決まるものでもありますが，期待する本人が環境をどのようにとらえているか（認知しているか）によるところも大きいと考えられています。たとえば，ランガー（Langer, 1975）は実験参加者にくじを買ってもらいました。当

たる確率はどれも同じです。そして，ある参加者には自分でくじを選んで買っ
てもらい，別の参加者には「このくじしか残っていない」と伝え，自分で選択
させずに買ってもらいました。その後，「くじをどうしても欲しがっている人
がいます。いくらで売ってもらえますか」と尋ねました。その結果，自分でく
じを選んで買った人は，選択の余地なく買った人に比べて，4倍以上の値段を
付けたことがわかりました。これは，自分でくじを選んだ人のほうが，くじの
当たる確率が高いと期待してしまったことによると考えられています。この現
象をランガーは「**統制の幻想**（illusion of control）」と命名しています。

　別の実験では，ゴリンら（Golin et al., 1979）がサイコロを使っています。
サイコロも，くじと同様，どの目も出る確率は同じです。ゴリンらは抑うつ気
味の患者とそうでない患者のそれぞれに，「サイコロを自分で振る場合と他人
が振る場合とでは，狙った目をどの程度出せそうか」と尋ねました。その結果，
抑うつ気味の患者はどちらも変わらないと回答する者が多かったのに対して，
抑うつ気味ではない参加者には他人が振るより自分でサイコロを振ったほうが
狙った目が出やすいと期待する傾向があることが明らかとなりました。抑うつ
気味の人は環境を正確にとらえる傾向があったのに対し，日常で自律的に取り
組めている人は，むしろ環境を楽観的に解釈している傾向があったようです。
客観的な環境を大きく変えることは難しいですが，それらをどのように解釈
（認知）するかで，置かれた状況を変えていくことができそうです。

　このような認知と環境の関係に着目したワイナーら（Weiner et al., 1972）は，
人は成功や失敗の原因をどのように帰属するかで，今後の成功への見込みをコ
ントロールし，やる気を引き出すことができると提唱しました。まず，ワイ
ナーは原因を，原因の所在（内的―外的）と安定性（安定的―変動的）という
2つの要因を考えて分類しています。原因の所在とは，原因が自分の内部にあ
るのか，それとも外部にあると考えるのか，という要因です。他方，安定性と
は時期によって変わりやすいものか，そう簡単には変わらないものか，という
要因です。これらの組合せによって，**原因帰属**（causal attribution）には4つ
のパターンがあると仮定しました（**表7.2**）。

　たとえば，自分の内部にあって変わりにくいのは「能力」，状況によって変

表7.2 **原因帰属の4つのパターン** (Weiner et al., 1972)

原因の所在＼安定性	安定的	変動的
内的	能力	努力
外的	課題の困難度	運

わりやすいのは「努力」です。自分の外部にあって変わりにくいものは「課題の困難度」，変わりやすいのは「運」です。ワイナーは，人は自らの成功体験や失敗体験の原因を自分の内部にあって変わりやすい「努力」に帰属すると，次の成功に向けて頑張ろうという気持ちが湧いてくると説明しています。

　実際に，メイヤー（Meyer, 1970）は，原因帰属によって成功確率への期待を変えられるどうかを検証しました。まず，高校生に，記号と数の対応の決まり（たとえば，○なら1，△なら8，など）に則って，プリントに記された記号の列の下に数を書いていく課題に取り組んでもらいました。そして，成功の基準をわざと高く設定し，協力してくれた高校生らが5回失敗するようにしました。課題を終えるたびに，メイヤーは高校生らに次の2つの質問をしました。一つは「自分の失敗に，能力，努力，課題の困難度，運の4つの原因がそれぞれどのくらい影響していると思うか」，もう一つは「次の課題で成功する確率は何％だと思うか」という質問です。その後，メイヤーは安定的な原因である能力と課題の困難度への帰属の度合いによって高校生らを2つのグループに分類し，それぞれのグループがどの程度成功確率を想定しているかを調査しました。その結果，能力や課題の困難度に自らの失敗の原因を高く帰属させていたグループは，次の課題における成功確率を低く見積もっており，課題の回を重ねるごとに成功確率への期待を低下させていたことがわかりました。これに対し，努力や運などの変わりやすい原因に帰属したグループは，何度失敗しても期待の低下はわずかしか確認されませんでした。この実験結果は，失敗回数が同じであっても，その原因の帰属の仕方によって，次回の成功への期待を大きく変えられる可能性を示唆しています。

7.3.2 目標設定の効果

やる気を起こす源泉として，目標設定も大きな効果を持つことが指摘されてきました。目標は行動を方向づけるものであり，達成するための努力を促進し，やる気とパフォーマンスの向上に結びつけることが知られています（Locke & Latham, 1990）。これまでの心理学研究では，効果的な目標設定の方法についてさまざまな観点から提案されてきています。

第 1 に，挑戦的なレベルの目標設定が効果的であると考えられています。アトキンソン（Atkinson, 1957）は，小学生にさまざまな距離から輪投げに挑戦するゲームに参加してもらうことを伝え，まずはそれぞれの距離で輪投げが成功する確率がどのくらいと思うかを尋ねました。その後，輪投げゲームに挑戦してもらいながら，子どもたちがどの距離から輪投げを行っていたかを計測しました。調査の結果，子どもたちがもっとも多く輪投げを行ったのは，成功確率が 50％と感じる距離からであり，簡単だと感じた距離や難しいと感じた距離からの輪投げには，あまり挑戦しなかったことがわかりました。成功確率とやる気の高さは，逆 U 字型の関係であることが指摘されたのです（図 7.1）。自分の能力をはるかに超えた困難な目標であれば不安を感じるし，目標が達成できない可能性もあります。他方，あまりにも簡単な目標であれば達成感が得られません。一生懸命に頑張ればできるかもしれない，とやや難しい挑戦的な目標を設定することが，やる気をより高め，達成後の満足感につながりやすい

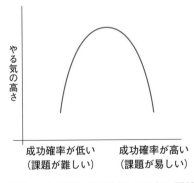

図 7.1 主観的な成功確率とやる気の関係

と考えられます。

　第2に，バンデューラ（Bandura, 1977）は**長期目標**（long-term goal）と**短期目標**（short-term goal）という次元を用いた目標設定を提案しています。長期目標とは，遠い将来に達成したい目標のことであり，「将来○○になりたい」などがこれにあたります。バンデューラは，長期目標だけではやる気は上がらないと考えました。今やるべき行動を考える上で時間的なズレがあまりにも大きく，行動の促進につながらない可能性があるためです。長期目標を達成させるための小さな具体的目標（短期目標）を段階的に設定することで，行動コストを低減させ，これなら頑張れるかもしれないという自己効力感をより効率的に高めることができると考えられました。

　実際に算数を課題とした実験の結果，短期目標を与えられて学習に取り組んだ小学生たちは，自己効力感を高め，成績を向上させることができたという結果が確認されています。他方，長期目標のみを与えられた小学生は，前者の子どもたちと比べて，自己効力感と成績の両方を向上させることができず，その程度は目標を持たなかった子どもたちと同様の結果であったことが確認されています。

　第3に，**学習目標**（learning goal）の設定も効果を持つと考えられています（Dweck & Legett, 1988）。学習目標とは，「掛け算の問題を解けるようになる」など，具体的な行動の獲得や能力の向上を重視した目標のことであり，「テストで100点をとる」「試合に勝つ」などの活動の結果を重視した**パフォーマンス目標**（performance goal）と対応する目標としてとらえられています。

　一般的に，学習目標志向の強い人は，自分のスキルアップに関心を持つことから，自身の取組み方の改善を積極的に行います。失敗しても，失敗そのものを取組み方や学習方法の改善点を教えてくれるものとして肯定的にとらえ，自己改善を踏まえてさらなる挑戦につなげる可能性が高いといわれています。他方，パフォーマンス目標志向の強い人は，成功が続いていれば問題はないものの，一度失敗してしまうと，それが自分の能力のせいであると考えてしまい，将来への成功期待と，それに伴うやる気を失ってしまう傾向があると考えられています。失敗を経験した後にやる気を維持できるかどうかは，学習目標を意

識しているか，それともパフォーマンス目標を意識しているかによって，大きく変わってくるようです（たとえば Dweck & Master, 2008；田中・山内, 2000）。

さらに第4の方法として，近年では，**接近目標**（performance-approach goal）と**回避目標**（performance-avoidance goal）という次元に基づく目標設定の方法もあります（Elliot & Church, 1997；Higgins, 1998）。接近目標とは，「他の人よりもよい成績をとりたいから」「親や先生に褒められたいから」など，よい結果を獲得することを目的としたものが該当します。これに対し，回避目標とは，悪い結果を回避することを目的としたものであり，「他の人よりも悪い成績をとりたくないから」「親や先生に怒られたくないから」といったものを指しています。一般的に，接近目標のほうがやる気の向上につながりやすく，回避目標のほうがやる気の低下につながる傾向があると指摘されています。

7.4　他者のやる気はどのように起こるのか

前節までは，自分自身のやる気がどのように起こるのか，という観点でやる気に関わる心理学の理論や実験を見てきました。本節では，他者のやる気はどのように起こるのか，という観点で見ていきます。

従来の心理学研究では，周囲の他者のサポートによって本人のやる気が上がることが確認されてきました。特に「褒める」という行動は，本人のやる気を引き出す上で大きな効果を持つようです。

たとえばハーロック（Hurlock, 1925）は，小学4～6年生を対象として，次のような実験を行いました。まず1日目に算数のテストを受けてもらい，その結果に基づいて4つのグループに分け，2日目以降のテストを受けてもらいました。このとき，1つ目のグループの子どもたちには，2～5日目のテストを受ける前に1人ずつ前に呼び出し，前日のテストの結果がとても優れていたといって褒め，さらに頑張るよう励ます言葉をかけました（称賛グループ）。2つ目のグループの子どもたちには1つ目のグループと同様にテストを受ける前に1人ずつ前に呼び出し，前日のテストでミスが多かったと伝え，叱責しまし

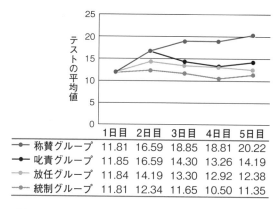

図 7.2　**各グループにおける算数テストの平均値**
(Hurlock, 1925：外山, 2011 をもとに作成)

た（叱責グループ）。3つ目のグループには，他の子どもたちが褒められたり叱られたりしているのを見せるだけで，直接言葉はかけないようにしました（放任グループ）。これらの3つのグループと，比較対象として別室で受験した4つ目のグループ（統制グループ）の，それぞれ5日間のテストの成績推移を比較しました（図 7.2）。その結果，称賛グループの成績は日を重ねるごとに向上しましたが，叱責グループでは特に3日目以降の成績が著しく低下してしまいました。また，放任グループもよい成績を残すことはできませんでした。

　その後の研究では，褒められる頻度が高い子どもは自分の能力に対して自信を強く持ち（Blumenfeld et al., 1982），また，頑張ればうまくいくと期待する傾向も強く（Weiner, 1985），積極的に行動を持続させることが示されています（Sarafino et al., 1982）。こうした一連の実験研究によって，周囲からの褒め言葉が本人のやる気を引き出す上で大きな効果を持つと考えられてきました。

　しかしながら，褒める行動は，時にやる気を低下させることも確認されています（たとえば Mueller & Dweck, 1998）。ある実験では，子どもたちに知能テストを受けさせ，参加者の一部には彼らの能力を褒める言葉が付け加えられました。その後，簡単なパズルと難しいパズルの2つを用意し，「次に取り組むならどちらをやりたいか」と尋ねたところ，褒められたグループはそうでないグループよりも，より簡単な問題へのチャレンジを希望する子どもが多かった

ことがわかりました。この原因として，褒める行動が，引き続きうまくやらなければならないというプレッシャーを与えたり，失敗への恐れを醸成させてしまったために，やる気を維持できず難しい課題を回避させた可能性が挙げられています。

　では，褒めることは，なぜやる気の向上と低下の両方につながるのでしょうか。そもそも，褒めるという行為には，出来具合を評価し，今後の活動を継続する上で必要な情報を提供するフィードバック側面と，好意を引き出し人を操作する目的を持つコントロール側面の2つの面が備わっており，どちらの側面を強調されるかで効果が変わってくると考えられています（Farson, 1977）。すなわち，フィードバック側面が強化されればやる気の向上につながり，コントロール側面が強化されれば，本人のやる気を支える自律性を妨げることになり，やる気の低下につながってしまうと考えられています。褒める言葉をかける際は，自律性を妨げるコントロール側面よりもフィードバック側面を強化し，失敗は許されるという雰囲気を作ってあげることが重要であるといえそうです。

復 習 問 題

1. 内発的動機づけと外発的動機づけの違いについて答えてください。
2. やる気を左右する原因帰属の考え方について説明してください。
3. やる気を起こす目標設定の仕方について簡潔に整理してください。

参 考 図 書

外山 美樹（2011）．行動を起こし，持続する力——モチベーションの心理学——
　　新曜社
　多くの心理学実験や理論を紹介しながら，やる気が起こるメカニズムを体系的に整理した本です。より深く学びたい人向けの一冊です。
市川 伸一（2001）．学ぶ意欲の心理学　PHP 研究所
　学習場面におけるやる気について整理された本です。本章で取り扱わなかった，学習に特化したやる気（学習意欲）のとらえ方について学べる一冊です。
奈須 正裕（2002）．やる気はどこから来るのか——意欲の心理学理論——　北大路書房
　やる気が起こるメカニズムについて，日常場面の具体例と照らし合わせて簡潔に整理した本です。初めて心理学を学ぶ学生向けとしておすすめです。

第8章
"できるようになる" 心のメカニズム

「○○ができるようになる」というのはよく耳にする表現です。では"できるようになる"とはどういうことでしょうか？　言葉を話せるようになる，計算ができるようになる，仕事ができるようになる，などとと聞いて，それをイメージすることは簡単です。しかし，実は"できるようになる"という現象は，おそらく多くの人が素朴に理解していることよりも，奥が深くて面白いことなのです。

本章では，主に発達心理学の理論や研究知見を踏まえながら"できるようになる"ことについて考えてみます。発達心理学は，人が生まれてからさまざまなことができるようになる（またはできなくなる）といった，変化の様相や仕組みを明らかにしてきました。教育心理学，臨床心理学など他の心理学の分野と連携するだけでなく，動物行動学や認知科学，教育学，人類学など他の学問分野からの影響も受けながら発展してきました。

人は誰もが，できるようになりたいと願ったり，誰かができるようになることを手助けしようと努力したりします。あなたもそうであるなら，"できるようになる"ことについて，少し時間をとって考えてみることは，新たなヒントを得ることにつながるかもしれません。

8.1　言葉を話せるようになること

8.1.1　言葉の習得──初語の出現から文法の習得へ

人が成長する過程でできるようになることの中でも重要なものの一つが，言葉の習得です。多くの人が，当然のように言葉（母語）を話せるようになりますが，その背後には驚くべき言語習得のメカニズムがあるのです。

まずは，人が生まれてから話せるようになるまでの変化について見てみま

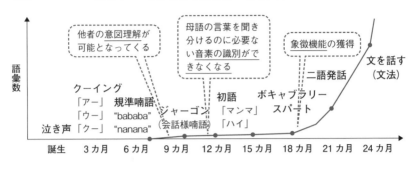

図 8.1 **語彙の発達イメージ**（菅野ら，2010 を参考に作成）

しょう（図 8.1）。生後しばらくは話すことはできませんが，生後 6 カ月頃か
ら "bababa" "nanana" のような母音と子音を繰り返す**喃語（規準喃語）**を発し，
10 カ月頃からは，意味不明のおしゃべりのように聞こえる**ジャーゴン（会話
様喃語）**を表出します。大人が話す言葉を少しずつ理解し始め，喃語の一部が
意味化したりします（例：喃語の「マンマンマン」が食べ物に関連する「マン
マ」になります）。

　そのようにして 1 歳前後から**初語**（first words）が発現してきます。「ワン
ワン」「マンマ」など対象を指して言う言葉や，「（イナイイナイ）バー」「ハ
イ」といった社会的やりとりの言葉を発するようになります（小椋ら，2015）。
一般的に，初期に習得（産出）されるのは，社会的やりとりの言葉や名詞の割
合が高いです（Tomasello, 2003 辻ら訳 2008；Caselli et al., 1999）。

　そして 1 歳半を過ぎた頃から習得する語数が急激に増加していく**ボキャブラ
リースパート（語彙急増期）**の時期を迎えます。同じ頃，**二語発話**（例：パパ，
かいちゃ（会社））が出現し始め，だいたい 2 歳前から二語発話が急増してい
きます。その後，さらに発話語数が増え，文を話せるようになりますが，これ
は語の並び，いわば**文法**を扱えるようになってきたことを意味します。

8.1.2　言葉を習得するメカニズム——単語を見つける驚異の分析力

　赤ちゃんは誰かから直接言葉を教わるわけではありません。聞こえてきた大
人の発話（連続する音声）の中に自分で単語を見つけ，意味を理解していくの

です。まず，大人が話す音声の強弱，高低など緩急のリズムやイントネーションが発話を区切るヒントになります。

さらに「わ・た・し」という音の連なり（まとまり）はよく耳にするとか，「～が」は単語の直後に来ることが多いなどといったことも乳児は無意識に分析し（**統計的学習**），単語を見つけるヒントにしていくのです。覚えた単語がストックされてくると，今度は単語間に共通するアクセント位置や**音素配列**（単語を作る音の配列）の規則性なども発見し，それもヒントにして新たな単語を見つけることがさらにうまくなります。

8.1.3 「できなくなる」ことで「できるようになる」⁉

乳児の驚くべき分析力を支える能力の一つが音声への感受性です。乳児は大人では識別できない，わずかな音声の違いも敏感に聞き分けることができます。たとえば日本人の大人は，子音 /l/ と /r/ の聞き分けが苦手ですが（例：lice（シラミ）と rice（米）），生後 10 カ月頃までの乳児は問題なく聞き分けることができます。これにより世界中のどの言語が母語になっても対応できるのです。

しかし 1 歳になる頃には，母語の言葉を聞き分けるのに必要ない音素の識別（日本語では /l/ と /r/ や /s/ と /ʃ/ など）はできなくなっていきます。実はこのことが，母語の習得に必要な情報にのみ集中し，8.1.2 で述べた驚異的な分析を助けるのです。つまり，聞き分ける力が母語に**最適化**するわけです。実際，外国語音声の聞き分け成績がよくない乳児は，母語の語彙獲得が早いこと

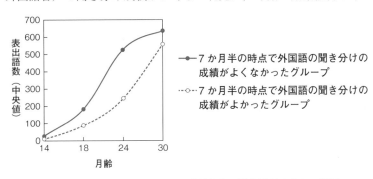

図 8.2　**乳児の外国語の聞き分け成績と後の語彙獲得速度との関係**
(Kuhl et al., 2005 より麦谷，2018 が作成)

が報告されています（図8.2）。このように，ある種のことができなくなることで，別のことが効率的にできるようになるのです。

8.1.4　語の意味を理解する

　では，乳児は見つけた単語（音声のまとまり）に，どうやって意味を付与していくのでしょうか。トマセロ（Tomasello, 2003 辻ら訳 2008）は**意図理解**，特に**伝達意図**の理解を重視しました。生後9〜12カ月頃の乳児は，他者の振る舞いや状況などから，その人の大まかな意図を察することが可能となるため（**9カ月革命**），話者の大まかな伝達意図の理解をもとに発話語句が何を意味するのかを推測できるようになります。この過程は大人と子どもがやりとりで共有する場（**共同注意フレーム**）で生じます。目下関連する物や活動に注意が向けられることで，相手が言わんとすることや，発話語句が指すものを推測しやすくなります。そのうち子どもは大人を模倣して伝達意図が伴った語句を発します。さらには，発話文全体の大まかな伝達意図の理解に基づき，文をも模倣するようになります。また発話文からパターンを見出して文法も扱えるようになります。意図を伝えて交流しようとする実用的なやりとりの場が，言葉の習得の原動力になるというわけです。

　マークマン（Markman, 1989）は，子どもが語句の意味を推測する際，検討すべき範囲を絞る**認知的制約**があると主張しています。たとえば，子どもは新しい語を聞くと，物の一部や属性（色・材質など）ではなく事物全体の名前として解釈する傾向があります。これが「**事物全体制約**」です。他にも，1つの事物（カテゴリー）には1つだけの名称がつくと考える「**相互排他性制約**」，多くの語はカテゴリーを指しており，特定の一事物のみでなく類似した別の事物にも適用されると考える「**類制約**」などがあります。制約のおかげで効率的に語の意味を推測し，使用できるようになるのです。

8.1.5　言葉を扱うための基礎能力

　言葉の習得には象徴機能が必要であるという主張もされています（たとえば小椋ら，2015；Piaget, 1950）。**象徴機能**とは，あるものを別の何かに置き換え

て表す能力のことです。たとえば大人が使う「リンゴ」という言葉は，リンゴの**概念**やイメージ（**表象**）を，音声や文字に置き換えて表したもの（**記号**）です。したがって，実物がなくても「リンゴ」と言うだけで，リンゴのイメージや概念を想起させることができます。そうした言葉の機能を使いこなすには，置き換えて表す関係を扱える認知能力（象徴機能）が必要になるということです。

8.1.6　大きなシステム──社会文化的環境の重要性

　子どもは言葉を習得するための援助に恵まれた環境の中に生まれてきます。たとえば大人が乳児に対し，高いトーンや少ない語数で話すといった**CDS**（Child-Directed Speech，**対子ども発話**）[1] の特徴は，乳児の注意をよく引きつけ，発話の分析や伝達意図の理解を助けます。また，食事やおむつ交換，入浴，本の読み聞かせなどの文化的慣習の中では，**共同注意フレーム**を伴ったやりとりが繰り返され，養育者が言語習得の手がかりを与えるなど，言語習得の**足場作り**（scaffolding）がなされます。ブルーナー（Bruner, 1983/1988）はこうした社会的相互作用の存在を，**言語獲得援助システム**（Language Acquisition Support System; LASS）と呼んでいます。

　CDS も足場作りも子どもの「かわいらしさ」や反応に誘発されて生じます。その意味では，言葉の習得を支える社会的環境は，大人と子どもによる共同構成といえます。そしてそれが生じる場は，長い歴史の中で作られた文化的慣習の中に組み込まれています。言語習得はそうした大きなシステムに方向づけられて成立しているのです。

---

[1]　以前はマザリーズ（motherese，母親言葉）やベビー・トーク（幼児語）と呼ばれていました。最近は CDS, IDS（Infant-Directed Speech；対乳児発話）と呼ばれています。

8.2 何かに熟達すること

8.2.1 熟達化とその種類

　母語の習得のように，多くの人が成長する過程で自然にできるようになること以外に，仕事や勉強，スポーツや趣味など特定の領域で特殊な経験を長期間積むことで，人が容易にまねできないレベルのことができるようになることがあります。これを**熟達化**と呼びます。

　熟達化の研究分野では，熟達を大きく3つに分けてとらえています。①**手際のよい熟達者**（routine experts；定型的熟達者とも呼ぶ）は，決まった仕事や課題状況では，初心者に比べ作業を格段に素早く正確にこなすことができます。②**適応的熟達者**（adaptive experts）は既存の手続きがなぜうまくいくのか理解することで，課題状況が変化しても柔軟に手続きを修正し，時には新たな手法を発明することもできます（波多野・稲垣，1983）。

　上記①②の熟達化は，与えられた課題状況への対応の熟達を示していますが，

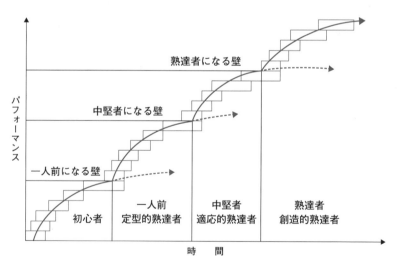

図 8.3　**熟達化の段階とパフォーマンス**（楠見，2012を修正）
長方形は，熟慮された練習など質の高い経験によってある段階のスキルや知識が獲得されることを示します。段階間の移行には，壁を乗り越える形で質的に大きな熟達化の進展があります。

③創造的熟達者（creative experts）は課題や問題をも自ら設定するような，より創造的な活動領域での熟達者といえます。より豊かな実践的知識を持ち，創造的な判断や問題解決が可能です。楠見（2012）は3つの熟達化を段階的にとらえ，長期（10年以上）にわたる変化として図8.3のように表しています。

8.2.2　熟達化のメカニズム──熟達に関わる要因

　何かに熟達するにはどれくらいの時間（経験の量）が必要でしょうか。仕事に限らず，チェス・将棋・スポーツ・楽器演奏・学問など，さまざまな分野で熟達化に要する時間が調べられ，一流の熟達者になるためには，およそ10年にわたる1万時間以上の練習や経験が必要であることがわかってきました。これを熟達の10年ルール（Ericsson et al., 1993）と呼びます。

　しかし漫然と練習を繰り返したり，ただ時間をかけて経験するだけでは高いレベルの熟達化には到達しません。経験の質が問題で，**熟慮を伴う練習**（deliberate practice）が必要なのです（Ericsson et al., 1993）。練習の難易度が向上に必要な最適レベルに設定されているか，指導者（熟達者）の評価・指導を得つつ，実践者（学習者）も結果の良し悪しを評価し，改善点を明確にして練習できているかが重要です。また学習者に熟達者の手本を観察させ**観察学習**を促すことや，学習者自身が行動をどれだけ省察できるかもポイントになります。省察には過去の体験を振り返って洞察を得る**振り返り的省察**，未来の実践の可能性について考えを深める**見通し的省察**，実践中に状況をモニターして行動を適切に調整する**行為の中での省察**（reflection in action）があります。仕事場のように，さまざまに状況が変化する場では，省察が伴った実践経験を積むことが非常に重要です。

8.2.3　実践共同体への参加としての熟達（学習）

　レイブとウェンガー（Lave & Wenger, 1991）は，実社会のさまざまな仕事の事例（仕立屋，肉屋，産婆など）の分析から，熟達化について一般的なとらえ方とは大きく異なる考え方を示しました。彼女らは**正統的周辺参加**（Legitimate Peripheral Participation; LPP）という概念で，学習（熟達）のプロ

セスをとらえます。まず重要なのは，学習（熟達）を個人内に知識や技術を取り込むこととは考えず，**実践共同体への参加**の変容としてとらえるということです。実践共同体とは，学校や職場など社会的実践の場や，そこに所属する人々の集団です。では学習（熟達）を実践共同体への参加の変容としてとらえるとはどういうことでしょうか。

　たとえば，ある社員が任された名簿作成業務の意味や，作成の仕方などは状況との関係で無数に変化します。時には状況内の資源や支援（便利な道具や先輩からのアドバイスなど）を利用して，普段できないことが可能になることもあります。つまり何かができる能力や技術・知識は，個人の中に固定的にあるのではなく，状況との関係の中にあるといえるのです。したがって，何かができるようになるといった変化は，状況との関係のとり方（あり方）の変化としてとらえることができます。ここでの状況とは実践の場（実践共同体）のことですから，それは実践共同体への参加のあり方（関係のとり方・あり方）の変化といえるわけです。

8.2.4　実践共同体への参加とはどのようなものか──正統的周辺参加

　レイブとウェンガー（Lave & Wenger, 1991）は，実践共同体への参加の特徴を**正統的周辺参加**としてとらえています。たとえば仕立屋の実践例では，見習いは初めの頃，失敗してもやり直しがきく作業（衣服の仕上げ）を担当し，後に委細承知の上で巧みな遂行が求められる作業（縫製，裁断作業）担当へと移行していきます。

　ここで重要なのは，衣服細部の仕上げも仕立屋にとっては欠くことのできない仕事の一部であり，実践から切り離された練習ではない，正統な実践への参加（周辺参加）だということです。ただし最初のうち，見習いの周辺参加は限られたものです。共同体の実践に含まれる諸々のこと（共同体メンバー，道具や作業内容，顧客，共同体の慣習，等々）と十分に関係を持てていません。これら諸々同士も相互に関係し合っていますが，実践に参加する中で，見習いの参加（諸々との関係のあり方）は絶えず変化しながら徐々に深まっていきます。

　職人が顧客の思いを斟酌し叶えるため，細工が得意な同僚と協同で道具を開

発し，別の部署の職人の思いがけない一言をヒントにして，見事な製品を作り上げる。こうしたことは実践共同体への参加の深まりによって可能になります。「熟練」は親方や職人の中にあるのではなく，実践共同体の組織（親方・職人はその一部）の中にあるのです（Lave & Wenger, 1991）。

8.2.5　実践共同体への参加の深まり

　実践共同体への参加が深まっていくと，実践共同体に関わる種々の活動，メンバー，道具，情報，その他の資源，ひいてはそれらに反映されている実践の歴史や文化などとの関係が深化し，行動が変わってきます。それは個人の**アイデンティティの変化**ともいえます。共同体に対して愛着を感じ，その一員としての自分を認め，メンバーからも認められるようになったり，職人としての自負を持ったりします。そのようなアイデンティティの変化を伴い，実践共同体の諸々に豊かにアクセスしている状態を**十全的参加**（full participation）と呼びます（図 8.4）。

　実践共同体への参加としての学習（熟達）は，個人に伝達された知識や技能の集積ではなく，その基礎に全人格（whole person）を巻き込む現象です。さらに，実践共同体に関わる諸々は相互に関係しているため，学習（熟達）は実践共同体全体の変化として理解していく必要があります（例：見習いの参加の変容は，先輩や親方の参加のあり方をも変える）。

　会社の研修や学校教育において学ぶ・教える・できるようになることを考え

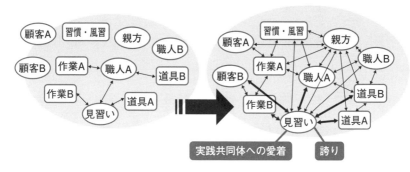

図 8.4　正統的周辺参加における参加のあり方（関係のあり方）の変容

る上で，知識や技能の伝達・獲得モデルではなく，実践への正統的な参加の重要性や関係論的なとらえ方は，非常に示唆に富むものではないでしょうか。

8.3 "できるようになる" ことを 説明する「発達」と「学習」の観点

8.3.1　発達と学習の関係性

　本節では"できるようになる"ことを心理学的に説明するための 2 つの基本的な観点を紹介します。一つは**発達**の観点です。ここでは発達を，「(多くの)人が生まれて経験を積みながら，時間経過に伴って成長することで"できるようになる"こと」とします[2]。もう一つは**学習**の観点です。ここでの学習とは，単に学校での勉強のみを指すのではなく，もっと幅広く人が「何か特定のことを経験し，その経験に直接関連した特定のことが"できるようになる"こと」とします[3]。たとえば，アルバイトの仕事内容を，最初は先輩から教わったり，自ら試行錯誤したりしながら，少しずつできるようになっていくことなどです。

　察しのよい人は気がついたかもしれませんが，上記の発達と学習は密接に関連した概念です。発達と学習の違いや関係性については，研究者によってもさまざまな考え方があり，奥が深い問題です。本来は非常に複雑な問題ですが，以下で大まかに 3 つの基本的な考え方を示しておきます。

8.3.2　発達＝学習

　発達と学習の関係性について 1 つ目の考え方は，発達と学習の違いを認めず，両者を同一視する見方です。人が成長する過程で見られる能力の大きな変化も，突き詰めれば学習の積み重ねの結果であるとみなし，発達は学習そのものであ

---

[2]　「成長」というと，大人になるまでの期間や，何かが向上することをイメージしますが，本来，発達心理学で扱う「発達」は，生まれてから死ぬまでの期間で（生涯発達と言う場合もあります），できるようになることだけでなく，できなくなることも含めた変化全般を対象とします。ここでは本節の趣旨に合わせる形で説明しています。

[3]　伝統的な心理学では，学習は「経験による半永続的な行動の変容」と定義されたりしますが，ここでは本節の趣旨に合わせる形で説明しています。

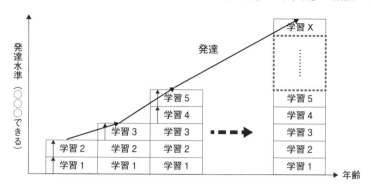

図 8.5　発達＝学習の関係

ると考えます（図8.5）。

　たとえば，幼い子どもにとって自分の欲求を抑えて我慢するのは難しいことですが，我慢に関する失敗体験や，我慢しようと努力する経験から，欲求を制御する態度や術が少しずつ獲得（学習）され，それらが長い時間をかけ徐々に集積することで可能になっていくと考えます。そうやって大人になる頃には子どもの頃とは比べものにならないほど高度な能力を身につけるということです。

　このように，発達は学習したことの総和であるととらえ，何かを"できるようになる"メカニズムは学習の観点から説明できるということになります。大人と子どもの違いも，学習した経験内容（量）の違いであるということになります。

8.3.3　発達が学習の土台になる

　2つ目の考え方は，発達が学習に先行する（土台になる）というものです。日常生活あるいは教育の場面でなされる学習は，発達によって獲得された能力を土台としているということです。

　子どもは，言葉を大人から直接教わり学習することがありますが，そのためには**象徴機能**が発達している必要があります（8.1.5参照）。学習が成立するには，それに足る能力が十分に発達している必要があるという考え方が，発達が学習に先行するという立場です。ちなみに，乳幼児が特定の経験から象徴機能

を直接的に身につける（学習する）ことは不可能に思えますが，ほとんどの子どもは1歳後半から2歳頃に自然に象徴機能を獲得します。経験から直接学習できる内容（その総和）以上のものを，発達の過程で子ども自身が時間をかけて見出しているということになります。そうした発達があってこそ，その土台の上に適切な学習が成立するのです。

　こうした考え方は，安易な**早期教育**に対する批判にもつながるものであり，教育的に重要な示唆を含みます。ピアジェ（Piaget, 1970 中垣訳 2007）は学習と発達に関する実験研究を踏まえた上で，学習がうまく達成されるか否かは学習者の発達水準に依存しており，時期尚早な教え込みは子どもが本来長い時間をかけて自ら発見すべきである，真の理解を構築（創造）することを妨げると述べています。たとえ時間を要しても，豊かな学びや発達のために，子ども自身の創造的能力を信じることの大切さを忘れてはいけないということでしょう。

8.3.4　学習が発達を引き起こす

　3つ目の考え方は，いわば学習が発達に先行する（発達を引き起こす）という見方です。学習の結果，経験したことに直接関連してできるようになること以上の，もっと大きな能力変化が生じると考えます。

　一例を挙げると，ヴィゴツキー（Vygotsky, L. S.；1896-1934）は，学校で**科学的概念**を体系的に学習していくことが，科学的概念の理解を深めるだけでなく，学校では直接教わらない日常的な概念（**生活的概念**，**自然発生的概念**）の体系的な理解や使用を促し，さまざまな心理機能全般の向上をも引き起こすと考えました。

　たとえば，日常生活で「兄弟」という言葉によく慣れ親しんで用いている子どもでも，AとBが兄弟で，BとCが兄弟の場合，AとCも兄弟であるという判断ができなかったり，子どもによっては自分に兄弟が1人いることは明確にわかっていても，その兄弟の兄弟に関して問われると正しく判断できないということがあります。つまり子どもは，「兄弟」という日常的な概念を経験的にはよく知っていますが，その意味を自覚的には体系づけて理解できていないのです。

一方，学校で習う概念は意味を自覚的に考えながら，体系的に教授されます。「水蒸気」を例に挙げると，日常よく知っている湯気との関係や，水（液体）や氷（固体）との関係など，自覚的に考え，体系的に「水蒸気」の意味を理解していきます。他のさまざまな概念（教科で扱う概念）についても同様に，子どもは自覚的・体系的に理解を深めることで，概念を自在に活用できるようになります。

　学校で習った概念の理解や活用自体は，学習の結果そのものです。しかしそれだけでなく，学校で科学的概念を体系的に学習することで，学校では直接習わない「兄弟」などの生活的概念の多くについても，より体系的・自覚的に扱えるようになっていきます。ヴィゴツキーは，体系化・自覚化された思考は，記憶機能や知覚，注意といった他のさまざまな心理機能にも影響し，精神機能全体の発達的変化をもたらすと主張しています。これが，学習が発達を引き起こすという考え方で，学校教育の意義を主張する根拠の一つになりそうです。

8.3.5　発達と学習の相互作用的な関係

　以上，発達と学習の関係性について，基本的な3つの考え方を紹介しました。実際には，発達や学習の定義（より厳密な意味）は，研究者によって違いがあり，両者の関係のとらえ方も，上記3つの考え方を組み合わせたり，部分的に取り入れた立場が多いようです。たとえば，「発達は学習によって引き起こされるが，学習もそれを可能にする能力の発達を必要とする」というように，上記2つ目と3つ目の考え方を組み合わせた立場があります（発達と学習の相互作用的な関係；図8.6）。上記のピアジェも，学習の結果が発達に影響することは認めていますし，ヴィゴツキーも，学習には一定水準の発達が必要である

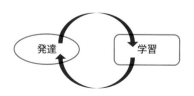

図8.6　発達と学習の相互作用的関係

ことを認めており，発達と学習の相互作用的関係を重視しています。

8.4　ピアジェの認知発達理論

8.4.1　さまざまな「できる」の根底にある能力

　何かが「できる」ためには，状況や対象を適切に認識し，考え，判断して実行することが必要です。ピアジェ（Piaget, J.；1896-1980）は，何かが「できる」ことを根底で支える一般的知能として**論理数学的認識**に注目し，それがどのように発達していくのかを解明しようとしました。

　論理数学的認識は，物事を論理的に認識し考えることですが，その基礎は分類したり，順序づけたり，対応づけたりといった一般的知能を意味します。ピアジェによれば，物事（対象）を認識するには，対象に働きかけること（**行為や操作**）が必要です。つまり対象の認識は，所与のものではなく，人と対象との相互作用によって**構成**（構築：construction）されるのです。それゆえ，論理数学的認識の発達は，対象への物理的あるいは思考内での働きかけ方（行為や操作）の発達といえます。そしてその大もとは乳児期の行為から始まるのです。

8.4.2　物理的行為から思考内の行為へ

　発達初期の乳児の行為は物をつかんだり離したりといった単純なものです。次第にそれらの行為同士が協応し，「布をつかんで払いのけ（手段），隠れていた玩具を手にする（目的）」といった，より高度な行為が可能となります。それらの行為には物の区別（分類）や，順序（例：手段→目的達成）といった，後に論理数学的認識の基礎につながる論理の芽が含まれているのです（**感覚運動期**）。

　そして1歳半〜2歳頃までには，対象への行為は思考内でも心的に遂行され始め，何年もの歳月をかけて洗練されながら複雑・高度化していきます。たとえば，形と色など複数の基準で分類したり（例：グループAは「丸くて赤いもの」），グループを合成したり（A + A′ = B），分離したり（B − A′ = A），

順序関係だけでなく対称関係や，「関係」同士の関係づけなども可能になって
いきます。こうした思考内での心的行為は個々バラバラに存在するのではなく，
互いにうまくかみ合って機能する1つのシステム（**全体構造**）をなします。た
とえばグループの合成（A + A′ = B）は，分離（B − A′ = A）により逆変換
（効果の打ち消し）がいつでも可能な柔軟な行為になります（逆変換が可能な
ことを**可逆性**と呼びます）。

8.4.3　論理的思考を可能にする「操作」

　「白い花3本と赤い花7本があるとき，赤い花と花（全体）ではどちらが多
いか」。このような問題を考えるとき，赤花と花（全体）を比べるには，頭の
中で白花と赤花を合成して「花」を作った後も，赤花が消えずに，いつでも
「花」から白花を分離して赤花を取り戻せる（赤花が保存されている）必要が
あります（図8.7）。これは心的行為がシステム（全体構造）をなし，可逆性
を備えることで可能になります。そのように全体構造の中で機能し，でたらめ
な変換ではなく，**保存**（不変量）や可逆性を備えた心的行為（変換）のことを
操作と呼びます。諸操作の全体構造が豊かになっていくことで，さまざまな論
理的思考ができるようになるのです。

　心的行為は，十分な可逆性や保存を伴わない時期（**前操作期**）を数年間経た
後に操作になりますが，図8.7のように，扱う対象が具体物である場合や直接
イメージ可能な場合は，7歳頃から操作を遂行できます（**具体的操作期**）。し
かし，事実に反する仮説や言明，具体的内容から切り離された形式面（例：「p

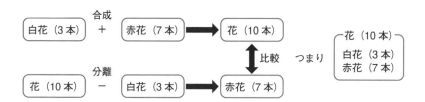

図8.7　赤い花と花（全体）の比較問題における操作（包含の論理）
具体的操作期以降の子どもは，上記の比較が可能ですが，前操作期の子どもは，花（全
体）を作ると赤花と白花が消え，赤花を作ると花（全体）が消えるため，結果的に赤花と
白花を比較してしまいます。

ならば q」「a または a でない」）についての操作は困難で，それが可能になるのは 12 歳頃からです（形式的操作期）。

8.4.4　構造（認知構造）の構築

　ピアジェは，行為や操作（思考）が洗練され高度化する背後には，構造の構築があると考えました。たとえば，乳児はさまざまなつかむ行為に共通する構造から「つかむシェム（構造）」を構築します。同時につかむシェムは，他の行為シェムと協応し，より複雑で大きな**全体構造**が構築されていくのです。操作についても同様に，操作的シェムの全体構造が出来上がっていきます。構造構築には行為する経験が必要です。つかむ経験を積む中で，つかみに関する情報をシェムに取り込み（**同化**），シェム自体やシェム同士の協応のあり方が微修正され（**調節**），よりうまくつかめるようになります。同化と調節によって，シェムや全体構造が洗練されていくのです。

　さらにピアジェは，構造構築に影響する大きな要因として，「成熟（遺伝的要因）」「物理的経験」「社会的環境（社会的学習）」「**均衡化（自己調整）**」を挙げています。均衡化は特に重要で，他の 3 要因の協応や，同化と調節のバランスの調整，ひいてはシェムや全体構造を構築・洗練する仕組みのことです。たとえば先の赤花と白花の例では，均衡化によって同化に適切な調節が伴うようになると，赤花と白花を合成して「花（全体）」を作っても，同時にその変換を修正（調節）し，花から白花を分離して赤花を取り戻せるため，赤花と花を比較可能になります。

　これが同化に偏ると，合成のみが考慮され，修正が伴わないので赤花が消失します。赤花は同時に「花の一部」というとらえ方ができません。同化に適切な調節が伴わず，特定の行為や視点，側面だけが考慮されることを**中心化**と呼びますが，均衡化は**脱中心化**の過程ともいえ，均衡化によって他の側面や視点を考慮できる確率が徐々に増していきます（**継起的確率過程**）。均衡化は漸進的な自己調整過程なのです。

　そして均衡化と関連して重要なのが反省的抽象です。たとえば，物理的行為では花全体の束と赤花の束を同時に作ること（合成かつ分離）は不可能です。

この合成・分離を思考内で表し（心的行為の水準），両者が非時間的（同時成立が可）で，互いに可逆的な関係にあることを見出す過程が**反省的抽象**です。行為や操作の特性を抽象し（水準を上げて），そこに新たな関係性（構造）を見出す（構築する）のです。これにより構造の水準が上がったり（物理的行為→具体的操作→形式的操作），論理数学的認識が形成されたりするのです（図8.8）。

発達段階	時期	行為・操作（構造）の発達	構造構築過程
感覚運動期	誕生から18〜24カ月頃まで	**物理的行為水準での全体構造の構築** 生得的な反射（吸う，握るなど）から始まり，行為同士の協応や，目的のための手段としての行為（意図的行為）が可能となる。	均衡化（反省的抽象）・脱中心化
前操作期	18〜24カ月頃から7〜8歳頃まで	**操作水準での構造構築の準備期間** 思考内で心的行為が可能となる。ただし心的行為は可逆性や保存を伴わず，操作には至っていない。象徴機能・言語が獲得される。	
具体的操作期	7〜8歳頃から11〜12歳頃まで	**具体的操作水準での全体構造の構築** 心的行為が可逆性を獲得し，操作になる。対象が具体物なら数や量の保存認識が可能となり，数量的思考や包含・順序関係に関する論理的思考（赤花と「花（全体）」の比較など）もできるようになる。	
形式的操作期	11〜12歳頃以降	**形式的操作水準での全体構造の構築** 具体的内容から切り離した形式面（p → q など）を操作でき，関係の論理だけでなく仮説や言明といった命題を扱う論理的思考が可能となる。操作の操作など，より高次で豊かな全体構造が構築される。	

図 8.8　**ピアジェの発達理論における行為・操作（構造）の発達段階**
ある発達段階にいる子どもが示す行動は，当該の段階に特徴的な行動の出現確率が最も高く，より離れた段階の特徴ほど出現確率は低くなります。発達に伴って出現確率が変化していきます（継起的確率過程）。

　上記のメカニズムの重要な示唆は，論理数学的認識が単に外界の知識の獲得や蓄積，教え込みで与えられるものではなく，主体自身が時間をかけて見出し，構築・創造するものであるということです。

8.5　ヴィゴツキーの発達理論

8.5.1　発達における言葉の重要性

　ヴィゴツキー（Vygotsky, L. S.）は，人が成長してさまざまなことができるようになる（発達する）ためには，**言葉（記号）**が果たす役割が非常に大きいと考えました。私たちは言葉を用いて考えるだけでなく，何か行為する際にも「3つ数えたら，（ベッドから）起き上がろう」や「よし，行こう」など，心の中で自分自身への指示（行為の計画）やかけ声に言葉を用います。言葉は思考や行為のあり方に重要な影響を及ぼしており，人が言葉を習得して用いるようになることで，さまざまな能力が発達していくのです。

8.5.2　言葉と思考（行為）との関係の発達

　では，言葉は思考や行為の発達過程にどのように関与してくるのでしょうか。ヴィゴツキーの理論では，生後2年頃までは，言葉と思考・行為は別々に発達するとされます。この時期の乳幼児は障害物を迂回する，紐や棒など簡単な道具を扱うといった知性を示し，これを**道具的思考**と呼びます。道具的思考は，同時期に乳幼児が用いる言葉（喃語や簡単な単語など）とは無関係に発達します。言葉とは無関係に生じる思考の**自然的段階**です（図8.9）。

　それが2歳を過ぎた頃から，言葉と思考とが結びつき始め，**言語的思考**の発達が始まります（**文化的段階の始まり**）。子どもの言葉は他者とやりとりする話し言葉（**外言**）となり，徐々に象徴機能を有します。ただし最初は，言葉（記号）と実際の事物・行為（つまり指示対象）とが，明確に区別・分離されていない**混同心性**の状態にあり，実際の事物を離れて自由に言葉で考えたり，本節冒頭の例のように，実際の行為に先立って言葉で行為を計画したりはできません。文化的段階の中でも原始的という意味で**魔術的段階**と呼ばれます。

発達の段階	時期	思考と言葉の発達	
自然的段階	0～2歳頃	**道具的思考** 言葉とは無関係に生じる知性（ピアジェの発達理論の感覚運動期に相当）	
魔術的段階	2歳頃から 4～5歳頃	**言語的思考** **複合的思考** 言葉（外言）と思考が結びつきはじめる	自覚性・随意性に乏しい言葉（生活的概念）による思考や行為の調整・制御
文化的段階	4～5歳頃 から 7～8歳頃	自己中心的言語による思考や行為の調整・制御	
	7～8歳頃 から 11～12歳頃	内言による思考や行為の調整・制御	↓ 学校での科学的概念の教授・学習による移行
	12歳頃以降	**概念的思考** 自覚性・随意性を備えた言葉（科学的概念）による思考や行為の調整・制御（内外問わず）	

図 8.9　ヴィゴツキーの発達理論における思考と言葉の発達

4，5歳になると，言葉が指示対象から独立し，より記号としての機能を発揮するようになります。思考において言葉が大きな役割を果たすようになり，言葉によって自身の行為が計画・調整され方向づけられます。たとえば，子どもが人形の髪をうまく三つ編みにできないときに「これじゃだめだ，ここをゴムで留めたらいいかな」といったような独り言を発します。これは事態を把握し，自身の考えや行為を調整するために，自分自身に発せられた言葉（**自己中心的言語**）です。音声として現れる自己中心的言語は7，8歳頃には減少し，その後，自身の思考や行為を調整する言葉の多くは，心の中で展開される**内言**になります。

8.5.3　発達を方向づける社会・文化・歴史——精神間機能から精神内機能へ

言葉によって思考や行為が調整されるようになる発達過程は，もともと他者に働きかける手段だった言葉（**外言**）が，ある時期から自分に向けられ，自身の思考や行為を調整し方向づける手段（**内言**）となる道筋を辿ります。**自己中**

心的言語はその過渡的状態で，外言の特徴（発声）を残しつつ，内言の調整機能を持つ言葉といえます。そして言葉を介して，記憶や注意・意志など他の心理機能全体も同様の道筋で発達するのです。たとえば注意機能の発達は，子どもが大人とのやりとりで相手への指示（注意喚起）に用いていた言葉を，ゆくゆくは内言として自分自身の注意制御に用いるようになります。

　つまり，心理機能の発達はもともと社会的な機能（**精神間機能**）であったものが，個人的なもの（**精神内機能**）になっていくことでさまざまなことができるようになる過程なのです。言葉は人間が歴史的，社会的に創造してきた記号体系であり，人間の文化をもっとも典型的に体現するもの（中村，2014）です。発達は言葉を介して，社会の中にある，ものの見方や考え方，行動形式を自分のものにしていく過程（**内面化**）であり，社会・文化・歴史が発達を方向づけているともいえます。

8.5.4　高次な心理機能の発達——複合的思考から概念的思考へ

　心理機能の発達は，精神間機能から精神内機能への移行のみでなく，思考や行為を調整する言葉がより自覚的・随意的に使用されるようになることで，より高次なレベルに発達していきます。たとえば思考における**自覚性・随意性**の問題は，8.3.4で述べた内容と重なります。思考や行為を調整する言葉は，自己中心的言語にせよ内言にせよ，初めは子どもが日常生活の中で習得した言葉（**生活的概念**）です。8.3.4では「兄弟」の例を挙げましたが，生活的概念は学校の教科で用いる体系性のある言葉（**科学的概念**）とは違い，言葉の意味が自覚的に体系づけられて理解されていません。そのため言葉の使用も自覚性や随意性に乏しく，高度な思考や行為の調整はできません。

　こうした生活的概念による思考を**複合的思考**と呼びますが，8.3.4で述べたように，学校での科学的概念の教授・学習によって，徐々に生活的概念にも体系性や自覚・随意性が生じ（科学的概念化していく），複合的思考は思春期には自覚性と随意性を備えた言葉（科学的概念）を介した高次な**概念的思考**へと発達するのです。

8.5.5　発達の最近接領域

　ヴィゴツキーは，学校での科学的概念の教授・学習によって，概念的思考が発達することを説明する中で，**発達の最近接領域**（ZPD; Zone of Proximal Development）の考えを提唱しています。発達の最近接領域とは，子どもが1人でできる問題解決の水準と，大人の指導や援助のもとで可能な水準との差，つまり今は自分1人ではできないが，指導や援助があれば可能で，後に1人でもできるようになる発達の領域のことです。「次に発達しつつある領域」ともいえますが，子どもの発達水準はすでに発達完了した水準（1人でできること）と，発達しつつある水準の2つの側面でとらえる必要があることを示唆しています。

　科学的概念の教授・学習でいえば，発達の最近接領域において，教師の指導や援助のもとで学習可能となる科学的概念の体系性や自覚性・随意性が，生活的概念にも浸透し，高次な心理機能の発達（1人でできること）へとつながります。また科学的概念の理解も子ども自身の経験的な事例や生活文脈（つまり生活的概念）になじむよう再構成されるので，発達の最近接領域は，いわば科学的概念と生活的概念とが相互浸透する場ともいえるのです。この過程は精神間機能から精神内機能への移行でもあり，先述の**内面化**が社会文化的な形式の単なる個人内への取り込み（コピー）ではなく，再構成を伴った，心理機能全体の再編につながることを含意しています（図8.10）。

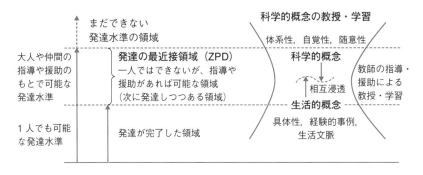

図8.10　**発達の最近接領域（ZPD）と学童期における科学的概念の教授・学習**

8.6　できるようになること

　ここまで見てきたように，何かが“できるようになる”背後には複雑なメカニズムがあります。それらのメカニズムは，長期の時間的スパンや，社会文化といった時空間的にも大きなシステムの中で機能しています。“できるようになる”という現象は，そうした大きなシステム（関係性）の中で生じているといえます。

　これは“できるようになる”ことの意味を考える上でも重要なことです。言葉の発達（8.1）で述べた「できなくなることで，できるようになる」現象は，ある一時点での「できる」「できない」という状態の意味が一義的（固定的）ではないことを示唆しています。こうした現象は，運動や社会性，知的側面の発達でも確認されています。また熟達化（8.2）では，“できるようになる”ことが単純に個人に帰属できないという考えも紹介しました。何かが「できる」「できない」という現象は自明のようで，そうでないのかもしれません。もちろん，一般的には何かが“できるようになる”ことは実質的な意義（価値）のあることです。一方で「できる（ようになる）」「できない」は，もっと大きなシステムの動きの一部を切り取って，意味づけしているにすぎないのかもしれないのです。

復習問題

1. 子どもが言葉を習得する背後には，どのようなメカニズムがあるのか説明してください。

2. 発達と学習の関係には，どのような考え方があるのか説明してください。

3. ヴィゴツキーの発達理論において，高次な心理機能はどのようなメカニズムで発達するのか説明してください。

参考図書

今井 むつみ（2013）．ことばの発達の謎を解く　筑摩書房

　子どもがどうやって言葉を習得し，使いこなせるようになっていくのか，発達心理学や認知科学の知見を踏まえながらも，非常にわかりやすく解説されています。心理学を学んだことのない人にもおすすめです。

ピアジェ，J. 中垣 啓（訳）（2007）．ピアジェに学ぶ認知発達の科学　北大路書房

　もっとも有名な発達心理学者の一人といえるピアジェが，晩年に自身の発達理論についてまとめたものです。難解な箇所もありますが，訳本には精緻な解説が豊富に掲載されており，ピアジェ理論の全体像を深く学ぼうとする人にはおすすめの一冊です。

中村 和夫（1998）．ヴィゴーツキーの発達論——文化-歴史的理論の形成と展開——　東京大学出版会

　ピアジェと並び，発達や教育の研究・実践分野で頻繁に援用されるヴィゴツキーの理論ですが，その全体像を深く丁寧に読み解き，体系的に解説された専門書です。発達心理学の基礎を学んだ人は，より大きな理論的枠組みで発達をとらえることができます。

第 **9** 章

"共感する"
心のメカニズム

「誰か知らない人が大怪我をして血を流している場面」を想像してみてください。私たちは，それが誰であろうと，「かわいそう」と思ったり，流れ出る血を想像して「気持ち悪い」と感じたりするのではないでしょうか。このときの一連の心の動きをもって，私たちは，その大怪我をした他者に共感した（あるいは同情した）ということになります（遠藤，2013）。

　本章では，まず，共感の定義やその構成要素について述べ，次に，共感という心的過程やその結果として生じる個人内および対人的な結果を概観します。そして，共感の発達，および，共感と向社会的行動との関連性について述べ，私たちの日常生活において共感は合理的か非合理的か，を考えます。

9.1　共感とは

9.1.1　共感の定義

　共感（empathy）は，「他者の感情やその人がおかれている状況を認知して，同じような感情を共有すること」（伊藤・平林，1997）のように定義されます。共感は，早い段階から発達することが知られています。図 9.1 は，幼児・児童を対象とした共感測定法です。子どもたちは，（3）について，「（a）なおこさんは，どんな気持ちになったかな」「（b）このお話を聞いて，あなたは，どんな感じがしましたか」と尋ねられます。この場合は，たとえば，喜び，悲しみ，怒りの中から 1 つを選ぶという回答方法であれば，（a）において悲しみを選択すれば，登場人物の心情を理解し，（b）において悲しみを選択すれば，登場人物と心情を共有していて，（a）と（b）の両方ができていれば，登場人物に

(1) なおこさんは，うさぎを2
　　匹だいじにだいじに飼って
　　いました。

(2) ところがある日，なおこさ
　　んがえさをやりに来てみる
　　と，1匹が病気になって弱
　　っていました。

(3) 次の日に来てみると，うさ
　　ぎは死んで冷たくなってい
　　ました。

〈物語〉　　　　　　　　　　〈図版〉

図 9.1　幼児・児童を対象とした共感測定法（橋本，1985）

共感したとみなされます。登場人物の心情を理解はしているが，共有していない場合や，逆に，理解はできていないが，心情を共有している場合も考えられます。幼稚園年長児・小学1年生・小学3年生においては，(a) において登場人物の心情を理解した子どもの多くが，(b) においても登場人物と心情を共有できていたようです（橋本，1985）。

9.1.2　ロシア人形モデル——共感の構成要素

　共感は，ロシアのマトリョーシカ人形のようにいくつかの層から構成されると考えられています（図9.2）。その核には，他者の感情状態とぴったり符合するという大昔からの傾向（生物学的基礎）があり，進化によって，この核の周りに，たとえば，他者への気遣い（情緒的共感），他者の視点を取得する（認知的共感）といった，より精巧な能力が加わったと考えられています

コラム 9.1　共感と同情

　歴史的には，**共感**（empathy）は，20世紀に誕生した比較的新しい心理学用語です。ドイツの哲学者リップス（Lipps, T.）が20世紀初頭に，芸術に心を揺り動かされるプロセスを Einfühlung（感情移入）という概念で説明したことに端を発するそうです。それに対して，歴史的には，**同情**（sympathy）は17世紀からすでに一般語として用いられていました（澤田，1992）。

　共感と同情は，原義（もともとの意味）に立ち戻れば，共感は自動的，無自覚的に生起する他者との情動的な一体感であり，図9.2でいう情緒的共感に近い概念です。一方，一般的な用法での同情は，学術的用法では，負の認知的共感（たとえば，冒頭の例や図9.1）に相当します（長谷川，2015）。正の認知的共感（たとえば，喜んでいる人を見てうれしくなる）に対して，私たちは同情という言葉を通常は用いません。

　しかし，これらの定義が拡散し，原義からかけ離れて広まったことにより，用語・概念の使用に混乱が生じています。つまり，研究者によって，共感と同情を区別する者もいれば区別しない者もいますし，共感の情緒的要素を重視する者もいれば認知的要素を重視する者もいます。

　そのため，残念ながら，共感とは何か，どのような要素から構成され，その構造をどう記述できるのか，という共感の定義については，現段階では，議論を行ってもそれが収束することはありません。つまり，共感を実体として一義的に記述することは難しい（研究者の数だけ定義があるかもしれない）と言わざるを得ません（長谷川，2015）。

　さらに，共感には，同情だけでなく，同感，思いやり，感情移入，利他性（愛他性），援助行動，向社会的行動と類似した概念が多く，知れば知るほど混乱は増すばかりです。

　そこで本章では，他の動物種ではなく人間のしかも大学生において，もっともイメージしやすい共感の定義を採用し，共感と同情の概念的区別を行っていない，ということを付言しておきたいと思います。

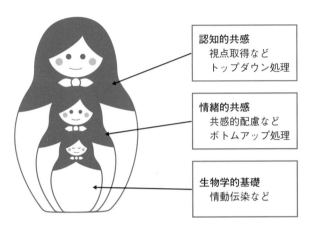

図9.2　**共感のロシア人形モデル**（de Waal, 2009 柴田訳 2010 を一部改変）

（de Waal, 2009 柴田訳 2010）。先ほどの図 9.1 の例では，（a）の心情理解が認知的共感，（b）の心情共有が情緒的共感に相当します。ここで述べたいことは，共感は，生物学的基礎に支えられながら，ボトムアップ的に外界の情報を積み上げながら他者と心情を共有しつつ，トップダウン的に関連する知識を総動員して他者の心情を理解している（長谷川，2015），ということです。

9.2　共感の「過程」および「個人内」「対人的」な結果

9.2.1　共感の組織化モデル

デイヴィス（Davis, 1994 菊池訳 1999）は，人が共感する場合に，共感に先立ち，どのような「先行条件」があり，どのような「（共感）過程」を経て，個人内で感情的および非感情的（認知的）反応が生じ，そして，対人的な結果へとつながるのか，というモデルを提案しました（**共感の組織化モデル**；図 9.3）。冒頭の「誰か知らない人が大怪我をして血を流している」という例について言えば，他者焦点的な「かわいそう」という哀れみは「個人内の結果」「応答的な感情的結果」の「共感的配慮」で，自己焦点的な「気持ち悪くて見たくない」は「個人的苦痛」に相当します。また，図 9.2 と図 9.3 の対応関係

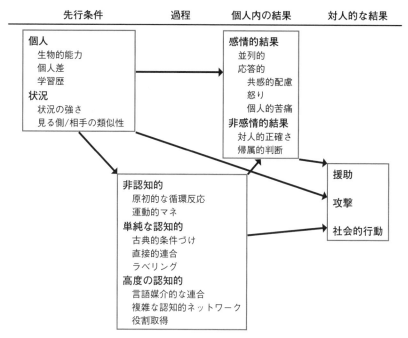

図 9.3 共感の組織化モデル（村上，2017 を一部改変；Davis, 1994 菊池訳 1999）
『広辞苑 第 7 版』によれば，「組織化」とは「つながりのない個々のものを，一定の機能をもつようにまとめること」です。デイヴィスは，共感という統一した定義がない研究領域について（コラム 9.1 参照），個々の研究者が用いているさまざまな構成概念のどこが似ていてどこが違っているのかを明らかにするために（個々の構成概念を組織化するために），このようなモデルを提案しています。

は必ずしも明確ではないのですが，図 9.2 の「認知的共感」「情緒的共感」「生物学的基礎」は，図 9.3 では共感を生じさせる「過程」とその結果である「個人内の結果」の両方において表現されています。

9.2.2 共感を生じさせる「過程」――共感を生じさせる 5 つのモード

次に，図 9.3 の共感を生じさせる「過程」について，詳しく見ていきます。ホフマン（Hoffman, 2008）によれば，表 9.1 に示した 5 つのモード（mode；様式・方式）は，単独であるいは組み合わさって，共感を生じさせます。わかりにくければ，共感を生じさせるチャンネルが 5 つあると思ってください。発

表 9.1　共感を生起させる 5 つのモード（平林，2014；Hoffman, 2008）

①動作模倣（mimicry）
赤ちゃんは，他者の顔や姿勢のわずかな動きを自動的に模倣します。動作模倣によって内的な筋肉運動の知覚的手がかりが生み出され，求心性フィードバック（末梢系から中枢系への情報伝達）を通じて相手の情動を理解したり，相手と同じ情動を経験したりすることができます。
②条件づけ（conditioning）
他者が苦痛を経験しているときに，ちょうど同時に自分も苦痛を経験したとします。その後，他者の苦痛の表情（条件刺激）を見ただけで，自分自身が苦痛を経験しなくても，苦痛を感じるようになります。
③直接的連合（direct association）
ある状況での他者の情動の手がかり（表情，声，姿勢など）が，その情動と結びついた自分自身の過去の経験を思い出させ，他者と同じ情動反応が生じます。たとえば，けがをして泣いている子どもを見たときに，自分自身が転んでけがをしたときの痛かった経験を思い出して，自分も泣いてしまいます。
④言語を媒介とした連合（verbally mediated association）
他者の情動の手がかり（表情，声，姿勢など）ではなく，言語による他者の情動の手がかりによって，その情動と結びついた自分自身の過去の経験が思い出され，他者と同じ情動反応が生じます。言語による情動の手がかりとは，情動の言語的ラベルづけ（例：私は悲しい）や出来事についての言語的記述（例：ゲームに負けてしまった）です。
⑤視点取得（perspective taking）
他者の立場に自分自身をおき，自分はどう感じるだろうかと想像することにより，共感的な情動反応が生じます。視点取得は，意図的な過程です。

達的に考えると，乳幼児においては，比較的単純なモード，成人においては複雑なモードから共感が生じます。また，共感を生じさせる刺激のタイプ（表情，状況的手がかり，言語情報など）によっても，必要とされる認知過程や引き合いに出される過去の経験が異なるので，共感を生じさせるモードは異なります。

9.3　共感の発達——6 つの発達段階

　加齢に伴い，共感を生じさせる「過程」においては，高度な認知処理がなされるようになります（図 9.3）。病院の待合室などで，1 人の赤ちゃんが泣き出すと，周りにいた他の赤ちゃんも次々と泣き出すことがあります。ホフマン（Hoffman, 2000 菊池・二宮訳 2001）は，この情動伝染（emotional contagion）

を，共感の原型だと考えました（図9.2では，生物学的基礎に相当します）。そして，彼は，成熟した共感（mature empathy，表9.2でいう⑤⑥）は，メタ認知的である（図9.3でいう高度の認知的過程である）と考え，自己と他者の概念の発達に伴った共感の発達段階を提案しました（表9.2）。

表9.2　共感の発達段階（平林，2014；Hoffman，2008）

①全体的共感的苦痛（global empathic distress）

0歳の頃，自己と他者を区別できるようになる前に生じる共感です。他者の苦痛を見ると，まるで自分に苦痛が生じたかのように共感的苦痛を経験します。たとえば，他の子どもが転んで泣くのを見て，自分も泣きそうになります。

②自己中心的共感的苦痛（egocentric empathic distress）

生後11～12ヶ月頃の子どもは，自分自身の苦痛を減らすように行動します。たとえば，1歳の子どもは，友達が転んで泣くのを見たときに，友達をじっと見つめ，泣きはじめます。口に親指を入れ，養育者の膝に自分の顔をうずめ，まるで自分自身が傷ついたときと同じような行動をします。

③外見上の自己中心的共感的苦痛（quasi-egocentric empathic distress）

生後13～14ヶ月頃になると，泣いている子に対して援助をはじめます。たとえば，生後14ヶ月の子どもは，泣いている友達を慰めるために，その友達の養育者ではなく，自分の養育者のところへ連れて行きます。自己と他者がある程度区別できるようになり，苦痛を感じている人が自分ではなく他者であることに気づいていますが，他者の内的状態（思考・感情・欲求）を自分と同じであると考えています。

④真実の共感（veridical empathy）

1歳の終わりから2歳にかけて自己と他者の概念の発達が進み，子どもは，他者も内的状態を持つことに気づくようになります。そのため，より正確な共感と効果的な援助行動が起こります。たとえば，2歳の子どもは，泣いている友達を慰めるために，自分のぬいぐるみを持って行きます。それでも泣き止まない場合，隣の部屋にある友達のぬいぐるみを取りに行きます。他者の欲求と自己の欲求の違いを理解し，それに基づいた援助行動を行います。

⑤状況を超えた共感的苦痛（empathic distress beyond the situation）

自己と他者は異なった歴史やアイデンティティをもち，現在の状況のみならず人生経験に対しても喜びや苦しみを感じることを理解して共感します。子どもは，他者の一時的な苦痛だけでなく，慢性的な悲しみや不快な生活を想像して，共感的に反応します。7～10歳の子どもは，他者の生活についての知識が共感的反応に影響し，慢性疾患の人や恵まれない人に共感します。

⑥苦痛を感じている集団への共感（empathy for distressed groups）

個人の苦痛だけでなく，集団全体の生活の苦痛に対しても共感することができます。子どもが社会的概念を形成すると，個人の苦境だけでなく，集団全体や人々の階級の苦境も理解しているためです。たとえば，患者，貧困層，民族や宗教の迫害，自然災害，戦争，テロなどの被害にあった集団に対する苦境の理解と共感です。

コラム 9.2　質問紙で測定する共感の個人差

　デイヴィス（Davis, 1994 菊池訳 1999）は，共感の組織化モデル（図 9.3）におけ
る「個人内の結果」の「共感的配慮」「個人的苦痛」，そして「過程」における「役
割取得」（role taking）を測定することが可能な対人反応性指標（IRI; Interpersonal
Reactivity Index）を開発しました（表 9.3，表 9.4）。彼によれば，「役割取得」は，
日常生活の中で自発的に他者の視点をとる傾向である「視点取得」，および仮想の状
況・場面を自分に置き換えて想像する傾向である「想像力」の 2 つから構成されて
います。

　『心理学事典』（中島ら，1999）によれば，視点取得は「対象を他者の視点から見
た時にどのように見えるかが理解されるようになること」を意味します。そして，
役割取得は「周囲の他者の態度や役割や期待を自己の内部に取り込むことによって，
社会から自分に要求される役割を取得し，その役割を実行すること」を意味します。
そのため，役割取得は，視点取得に比べると，自分の役割行動を決定・実行すると
いうニュアンスが強いです。IRI ではこれらの違いが考慮されていますが，多くの場
合，役割取得と視点取得は相互交換的に用いられます。そのため本章では，図 9.3，
本コラム，コラム 9.4 以外では，両者の概念的区別を行っていません。

表 9.3　IRI-J（Japanese version of the IRI）における「個人内の結果」に関する 2 指標
（明田，1999）

---

①共感的配慮（Empathic Concern），大学生 401 名の平均値＝ 3.42
　1. 自分より幸せでない人の気持ちを思いやることがよくある。
　2. 他の人たちが問題を抱えていてもそれほど可哀相にとは思わないことが時々ある。
　　（R）
　3. 誰かがいいように利用されているのを見ると，守ってあげたいと思う。
　4. 他者の不幸を知っても大きな混乱には陥らない。
　5. 誰かが不公平な取り扱いを受けているのを見ても，可哀相にとは思わないことがあ
　　る。（R）
　6. たまたま見かけたことに感動することがよくある。
　7. 自分は思いやりのあるほうだと思う。

②個人的苦痛（Personal Distress），大学生 401 名の平均値＝ 3.25
　8. 突発事態になると不安感にかられる。
　9. 感情的になると，どうしようもなくなることがある。
　10. 緊張する場面はこわい。
　11. 突発事態にはかなりうまく対応できる。（R）
　12. 突発事態に会うと，われを失ってしまうほうだ。
　13. 突発事態で助けを懇願している人がいると，取り乱してしまう。

注：（R）は逆転項目です。6 －（得点）で，逆転後の得点を算出してください。

表 9.4　IRI-J における「役割取得」に関する 2 指標（明田，1999）

①視点取得（Perspective Taking），大学生 401 名の平均値＝ 3.58
　1.　何か決定をする前には，一致しない全員の意見を考慮しようとする。
　2.　友達のことを，相手の立場から物事の見方を想像することで，より理解しようと努める。
　3.　問題点にはすべて 2 つの立場があると思い，両方の意見を考慮しようとする。
　4.　誰かに悩まされているときは，しばらくその人の立場に立ってみようといつもする。
　5.　誰かを批判する前に，自分がその立場に置かれたらどのように感じるかを想像しようとする。

②想像力（Fantasy），大学生 401 名の平均値＝ 3.56
　6.　小説の登場人物の気持ちになりきってしまう。
　7.　映画や劇を見るときは普通冷静で，その中に完全にまきこまれることはない。（R）
　8.　感動的な本や映画に極端にのめりこむことはめったにない。（R）
　9.　劇や映画を見た後は自分が登場人物の 1 人になったかのように感じる。
　10.　感動的な映画を見ると，すぐ主人公の立場になれる。
　11.　面白い物語や小説を読むと，そのようなことが私に起こったらどのように感じるか想像する。

注：（R）は逆転項目です。6 －（得点）で，逆転後の得点を算出してください。

　5 段階（1 ＝あてはまらない，2 ＝どちらかといえばあてはまる，3 ＝どちらともいえない，4 ＝どちらかといえばあてはまる，5 ＝あてはまる）で評定をしてみてください。あなたの平均値を，表中の大学生 401 名の平均値と比較すると，あなたの持つ共感に関する傾向が，他の大学生に比べて，高いか，低いか，同じくらいなのか，の目安がわかります。

　メタ認知とは，「あることを自分が知っている・わかっているということを知っている・わかっている」ということです。この場合は，少し複雑ですが，自分自身は心的苦痛を感じているが，これは，自分ではなく他者の不幸な出来事に対する反応であること，そして，自分と他者が，被害者の状況をどう感じており，被害者の行動や表情には，その人の気持ちが反映されていない場合もある，ということを知っている・わかっていることなどを意味します（5.3.1 参照）。

9.4 共感と向社会的行動

9.4.1 向社会的行動と共感

　向社会的行動（prosocial behavior）とは，「他者にとって利益となる行動」のことです（表9.5）。アイゼンバーグら（Eisenberg et al., 2015）は，向社会的行動が生じるまでの過程に関するモデルを提案しました（図9.4）。

　図9.4では，共感は，「右上の四角」として登場します。この箇所付近を抜き出して簡潔に表現し直したモデルが図9.5です。アイゼンバーグ（Eisenberg, 2005）は，図9.3の「視点取得」という高次の認知過程が「共感的配慮」という個人内における応答的な感情的結果を生じさせながら，向社会的道徳判断を経由して，向社会的行動へとつながると考えていました。

9.4.2 共感―利他性仮説

　バトソン（Batson, 2011 菊池・二宮訳 2012）は，実験社会心理学における「利他性」（altruism）の研究成果をまとめ，「共感的配慮は利他的な動機づけを生み出す」という「**共感―利他性仮説**」を提案しました（図9.6）。この仮

表9.5　**向社会的行動の分類**（高木，1982）

①**寄付・奉仕活動**
他者のために自分のお金，血液，努力，あるいは時間を寄付したり，提供すること。
②**分与行動**
他者に自分の貴重なものを分け与える行動。お金を貸す，持ち物をあげること。
③**緊急事態における援助行動**
重大な緊急事態にあって苦しんでいる人に援助の手をさしのべる。乱暴されている人を助ける，救急車を呼ぶなど。
④**努力を必要とする援助行動**
身体的努力を必要としている事態で援助を提供する場合。近所の葬式を手伝う，車が故障しているのを助けるなど。
⑤**迷子や遺失者（ものを失った人）に対する援助行動**
迷子を交番に連れて行く，忘れ物を届けるなど。
⑥**社会的弱者に対する援助行動**
老人や弱者に援助の手をさしのべる。老人に席を譲る，手を貸してあげるなど。
⑦**小さな親切行動**
出費を伴わないちょっとした親切心からの援助行動。道順を教えてあげる，傘を貸す，カメラのシャッターを頼まれれば押すなど。

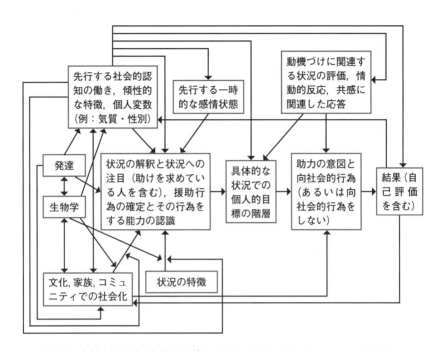

図 9.4 **向社会的行動の発見的モデル**（二宮，2016；Eisenberg et al., 2015）
アイゼンバーグとマッセン（Eisenberg & Mussen, 1991）は，このモデルを，読者の思考を刺激し新たな発見を促すことを目指す，という意味で発見的モデルと呼んでいます。

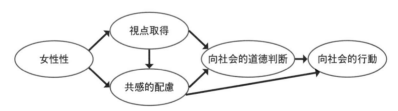

図 9.5 **向社会的行動へのパス・モデル**（二宮，2012；Eisenberg, 2005 を一部改変）
左側の「女性性」に違和感を持つ方がいるかもしれません。しかし，ホフマン（Hoffman, 2008）は，女性は，男性に比べて共感的・向社会的であり，乳児期の情動伝染において，女の子の赤ちゃんは，男の子の赤ちゃんに比べて，よく泣く（情動が伝染する）という研究知見を踏まえ，共感における性差は，生物学的基礎のレベルにおいてすでに生じている可能性を指摘しています。

コラム 9.3　共感の脳内基盤——ミラー・ニューロン／ミラー・メカニズム

「男がバーに入る」（a guy walks into a bar）という古典的なジョークをご存じで
しょうか。日本人には必ずしもなじみ深いものではないのですが，たとえば，「A
horse walks into a bar and the bartender asks, "Why the long face?"」（「long face」に
「長い顔」と「浮かない顔」がかかっています），といったバージョンがあります。
では，冒頭のフレーズを聞いたときに，私たちは，どうやって，酒場にいる男がビ
ア・ジョッキを持っているということを想像し，そして，彼がビールを飲もうとし
ていることを知ることができるのでしょうか。

　オーソドックスな答えは，「私たちは，過去の経験に基づいて状況を推測している
から」というものです。しかし，リゾラッティ（Rizzolatti, G.）をはじめ，「私たちの
心は，他の誰かによって行われた行動を共有することができるから」と答える脳神
経科学者たちがいます（Jaffe, 2011）。

　ミラー・ニューロンあるいは脳内のミラー・メカニズムとは，文字通り，鏡のよ
うな役割を果たす神経細胞（あるいは，システム，メカニズム）のことです。これは，
自分が見たり聞いたりした他の人の動作や感情などを，直接，自らの脳の中に映し
込み，他の人と同じような内的経験をさせ，場合によっては同じ動作や感情までを
も再現してしまう，といわれています。そして，このミラー・ニューロンあるいは
脳内のミラー・メカニズムは，私たちの共感を支える脳内基盤だと考えられています。
この基盤があることで，私たちは，他の人の気持ちを手に取るように読みとったり，
他の人と同じ心情を共有することができている可能性があります（遠藤，2011）。

　ミラー・ニューロンあるいは脳内のミラー・メカニズムは，20世紀末から21世紀
初めにかけての世紀の大発見であるといわれています。一方で，未だに仮説の域を
大きく出ていないともいわれており，今後の研究の進展が楽しみな分野の一つです。

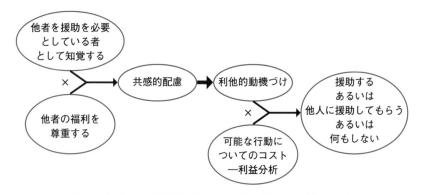

図 9.6　共感—利他性仮説（Batson, 2011 菊池・二宮訳 2012）
「×」は，掛け算の記号「掛ける」です。

コラム 9.4　向社会的道徳判断

　向社会的道徳判断とは，「向社会的な行動が要求される状況でなされる道徳的な理由づけ」です。「自分の欲求」と「他者からの要請」が対立するジレンマ場面において，どのような（向社会的）判断を下したのかではなく，その判断を下す際に，どのような「理由」を考えたのか，に基づいて分析されます。下の課題を例にとれば，太郎くんは，泣いている男の子のお母さんを呼びに行ったかどうか，が重要なのではなく（つまり，呼びに行っても行かなくても，どちらでもよいのです），そのような判断を下す理由は何か，が大切なのです。

■課題

> 　ある日，太郎くんがお友だちの誕生会に急いで行くところでした。ひとりの男の子が自転車でころんで泣いていました。その子は，太郎くんに「ぼく足をけがしてとても痛いんだ。お医者さんに早く見てもらいたいので，僕の家へ行って，お母さんを呼んできてくれない？」と頼みました。でも，その子のお母さんを呼びに行っていたら，お誕生会に遅れてしまい，おいしいケーキやアイスクリームはもうなくなるかもしれないし，ゲームにも入れてもらえなくなるかもしれません。太郎くんはどうしたらいいでしょうか。どうしてそう考えたのですか。

レベル 1　快楽主義的・自己焦点的志向（就学前児および小学校低学年）
道徳的配慮よりも自分に向けられた結果に関心を持っている。
例：お礼がもらえるから，次に困ったとき助けてもらえるから。

レベル 2　他者の欲求に目を向けた志向（就学前児および多くの小学生）
他人の身体的，物理的，心理的要素に関心を示す。
例：けがをしているから，悲しいだろうから。

レベル 3　承認および対人的志向，あるいは紋切り型の志向（小学生の一部と中・高校生）
よい人・悪い人・善い行動・悪い行動についての紋切り型のイメージ，他人からの承認や受容を考慮する。
例：助けることはいいことだから，助けることは当たり前だから，お母さんがほめてくれるから。

レベル 4a　自己反省的な共感志向（小学校高学年の少数と多くの中・高校生）
同情的応答，役割取得，他者の人間性への配慮を含む。
例：かわいそうだから，自分が相手の立場だったら助けてほしいから，お互いさまだから。

レベル 4b　移行段階（中・高校生の少数とそれ以上の年齢）
内面化された価値，規範，義務，責任を含み，社会の条件あるいは他人の権利や尊厳を守る必要性に不明確ながらも言及する。
例：助けたら自分がほっとするから，助けたら気分がよくなるから，その子のけががひどくなったら後悔するから。

レベル 5　強く内面化された段階（中・高校生の少数だけ，小学生ではまったく見られない）
レベル 4b の理由が明確に言及される。自分自身の価値や規範に従って生きることによる自尊心を保つことにかかわるプラスまたはマイナスの感情も特徴である。
例：助ける義務があるから，困っている相手の人にも生きる権利があるから，みんなが助け合ったら社会はもっとよくなるから。

（出典：伊藤・平林，1997；宗方・二宮，1985）

説では，共感的配慮は，先行する 2 つの要因が掛け合わさることで生み出され
ます。そして，共感によって誘発された利他的動機づけは，「可能な行動につ
いてのコスト—利益分析」と掛け合わさって，人に「援助する」「他人に援助
してもらう」「何もしない」といういずれかの行動を生起させます。

　図 9.4 や図 9.6 からは，共感が，向社会的行動を動機づけるが（向社会的行
動を行う意欲を高めるが），必ずしも向社会的行動を生じさせるわけではない，
ということがわかります。あまりにも当たり前な結論で拍子抜けした方がいる
かもしれませんが，実際，両者の間には，「大・中・小」の 3 段階でいえば，
小〜中程度の正の相関関係しかありません（Eisenberg & Miller, 1987）。これは，
一方が上昇すれば他方も上昇することを私たちは実感することはできるのです
が，その一方で，そうでない例（反例）もある程度思いつくような関連性です。

　なお，ホフマン（Hoffman, 2008）は，共感が向社会的行動へ必ずしもつな
がらない原因として，共感の持つダークサイドを 4 つ挙げています。第 1 は，
共感には，時として利己的な動機（恐れ，野心など）に負けるという脆さがあ
ります。第 2 は，共感が過度に活性化された場合に，人はその出来事に対して
嫌悪感を抱き，自身の個人的苦痛や共感を過度に生じさせた出来事から注意を
そらそうとします。残りの 2 つは，共感する人と被害者との関係性に関するも
ので，外集団よりも内集団をひいきしてしまう（つまり，自分と何らかの関係
がある人たち（家族，同じ出身地など）を関係がない人たちよりもひいきして
しまう）という「内集団バイアス」（ingroup bias）と，目の前にいない被害者
よりも目の前にいる被害者のことを強調してしまうという「ヒア・アンド・ナ
ウ・バイアス」（"here-and-now" bias）です。共感にもこのようなダークサイ
ドがあるのをきちんと認識することは，道徳教育や生活指導（生徒指導）など
の実践の場では，特に重要と思われます。

9.5　共感は合理的か非合理的か

　私たちは，見ず知らずの人に対しても，その人が困っていれば共感し，場合
によっては，自分の利害を無視して，援助してしまうことがあります。この場

合，短期的利害という視点では，そこに損害はあっても利益はありません。共感について知れば知るほど，そこに合理性はあるのか（自分にとって何らかの利益はあるのか），という問題に直面します。

　結論から先に述べると，共感には，「再較正」（再校正；recalibration）という合理性があります（遠藤，2013）。つまり，共感には，短期的な利害についての自己の判断をいったんなかったことにして，再度，長期的な利害という視点から，現状を問い直す機会を提供する，という合理性があります。

　人間という種は，集団生活のほうが単独生活よりも多くの利点を持っています。そして集団生活を維持するためには，お互いが助け合うという互恵性の原理が必要です。この互恵性の原理においては，個体は，個人利益を追求する一方で，それに歯止めをかけ，他個体に利益を分け与えなければなりません。そして，この互恵性の原理が長期的に個体の適応に利益をもたらすためには，それを脅かし壊す，他者および自己の裏切り行為を注意深く監視し，検知する必要があります。これらの複雑な処理（すなわち，再較正）を可能にするものとして，共感は，罪，感謝，憂うつ，悲嘆，嫉妬，義憤，公正感などの感情と同じように進化してきたのかもしれません（遠藤，2013）。

復 習 問 題

1. 共感という現象を説明してみよう。
2. 共感の発達を説明してみよう。
3. 共感と向社会的行動との関連性について整理してみよう。

参 考 図 書

菊池 章夫（2014）．さらに／思いやりを科学する――向社会的行動と社会的スキル
　　――　川島書店

　著者が多年にわたり携わってきた，思いやり行動と社会的スキルの研究のほぼ最終的な集大成の書です。内容的には中級～上級レベルですが，平易な文章で書かれていて入門者でも読みやすくなっています。

日本心理学会（監修）高木 修・竹村 和久（編）（2014）．思いやりはどこから来るの？――利他性の心理と行動――　誠信書房

　心理学に限らず，工学・理学・医学・経営実業家などの多面的な視点から，利他性について論じられた入門～中級レベルの書籍です。

梅田 聡・板倉 昭二・平田 聡・遠藤 由美・千住 淳・加藤 元一郎・中村 真（2014）．
　　岩波講座　コミュニケーションの認知科学2　共感　岩波書店

　認知科学，神経科学，発達科学，社会科学などの立場から，近年開発されてきた方法による研究成果を紹介しつつ，共感について深く掘り下げた中級～上級レベルの書籍です。

第 10 章

"癒される"
心のメカニズム

　私たちは幸せを求めて生きています。日々の生活の中で喜びを感じ，人とのつながりを実感し，一方で達成感や優越感から強い満足を得ます。しかし，生きている限り，挫折，別れ，失敗，喪失，裏切りなどに遭遇することもあります。文学や映画などの芸術の領域では，作者の悲哀や喪失体験が創造への動機となって，すばらしい作品が生み出されることを私たちは知っています。しかし，心に傷を負い，なかなか癒されることなく何かしらの専門的な支援を必要とするような極めて危機的な状況に陥ることもあります。

　公認心理師法が 2015 年 9 月に公布され，2017 年 9 月に施行されました。公認心理師には，心理的な支援を必要とする人とその家族などの関係者に対して，助言，指導，援助を行うことに加え，国民の心の健康の保持や増進に貢献することが要請されています。

　本章では，心の健康や心理的回復を支援する上で重要な理論について解説し，臨床心理学の実践として行われている心理支援の方法を紹介します。

10.1　心の危機と健康

10.1.1　現代社会における心の危機

　現在，日本においては，自殺の問題，過労死，うつや不安などのメンタルヘルスの不調，ひきこもり，虐待，家庭内暴力，犯罪被害，認知症と介護の問題，学校における不登校やいじめの問題，被災体験への支援などさまざまな**心の危機**に関する問題が生じています。

　キャプラン（Caplan, 1951）は，「危機は，人が大切な目標に向かうとき，障害に直面し，それが習慣的な問題解決の方法を用いても克服できないときに生

表 10.1　人生における標準的な危機と非標準的な危機の例

標準的な危機 （予測可能な危機）	学校入学，卒業，就職，結婚，子どもの誕生，子どもの巣立ち，定年退職，親の老い
非標準的な危機 （予測不能で心理インパクトが大きい）	事故，災害，病気，犯罪被害，突然大切な人が亡くなる，リストラ

じる。混乱の時期，動転の時期が続いて起こり，その間にさまざまな解決の試みがなされるがいずれも失敗する」と述べています。危機は避けるべき状況を意味するだけでなく，人生における転機ともいえるでしょう。表 10.1 に標準的な危機と非標準的な危機をまとめました。誰もが遭遇するような危機においては，一時的な不安や気分の落ち込みを経験しながらも，私たちの心は周囲の人の援助を受けながら自然と回復に向かうことが予測されます。しかし，誰もが遭遇するわけではない危機に遭遇した場合には，そのショックの受け方や回復の過程は多様であることが考えられ，専門的な支援が必要になります。

　標準的な危機として挙げられた出来事に対する反応の仕方にも個人差があります。多くの人にとって一定の時間を置けば心理的に癒され元の日常に戻ることができるような危機であっても，ある人にとってはなかなか心の回復や元の日常生活に戻ることが難しく，専門家の支援を必要とする状態につながることがあることも考えられます。臨床心理学においては，その人にとって，より受け入れやすい生き方，人生や生活のあり方はどういうものかという個人差に注目して支援や研究が行われます。

10.1.2　人生における危機──生涯発達の視点から

　では，生涯発達の視点から心理的危機について考えてみましょう。エリクソン（Erikson, E. H.）は人生を 8 つの段階に分け，それぞれの時期で遭遇する課題と危機について論じました。フロイトの精神分析理論を基礎に置きつつ青年期以降の発達についても論じ，それぞれの発達段階における課題と危機を整理したものがエリクソンのライフサイクル理論（漸成論的心理社会的発達論）です（図 10.1）。

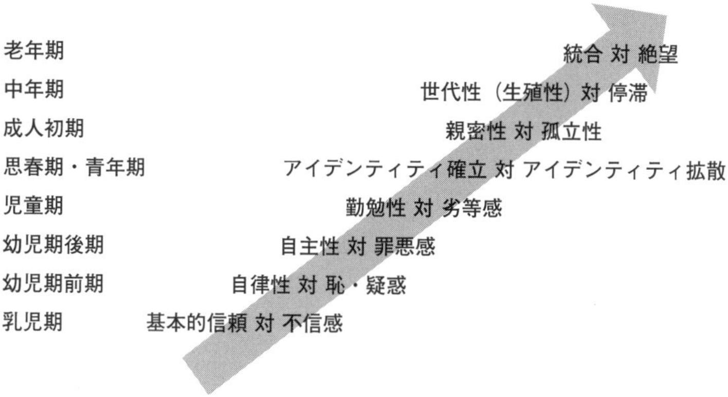

老年期	統合 対 絶望
中年期	世代性（生殖性）対 停滞
成人初期	親密性 対 孤立性
思春期・青年期	アイデンティティ確立 対 アイデンティティ拡散
児童期	勤勉性 対 劣等感
幼児期後期	自主性 対 罪悪感
幼児期前期	自律性 対 恥・疑惑
乳児期	基本的信頼 対 不信感

図 10.1　エリクソンによる人生における危機と課題

　たとえば，青年期に直面する危機はアイデンティティ（自我同一性）を確立できるか否かということになります。アイデンティティの概念を論じたのもエリクソンです。アイデンティティは，「自分が何者であるかについての明確な実感」と説明することができますが，実際には複雑で多面的な概念です。アイデンティティとは，①いつの自分も，どこにいる自分も同じ自分であるという一貫性の感覚，②自分の意志で行動しているという主体性の感覚，③自分は他の誰とも異なる唯一の存在であるという独自性の感覚，④自分が社会の中でどのような役割を担っているか，そして担っていこうとするのかについての感覚，です。しかし，青年期になれば自動的にアイデンティティが確立するわけではありません。また，確立されたと思われたアイデンティティが外的世界との交流の中で新たな刺激を受けて，再び懐疑の対象となり大きく揺らぐこともあります。そのまま他者や外界との交流を断ってひきこもりの状態になることや，衝動的に他者への接近を過剰に繰り返して問題を悪化させてしまうことも考えられます。

10.1.3　中年期の危機

　中年期は，家庭生活でも社会生活でも責任の重い役割を果たすことが求められる時期といえます。しかし，実際には，身体的衰えの自覚，子育てにおける

さまざまな問題，夫婦関係の変化，職場における重責，親の高齢化や介護など，強いストレスにさらされることになります。また人生に残された時間を意識するようになり，自分の人生の意味についても焦燥感を抱えながら問い続けるような意識が持続することがあります。岡本（1985, 2002）は中年期の危機とアイデンティティの再体制化のプロセスを提示し（図10.2，表10.2），中年期においては生理的（身体的）・社会的・心理的変化による危機と，その危機を契機とした**アイデンティティの再体制化**が行われると論じました。青年期に確立された「自分とは何か」という自己像がそのままの形で生涯維持されることはなく，上記のようなさまざまな自覚や不安と葛藤の中で修正されていくと考えられています。身体的衰えや若い世代の台頭を自覚して，人生や自己の有限性を意識し，自分の生き方の問い直しが迫られます。今後の生き方についての吟味がなされ，価値観や生活スタイル，他者との関係のとり方を見直すことはアイデンティティの再体制化を試みることになります。一方で，アイデンティ

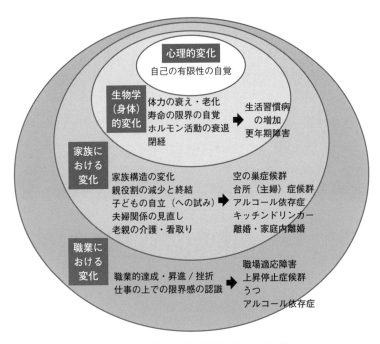

図 10.2　**中年期の危機の構造**（岡本，2002）

表10.2　中年期のアイデンティティ再体制化のプロセス（岡本，1985）

段　階	内　容
Ⅰ　身体感覚の変化の認識にともなう危機期 ↓	・体力の衰え，体調の変化への気づき ・バイタリティの衰えの認識
Ⅱ　自分の再吟味と方向づけへの模索期 ↓	・自分の半生への問い直し ・将来への再方向づけの試み
Ⅲ　軌道修正と軌道転換期 ↓	・将来へむけての生活，価値観などの修正 ・自分と対象との関係の変化
Ⅳ　アイデンティティ再確立期	・自己安定感 ・肯定感の増大

　ティの再体制化に失敗すると「停滞」の状態に陥ることになります。自尊感情の低下や抑うつ感情の高まりが生じ，精神的健康が損なわれると考えられます。この年代は，うつ病，アルコール依存症，自殺などのリスクが高い時期と考えられます。

　心理的不適応や精神疾患について考える際には，そのときに顕在化している問題や症状ばかりを焦点化するだけでは不十分と思われます。その人が過去をどのように生き，その過去をどのようにとらえているのか，現在を過去との関係の中でどのようにとらえているのか，今後の人生についての展望やその人の希望や価値観がどのようなものであるかについて関心を向けることが重要です。

10.1.4　現代社会における健康観の変容

　心の健康は，厚生労働省によると以下のように定義されています。

　「こころの健康とは，世界保健機関（WHO）の健康の定義を待つまでもなく，いきいきと自分らしく生きるための重要な条件である。具体的には，自分の感情に気づいて表現できること（情緒的健康），状況に応じて適切に考え，現実的な問題解決ができること（知的健康），他人や社会と建設的でよい関係を築けること（社会的健康）を意味している。人生の目的や意義を見出し，主体的に人生を選択すること（人間的健康）も大切な要素であり，こころの健康は「生活の質」に大きく影響するものである。こころの健康には，個人の資質や

能力の他に，身体状況，社会経済状況，住居や職場の環境，対人関係など，多くの要因が影響し，なかでも，身体の状態とこころは相互に強く関係している。」（厚生労働省ホームページより）

　石垣（2018）は，この健康についての定義から，心の機能には，感情，知的能力，他者との交わり，人間性という 4 つの側面があることに注目し，これらが関連しながら適応的に機能していることが，心が健康な状態であるといえると論じています。さらに，この 4 つの機能には，2 つの要因，個人内要因（心理と身体）とそれを取り巻く個人外要因（環境）が影響を及ぼしていると指摘しています。つまり，個人内の心と身体との間，個人と環境との間の相互作用を考慮しなければいけないというのです。心の健康を考えるためには，「健康＝病気でない」という病気の対立概念としての説明ではなく，個人内の心理的・身体的諸機能の相互作用や環境と個人の相互作用について考慮する必要があります。

　心理学，中でも臨床心理学の領域において，「**生活の質**（Quality of Life; QOL）」や「**ウェルビーイング・主観的幸福感**（Subjective Well-Being; SWB）」と呼ばれる概念が重視され，調査研究が行われています。ウェルビーイングは，よい状態，幸福感，充足感，安寧感などと訳されます。

　現在の健康観においては，障害や疾患を抱えているかどうかという視点ではなく，その人の個性に応じた生活の質やウェルビーイングが重視されます。このような健康観の変化を，WHO の国際生活機能分類を用いて説明しましょう。**国際生活機能分類**（ICF; International Classification of Functioning, Disability and Health）は，**国際障害分類**（ICIDH; International Classification of Impairments, Disabilities and Handicaps）の改訂版として 2001 年に発表されました。ICIDH では否定的な 3 つの側面から障害を表現していました（機能障害→能力障害→社会的不利）が，ICF では，障害は個人の問題としてとらえるものではなく，個人と社会との相互作用の中で生じる現象であることが強調されています。ICF では生活機能に注目し，生活機能が肯定的方向に向かうための必要条件として表現されています。ICF では新たに環境因子が加えられたところが重要であり，個人因子と相互に影響し合って障害の全体像が概念化されていま

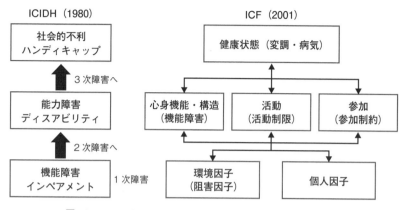

図 10.3　国際障害分類（ICIDH）と国際生活機能分類（ICF）

す（図 10.3）。

10.2　心の癒しに関わる心理学的概念

10.2.1　ストレスとコーピング（対処行動）

　日常語として用いられている**ストレス**（stress）は，元は物理学の用語で「物体に外から圧力をかけて生じた歪み」のことを意味します。この歪みは生体である私たちの身体や心にも生じると考えられます。ストレスは外的な刺激によって引き起こされますが，そのストレスの原因を**ストレッサー**と呼びます。ストレッサーにさらされた結果，生じる反応をストレス反応と呼ぶのです（11.5.2 参照）。

　ストレスを心理学的に説明する理論として，ラザルスらによる「**認知的評価理論**」（cognitive evaluation theory）があります（Lazarus & Folkman, 1984 本明ら訳 1991）。この理論によれば，あるストレッサー（外的刺激）に対して，人はそれが自分にとって脅威的なものかどうか，あるいは自分にどの程度の影響を与えるのかを評価します。これを一次的評価と呼びます。一次的評価とは，人が環境との出会いの中で遭遇する出来事が自分にとって脅威であるかどうかを判断することであり，その人が持つ経験や信念，価値がこの評価に影響を与

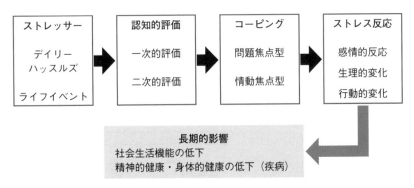

図 10.4　**心理学的ストレスモデル**（Lazarus & Folkman,1984 本明ら訳 1991 を参考に作成）

えることが考えられます。この一次的評価で，その刺激が自分にとってそれほ
ど脅威ではないと判断されれば，その後も快活な生活を送ることができます。
しかし，その刺激が脅威と判断されれば，そのストレッサーに対してどのよう
な対処ができるかを判断することになります。つまり，脅威となる刺激にさら
されていると判断したら，その状況において自分に何ができるかを判断するこ
とが求められます。これを，二次的評価と呼びます。ストレッサーに対して，
直接にその問題の原因を解決しようとする**問題焦点型コーピング**や，結果とし
て生じている不安や不快感などの否定的な感情を緩和しようとする**情動焦点型
コーピング**を行うことができれば，ストレス反応は和らぎます。しかし，対処
行動がうまくいかずストレス状況が長期化すれば，結果として心身に不調や疾
病を生じさせることになります（図 10.4）。
　ストレス研究の先駆者であるセリエ（Selye, H.）は，ストレスによってもた
らされる身体反応を**汎適応症候群**（general adaptation syndrome）と呼びまし
た。彼は，汎適応症候群は，心理的な負担に対して抵抗力が増していく「警告反
応期」，高い抵抗力で緊張状態が持続する「抵抗期」，緊張状態の持続に耐えら
れなくなり抵抗力が急激に落ちていく「疲労期」の 3 段階からなると論じまし
た。もっとも危険であるのは疲労期であり，必死に頑張り続け「張り詰めた緊
張の糸が切れた」状態となります。疲労期では，感情や行動の自己制御が難し
くなることや，急激に無気力の状態になり感情や思考が停止した状態に陥るこ

とがあります。

10.2.2 レジリエンス

　現在，健康科学の領域で注目されている用語に**レジリエンス**（resilience）があります。レジリエンスとは，ワーナーとスミス（Werner & Smith, 1982）が，極度の貧困や強いストレッサーにさらされながらも，心理的健康を損なうことなく育つ子どもたちの存在について指摘し，そのような子どもたちが持つ資質としてこの概念を用いました。なお，レジリエンスは「弾力性」「精神的柔軟性」「精神的回復力」と訳されています。

　小塩ら（2002）は，精神的回復力尺度を作成し，関心の多様性を表す「新奇性追求」因子，感情をコントロールする「感情調整」因子，将来に対する肯定的な志向性である「肯定的な未来志向」因子，の3因子を見出しました。一方，個人内資質だけでなく環境資源も含んだ尺度として，森（2002）のレジリエンス尺度があります。ここでは，自分を肯定的にとらえる「I am」因子，自分の能力に対する信頼感である「I can」因子，自分の将来に対する楽観的な見通しをとらえる「I will」因子に加えて，自分を助けてくれる人が確かに存在するという実感「I have」因子が見出されています。さらに，平野（2010）は，レジリエンスを資質的要因と獲得的要因に分類することを試み，二次元レジリエンス要因尺度を作成しました。

　その人が有している資質としてのレジリエンスを生かしながらも，その人が置かれた状況や危機的環境に対応しようとする気持ちや自身の変化を求める気持ちによって，新たな知識を獲得し，他者との関係が発展することでレジリエンスは育まれると考えられています。

10.2.3 悲嘆反応からの回復過程

　人生においては，予測不能で心理的影響を与えるような出来事に遭遇することがあります。まさか自分にそのようなことが起きるとはと，想像できなかったような事態に多くの人は混乱し，ショックを受けます。そのような悲嘆のプロセスとしては，**キューブラー-ロスの5段階理論**が広く知られています。

キューブラー-ロス（Kübler-Ross, E.）は，癌と診断された人が自分自身に迫
る死を受容していく独特の段階があると，その理論の中で論じています。この
理論は，"On death and dying" の出版や，その後雑誌で彼女のインタビュー風
景が取り上げられたことにより，全米に知られることになりました。この本は，
日本においても，『死ぬ瞬間』という印象的な訳書名で出版されました。

　キューブラー-ロスは，①否認（denial），②怒り（anger），③取引（bargain-
ing），④抑うつ（depression），⑤受容（acceptance）の5段階のプロセスを提
示しました（図10.5）。ただし，事故などによって重い障害を抱えた人，短期
間での回復が難しい重い病気を抱えた人，家族など大事な人を失くした人々に
対する調査研究や心理支援の実践からは，すべての人がこの5段階に沿ってそ
の事態を受け入れていくわけではないことも示されています。

　この理論を理解する意義は，重要な人を突然失うことや命に関わるような重
病を患った人の「なぜ私にこのようなことが起きてしまったのか？」という心
の叫びに着目することの大切さを示した点にあります。悲嘆に伴うさまざまな
感情や行動の背景に存在する心の過程を，心理支援に関わる人は想像する必要

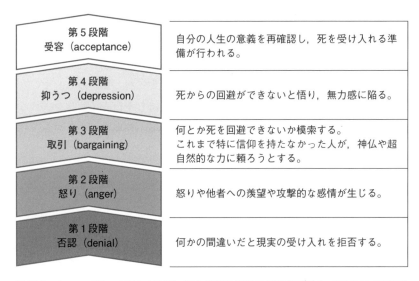

図10.5　キューブラー-ロス（1969）による死の受容の5段階モデル（DABDA モデル）

があるということではないでしょうか。山本（2014）は，「そんな……なぜ？」という叫びは，日々の日常が突如として破壊されたときに生じる根源的・実存的な問いかけといえると述べています。

10.2.4 自己実現に向かうための諸条件

マズロー（Maslow, A. H.）は，人が健康的に生きる条件について独自のモデルを示しました。彼は，人間性の最高価値として自らの潜在能力を存分に発揮し，希望や理想を追求し達成する**自己実現**（self-actualization）を提唱しました。人は生まれながら自己実現の欲求を持っていて，自己実現が行われたときに人生の至高体験が得られるという考え方です。これは，単なる個人的な目標が達成されたという感覚にとどまらず，自己が生かされ，自分の能力が発揮されたという実感が伴う体験です。マズローは，この欲求は5段階の階層をなしていると考え，**図10.6**のようなピラミッド型に表しました。下位の欲求が満たされることによって，上位の欲求が動機づけられます。自己実現に動機づけられるためには，下位にある欲求が満たされ上位の欲求へと動機づけられる基盤となる必要があります。

このモデルは，心理療法の発展にも大きな影響を与えました。後述するクライエント中心療法で有名なロジャーズ（Rogers, C. R.）は，心理療法は心理的な苦悩のケア，つまり心の癒しだけでなく，自己実現を支援する役割を持って

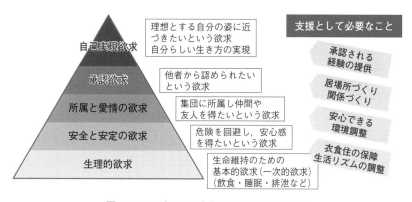

図10.6　マズローの欲求階層説と支援の関係

いると考えました。彼は，自己実現に向かうプロセスに人間性の価値を見出し，自己実現化を提唱しました（久能ら，1997）。

10.3　臨床心理学の考え方と実践

10.3.1　臨床心理学の歴史

　臨床心理学（clinical psychology）という言葉は，アメリカの心理学者ウィットマー（Witmer, L.）による使用がその起源だといわれています。ウィットマーは「臨床心理学」と題された論文の中で臨床（clinical）という言葉を用いたことについて，臨床とは単に治療の現場を表すのではなく，哲学的・理論的な学問に終始せず，実践性を重視するという意味を持つと論じました。ウィットマーは，1896 年に問題を抱える子どもを対象とした心理学的クリニック（psychological clinic）を開設しました。また，第二次世界大戦後，多数の帰還兵から精神症状の訴えがあることが判明すると，アメリカでは精神科医師を補うために心理学者をトレーニングして治療に協力させるプログラムが実施されることになりました。

10.3.2　臨床心理学の実践と研究

　臨床心理学は，心理学の中でも「臨床・実践」「教育・養成」「研究」の 3 つの側面の充実が重視される学問領域です。臨床活動や心理支援の実践を，効果的かつ安全に遂行するために，その実践者には心理学と臨床心理学の基礎から応用に至る理論と方法論を学習していることが求められます。さらに，これらの臨床活動や心理支援の実践が，支援を受ける人のニーズに沿い，狙いに合致した効果が示されていなければなりません。つまり，エビデンスの提示と呼ばれるような科学としての検証が行われている必要があります。そのような実証性を担保するためには，実践者は臨床心理学の研究者としての視点や方法論も身につけておく必要があります。さらに，臨床心理学の理論や方法論の発展のためには，実践者は認知心理学，発達心理学，社会心理学，医学などの研究知見を取り入れながら，疾患や障害を抱える人の心のメカニズムや回復過程につ

いての知見を得ることが重要です。

10.3.3　心理アセスメント

　適切な援助を行うためには，対象者の特性や抱える問題を，できるだけ多角的な視点から把握することが必要になります。そのとき，対象者を理解するための作業を心理アセスメント（psychological assessment；心理査定）と呼びます。心理アセスメントにおいては，対象者のパーソナリティ，認知能力，対人関係，生活環境について，その問題や症状に限定せずにその人の「強み」などの健康的な側面も含めて理解することに重点を置きます。アセスメントでは，面接法，観察法，心理検査法を用いて対象者の全体像を理解します。心理検査法には，パーソナリティ，知的能力，症状を測定することを目的とする検査があります。これらの心理検査は，質問紙法，投映法，作業検査法に分類することができます。また，できるだけ多角的な視点から対象者を理解するために，複数の心理検査を組み合わせて施行することがあります。これをテスト・バッテリーといいます。テスト・バッテリーでは，質問紙と投映法を組み合わせることによってそれぞれの検査の限界を補足したり，知能検査とパーソナリティ検査の組合せによって対象者を総合的に理解できるように設定します。

10.4　心 理 療 法

10.4.1　心理療法の多様性

　心理療法・サイコセラピー（psychotherapy）よりも，カウンセリング（counseling）という言葉のほうが，皆さんにはなじみがあるかもしれません。カウンセリングという言葉には，専門ではない人が専門家に相談するという意味があります。心理カウンセリングとは，対人関係や生きづらさについての悩みや困り感を対象とした相談業務のことをいいます。心理療法とは，学術的理論のもとに体系化された技法と，実証的検討を通した適用の範囲が示され，それらの理論と援助技法の習得の訓練が必要となってくるものを指します。心が傷つき，強い悩みや葛藤を抱えている人の心の回復を支援するのが心理療法で

す。多様な理論と方法論を持つ数々の心理療法が開発されていますが，心理療法の多くに共通する考え方は，人が心理的に変化し回復するためには，その人の潜在的な力を引き出すことが大切だということです。そして，症状や障害そのものの除去や改善を主な目的とするのではなく，その症状や障害の存在によって生じている生きづらさに気づき，その人らしいやり方で解決や苦しみの緩和を目指します。

　以下に，主な心理療法を紹介します。まずは，三大心理療法と呼ばれる精神分析，行動療法，クライエント中心療法を比較しながら見ていき（**表 10.5 参照**），続いて認知療法・認知行動療法，集団心理療法・心理劇を紹介することとします。

1. 精神分析（psychoanalysis）

　精神分析は，精神科医フロイト（Freud, S.）によって創始されました。フロイトも行動主義やゲシュタルト心理学と同様に，ヴントへの批判を行いました。フロイトは「思わず，意図的でなく言ってしまった」といった意図しない行動（失錯行為）に注目しました。彼は，自身の心であるにもかかわらず意識することができない無意識の存在を重視し，日常生活の行為や対人行動の多くが無意識の働きによって成り立っていると考えました。つまり，ヴントが分析の対象外とした無意識を研究の対象としたのです。

　精神分析は，問題行動の原因を無意識に抑圧された心理的外傷体験にあると考え，心理的外傷体験を意識化し，徹底操作によって自我の強化を目指す心理療法です。フロイトは，人は意識上に上ると苦痛を感じる心的外傷（トラウマ）を無意識の領域に抑圧することで自我を守ろうとすると考えました。そして，無意識に抑圧された人生早期の心的外傷が不適応行動や葛藤を引き起こすと考えました。無意識的な心の動きの意識化を図る方法として，自由連想法や夢分析が用いられます。そこで生じた連想や感情にセラピストが解釈を与えることによって，クライエントの自己洞察が促されます。このような解釈と洞察を繰り返すことによって自我が強化され，そのことによって意識化された心的外傷体験に向き合えるようになるといいます。

　精神分析を展開させていく過程で，初期のフロイトは，心は「意識」「前意

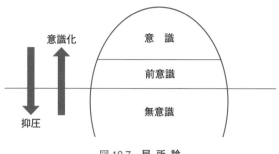

図 10.7　局 所 論

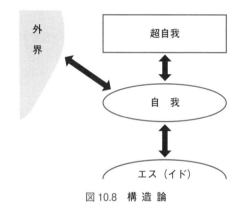

図 10.8　構 造 論

識」「無意識」の 3 層構造になっていると考えました（**局所論：図 10.7**）。し
かし，その後に 1923 年の「自我とエス」という論文によって，「自我」「エス
（イド）」「超自我」が心的機能の主な構成要素であるとする**構造論**を展開しま
す（**図 10.8**）。超自我は主に両親などの養育者から教えられた道徳や倫理，社
会的規範といった「～すべき」という理想の追求や，「～してはいけない」な
どの禁止や束縛を行う機能の主体となります。エスは無意識の領域にあって
「～したい」などの欲求充足の主体となります。自我はその両者のバランスを
とりつつ，現実の中で適応していけるような調整を行う機能の主体となります。

　外部環境から危険が迫り自我が脅かされたとき，あるいは自分自身の衝動に
満足できず欲求不満の状況に陥ったときに，人は自我を何とか守ろうとすると
精神分析では考えます。この自我を守るためのさまざまな手段のことを**防衛機**

表 10.3　代表的な防衛機制

反動形成	衝動や欲望が行動として表れるのを防ぐために，自分の気持ちとは反対の行動や態度をとること。
合理化	不本意な自分の行動に合理的な理由をつけて正当化するような説明をしたり，強引な理屈づけを行うこと。
知性化	不安や攻撃的感情を意識化しないため（距離を置くため）に，知的理解や観念的思考を志向すること。
退行	困難な事態に直面したときに，過去の未成熟な行動様式（甘えたり，わがままを言うなど）によって当面の困難を回避すること。
抑圧	自分が受け入れられない考えや感情，苦痛を伴う記憶をなかったことにしようとしたり，意識化させないこと。
投影	自分が感じると都合の悪い感情や考えを，他者が自分に対して抱いている感情や考えととらえること。
置き換え	愛情や憎しみなどを向けるべき対象に感じることが難しい場合に，別の対象に向けて代理的に満足すること。
否認	不快な現実を認識することを拒否したり，実際になかったかのように振る舞うことで自我を守ろうとすること。
昇華	社会的に容認されないような欲望を，社会的に容認されるような形式で表出すること。

制と呼びます。もっとも基本的な防衛機制は，フロイトが述べた抑圧です。これは，不快な衝動が意識化されないように，無意識に閉じ込めておくことを意味します。その後，防衛機制はフロイトの娘アンナ・フロイトによって体系化されました（表 10.3）。

2.　行動療法（behavior/behavioral therapy）

　行動療法とは，問題行動を不適切な学習によるもの，あるいは適切な学習が行われていない状況ととらえます。ある状況に対して過剰に不安や恐怖を感じる心理特性は，その状況と不安や恐怖が連合していると考えられます。そこで，行動療法では条件づけなどの学習理論を用いて不適切な行動を消去し，適切な行動を学習するように促します。行動療法は，無意識に注目する精神分析への批判から，観察可能な行動に着目し科学的な心理支援を目指したアイゼンク（Eysenck, H. J.）によって定義づけられました。

　レスポンデント条件づけに基づく技法としては，暴露法，暴露反応妨害法，

表 10.4　行動療法の代表的技法

系統的脱感作法	ウォルピによって開発された代表的な技法。不安や恐怖を主訴とするクライエントに有効。事前準備として，自ら弛緩状態を作り出すことができるようにリラクセーション法を習得。高次から低次の不安を一覧にした不安階層表を作成。不安や恐怖の対象や状況をイメージするとリラクセーション法を実施して，不安や恐怖と弛緩状態を条件づけて不安や恐怖の解消を図る。不安階層表に基づいて，低次から高次の不安へと漸次的に条件づけていく。
暴露法 （エクスポージャー）	不安や恐怖を引き起こす対象や状況に，直接さらされるように促す。不安や恐怖のピークを超え，その感情が緩和される経験を繰り返し，その対象や状況に慣れる（馴化）ことを図る。不安や恐怖の状況からの回避行動を減少させ，社会的行動が過剰に制限された状態を緩和することを目的とする。
暴露反応妨害法	強迫の問題を抱えるクライエントに有効とされる。強迫行為を制限することで，強迫観念から生じる不安に徐々に慣れていくことを目指す。
シェイピング法	獲得することが困難な行動に対して，細かい達成目標を設定し（スモールステップ），達成するたびに強化し，徐々に目標行動に接近させていく方法。
トークン・エコノミー法	適切な行動にトークンという疑似貨幣を与えることで，適応的な行動を強化していく手法。
タイムアウト法	問題行動の後に誰もいない部屋に移動させるなどの対応を行い，正の強化が行われないようにする方法。

系統的脱感作法などがあります。オペラント条件づけに基づく技法としては，シェイピング法，トークン・エコノミー法，タイムアウト法などがあります（表 10.4）。行動療法は，後に紹介する認知療法の理論や技法を統合し，認知行動療法として対象を広げ発展しています。

3. クライエント中心療法（client-centered therapy）

　精神分析では，人は無意識の影響を受け，行動主義では，外的環境や学習に影響を受けると考えます。しかし，第三の勢力と呼ばれた**人間性アプローチ**では，人は自由な意思を持つ主体的な存在であると考えます。「人間性」とは，人間が自由意思を持つ主体的な存在として，個人が経験している主観的な現象を重視すること，その人の自由な選択性や自分の意思で行動していることを前提とする考え方です。

　心理療法としては，ロジャーズ（Rogers, C. R.）の**クライエント中心療法**が有名です。ロジャーズは，自己実現を進めていく過程を自己実現化と呼び，自己実現化の回復を目指しました。クライエント中心療法では，自己概念と経験という2つの概念に注目します。自己概念とは，クライエントが抱いている自己像のことで，クライエントの理想が反映されています（理想自己）。経験とは，クライエントが現実に体験していることです（現実自己）。自己概念と経験の重なりを**自己一致**と呼び，自己一致の領域が大きいほど適応的であると考えられます。不適応の状態に陥っているクライエントは自己一致の領域が極めて小さいと考えられます。ロジャーズは，人が持っている自己実現傾向を発揮することが心理支援となると考えました（**図10.9**）。

　クライエント中心療法では，クライエントの行動や認知を修正することよりも，主観的経験を治療の中心に置き，それを支持することを優先します。セラピストの支持的な姿勢を強調することから支持的心理療法，または助言や指示を行わないことから非指示的心理療法とも呼ばれます。

　ロジャーズは，カウンセラーとの適切な関係性が形成されれば，クライエントは自己実現傾向を発揮し自ら変化すると考えました。クライエント中心療法では，①無条件の肯定的配慮，②共感的理解，③自己一致，をセラピストの必須条件としています。①無条件の肯定的配慮とは，無条件の積極的関心，または支配欲のない愛情ともいわれ，セラピストがクライエントに肯定的な姿勢を取り続けることを意味します。他者に尊重される体験こそが，自分自身を尊重

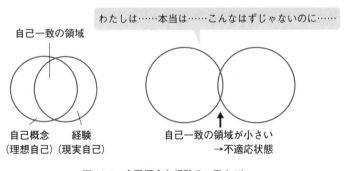

図10.9　自己概念と経験の一致とズレ

表 10.5 精神分析・行動療法・クライエント中心療法の比較

	精神分析	行動療法	クライエント中心療法
問題の原因の とらえ方	無意識に抑圧された心 的外傷体験	誤った学習の結果 適切な行動の未学習	自己概念と経験の不一 致
心理療法の目標	心的外傷体験の意識化 自我の強化 人格的変容	症状や問題行動の改善 誤った学習に基づく行 動の消去 適応的な行動の学習	自己の体験への気づき 体験に基づいた自己概 念の変容 自己概念と体験の一致
介入の対象	無意識	行動	自己概念・自己観 （自分をどう見ている のか）
心理療法の 指示性・非指示性	解釈	指示的	非指示的

する態度を涵養するとロジャーズは考えました。②共感的理解とはクライエントの内的な枠組みや体験をセラピスト自身が経験しようとする態度であり，それをクライエントに示すことです。クライエントはセラピストが自分の内的枠組みを理解したと感じることで，セラピストに対して強い信頼感や安心感を抱くことにつながります。③自己一致はセラピストのクライエントに対する純粋な姿勢を意味します。クライエントに対して偽りのない存在であろうとする態度が重要です。この3つの条件は多くの心理療法に共通する基本姿勢といってもよいでしょう。

4. **認知療法**（cognitive therapy）・**認知行動療法**（cognitive behavioral therapy）

次に，代表的な心理療法として紹介されることの多い**認知療法・認知行動療法**について解説します。認知療法は，ベック（Beck, A. T.）がうつ病の治療のために創始した心理療法です。現在では，うつ病以外の精神病理の心理療法として，ストレス緩和や精神健康の維持，学校や企業が実施するストレスマネジメント教育として活用されています。合理的で適応的な思考パターンへと修正することで，感情的にも安定した状態となり，さまざまな危機に対処できるようになることを目指します。不快な感情を惹起させる非機能的な思考（自動思考）を検証し，より適応的な思考を見出すために，精神分析やクライエント中

心療法に比べてセラピストは積極的な介入を試みます。ただし，認知療法で重要なのは適応的な思考をセラピストが一方的に教えるということではなく，クライエントとセラピストが協働して，非機能的な思考パターンを検証し，それをクライエントの特性に応じながら適応的な思考パターンへと修正するという点です。

　クライエントの認知パターンを調べる方法にコラム法があります。環境とクライエントの相互作用，クライエント内で生じている認知（思考）を中心とした個人内の相互作用を，紙に書き出すなどの視覚化を行い，セラピストの支援を受けながらアセスメントしていきます（図10.10）。

　認知療法の代表的な技法に認知再構成法があります。クライエントの過剰な自責的考え方，破局的な考え方を，クライエントが客観的，批判的に検証を行

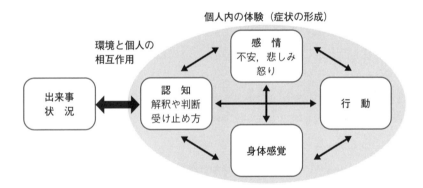

図10.10　認知行動療法の基本的考え方

表10.6　認知再構成法の手続き

1	コラム法（外在化）などを用いて，日常生活で起きている否定的な自動思考を発見する。
2	自動思考などの否定的な思考と，不安や抑うつなどの感情が関連していることを確認する。
3	自動思考の合理性や利点，意味を検証（反証）する。
4	より適応的で，現実的な思考への置き換えを試みる。そのことによって不安や抑うつなどの感情の緩和を確認する。

えるよう，セラピストはソクラテスの質問と呼ばれるような発問を繰り返します。自分の考え方を再検討することによって，自分の可能性を確認し，客観的で合理的な考え方へと修正することを目指します（表10.6）。

　現在は，認知療法は行動療法の技法とも統合され，認知行動療法（cognitive behavioral therapy; CBT）として対象を広げ，心理療法における大きな勢力として展開しています。

5.　集団心理療法・心理劇（psychodrama）

　個人で行う心理療法に対して，集団心理療法は治療的に構造化された集団の場を利用する心理療法です。精神分析や認知行動療法においても，集団で実施する場合は**集団心理療法**としてとらえることができるでしょう。即興劇を用い

第1相：ウォームアップ
集団の凝集性や親和性を高める
緊張感を緩和し役割演技への準備
　　自己紹介，会話，体操，ゲーム
　　手遊び歌，交流を深めるワーク

第2相：ドラマ（劇化）
主役から提示されたテーマに基づき即興劇・役割演技を展開
　　ロールリバーサル（役割交換法）
　　ダブル（二重自我法）
　　ミラー（鏡映法）

第3相：シェアリング
主役とメンバーとの感情の共有
主役への共感的な言葉かけ
即興劇の感想や気づきを語り合う

図10.11　心理劇の展開（心理劇の3相）

る集団心理療法として，モレノ（Moreno, J. L.）によって創始された**心理劇**が
あります。これは，創造性や自発性の発揮，自己洞察，新たな自己役割の構築
を目的とする集団心理療法であり，演劇的手法を用いることから芸術表現療法
にも位置づけられます。クライエントは自分の悩みや葛藤に関連した場面を即
興で演じます。セラピストはロールリバーサル（役割交換法），ダブル（二重
自我法），ミラー（鏡映法）などの技法を用いて，クライエントが新たな気づ
きを得たり，日常では経験できなかった新たな自己役割の体験が得られるよう
に劇場面を展開します（図 10.11）。

10.4.2　日本独自の心理療法

　私たちは，心理療法の多くを西洋から学び，取り入れました。その際，西洋
から輸入された理論と方法論を，日本の文化や日本人の心性にどのように適合
させていくかが大きな課題でした。一方，日本発祥の心理療法としては，森田
療法，内観療法，臨床動作法などがあります。その独自な理論と方法論は，国
内外で注目されています。

1.　森 田 療 法

　森田正馬（1874-1938）によって考案された心理療法です。**森田療法**は，森
田神経質と呼ばれる特性を対象とします。森田神経質とは，内省的で，自分自
身の身体的・精神的な違和感や不快感に対して過敏な反応を示す特性のことで
す。そして，そのような不快な身体感覚や感情を無理に解決しようとする行動
が，かえってその不快感を高めるような精神相互作用と呼ばれる状況に陥りや
すく，不快感に対する「とらわれの機制」が働いてしまいます。森田療法では，
不安や恐怖を感じるのは特別なことではないととらえ，セラピストはその不安
や恐怖の原因を追究しようとしない「不問的態度」で接します。クライエント
も不安や失敗経験を無理になくそうと努力するのではなく，それを自然なもの
として，「あるがまま」の自分を受け入れ，「とらわれの機制」をやわらげるよ
うに導かれます。元は入院治療を前提とした心理療法でしたが，現在は外来治
療やセルフ・ヘルプ・グループ（当事者集団による自助グループ）なども存在
します。

2. 内観療法

　内観療法は，吉本伊信（1916-1988）が浄土真宗の精神修養をもとに考案した心理療法です。外部刺激が遮断された狭く静かな部屋に入り，身近な家族や知人に対して「してもらったこと」「して返したこと」「迷惑をかけたこと」の3点について振り返り，1〜2時間ごとに面接者にその経験を報告します（集中内観）。これを7日間，毎日繰り返します。これによって，それまでの人間関係や自分の生き方について，客観的，持続的に振り返ります。これを身調べと呼びます。身調べによって人間関係や自分の生き方についての新たな視点を得て，人生についての信念や日々の生活行動の修正が行われることが期待されます。特に，アルコール依存症の心理療法として用いられています。

3. 臨床動作法

　臨床動作法は，成瀬悟策（1924-2019）によって創始されました。適用対象だけでなく，理論や技法が現在も発展している，身体動作を媒介とした独自性の高い心理療法です。催眠研究から脳性まひ等の肢体不自由者の心理学的リハビリテーションとして開発されましたが，その後，発達障害児の療育方法として，さらに統合失調症やストレス障害への心理療法として発展しました。現在では，高齢者の健康支援やアスリートの心理支援として活用されています。動作とは，人が意識的であれ無意識的であれ，身体を動かそうと意図して，それを実現しようと努力する心理過程の結果として生じる身体運動の過程である，と成瀬は定義しました（図10.12）。つまり，身体運動の起源を，運動中枢を活動させようとする主体者の能動的活動であるととらえました。臨床実践において，セラピストはクライエントに特定の動作課題を提示します。クライエントはその動作課題を適切に遂行しようと努力しますが，セラピストはその努力の仕方（体験の様式）に変化が生じるように働きかけます（図10.13）。

図10.12　臨床動作法における「動作」の定義

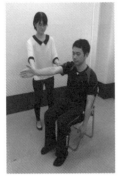
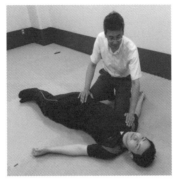

腕上げ動作課題　　　　　躯幹のひねり課題　　　　　片足立ち課題

図 10.13　臨床動作法の課題遂行場面

復 習 問 題

1. ストレス・モデルを用いて，日常的に経験しているストレスを分析してみましょう。何がストレッサーで，それをどのように評価し，対処しているか，どのようなストレス反応を経験しているか，整理してみましょう。

2. 表 10.5 を参考にしながら，精神分析，クライエント中心療法，認知行動療法，心理劇，臨床動作法の共通点と相違点について整理してみましょう。

参 考 図 書

下山 晴彦（編）（2009）．よくわかる臨床心理学　改訂新版　ミネルヴァ書房
　臨床心理学に含まれる重要なテーマを，トピックごとにわかりやすく説明しています。初めて臨床心理学を学ぶ人には最適な一冊です。

矢澤 美香子（編）（2018）．基礎から学ぶ心理療法　ナカニシヤ出版
　多様な臨床心理学の支援方法について，心理療法ごとにわかりやすく説明しています。初めて心理療法を学ぶ人，多様な心理療法を広く学びたい人には最適な一冊です。

オハンロン，W．H．・マーチン，M．宮田 敬一（監訳）津川 秀夫（訳）（2016）．新装版　ミルトン・エリクソンの催眠療法入門　金剛出版
　20 世紀でもっとも優れた心理療法家として名高いミルトン・エリクソンの催眠療法について，事例を交えながらわかりやすく説明しています。ミルトン・エリクソンの催眠技法は，さまざまな心理療法に多大な影響を与えました。心理療法の個別性や創造性，そして可能性を感じることができる一冊です。

第11章

"仕事をする" 心のメカニズム

　「仕事をする」ということは，就業前の高校生や大学生から見ると，学校生活とは全く異質なもので，何か大変なことのように感じられます。しかし，「働く（はたらく）」こととは，本来「傍（はた）を楽（らく）にする」という意味を持ち，他者が必要とする有形無形のサービスを提供することで，他者を楽にすることを意味します。そして，場合によっては，その他者から感謝され，ありがたく思われることもあります。このように「仕事をする」ことの本質的な意味を知ると，仕事は非常に意義深いことであると気づきます。

　ただし，常にやる気（モチベーション）に満ちて仕事をすることは難しいものです。時には，精神的に不調を来してしまうこともあります。できるだけやる気に満ちて，いきいきと仕事に取り組むためには，組織の一員として適応し，自分に与えられた役割を全うできるように成長することが求められます。また，同僚と良好な関係性を築くことも大きな心の支えになることでしょう。

　このように見ると，仕事のさまざまな場面で，私たちの「心」が関わっていることに気づきます。そして，こうした仕事場面での「心」を扱う分野のことを「産業・組織心理学」と呼び，心理学でも応用的な分野に位置づけられています。また，「産業・組織心理学」は，社会心理学や臨床心理学，あるいはパーソナリティ心理学などの基礎分野を土台にしながら，そこでの知見を仕事場面に応用して発展した分野ともいえます。

　本章では，「仕事をする」場面において私たちの「心」がどのように関わっているかについて，仕事で重要な場面ごとに心の問題を考え，そしてそこに重要な理論と研究を添えながら概説していきます。

11.1　仕事においてなぜ「心」が問題になるのか

11.1.1　産業・組織心理学の始まり

　仕事場面で「心」がクローズアップされ始めたのは 20 世紀前後といわれています。かつて，ヴント（Wundt, W. M.）のもとで学び，そして後に産業心理学の父と呼ばれたミュンスターバーグ（Münsterberg, H.；1863-1916）が 1913 年に著書『心理学と産業能率（*Psychology and industrial efficacy*)』を出版しました。これが，心理学を仕事場面に応用する可能性を広げることになりました。

　この時代は，19 世紀の産業革命の影響で，個人で行っていた手作業から，工場という組織で多くの人が働くようになりました。当時は，労働者の多くが賃金はもらうが仕事はほどほどにこなす（時には手を抜く）という，**組織的怠業**が問題となっていました。そこで，工場で働く多くの人が同じ製品を大量かつ効率よく生産するためにはどうすればよいか，つまり効率性と生産性が経営者にとって重要な課題となっていました。

11.1.2　「心」なき科学的管理法の台頭

　そこに一躍脚光を浴びたのがテイラーの**科学的管理法**です（Taylor, 1911）。技術者であったテイラーは，科学的な手法を用いて作業手順を定め，一人あたりの標準的な作業量を明確にしました。それによって工場の作業が効率的になり，生産性が最大化すると考えました。さらにテイラーは，どのような条件のもとで作業量が高まるかを検討し，一人あたりの作業ノルマを定め，その量に応じて賃金を支払うという仕組みを考案しました。一見すると理想的な管理方法のように見えますが，働く側の労働者から見ると，常に管理されることで主体性と自律性が奪われ，強い抵抗が生まれることになりました。生産性が上がる一方で，労働者の「心」が置き去りにされていたと見ることもできます。

11.1.3　「心」の重要性を認識したホーソン研究

　科学的管理法が注目を集めていた頃，ハーバード大学のメイヨー（Mayo, G. E.）らは，1924 年からアメリカのシカゴ郊外にあるウェスタン・エレクトリッ

ク社のホーソン工場で科学的管理法に関わる長期的な実験を開始しました。照明の明るさや休憩時間の長さなど異なる条件下で作業効率や生産性を検討したのです。すると，予想に反して，労働環境を悪くしたときにも生産性が向上するという結果が得られました。メイヨーらは，繰返し実験を重ねるとともに，その工場で働く労働者にインタビューを行い，労働者の感情や態度，さらには労働者同士の人間関係なども作業効率や生産性に関わっていることを明らかにしました。こうして，物理的な環境以外にも，実は仕事をする労働者のモチベーションや誇り，職務満足感，さらには人間関係など，いわゆる仕事をする上で人間の「心」を考慮する必要性が強く認識されるようになりました。これらの一連の研究を**ホーソン研究**と呼びます。

11.1.4　産業・組織心理学の系譜

　こうして，仕事場面で「心」に着目した心理学の分野が確立されるようになり，労働者の採用や配置などを扱う「人事心理学」，働く労働現場の安全や効率，生産性を扱う「**産業心理学**」，そして 1960 年代以降は階層性と分業化が進んだ組織体における従業員の「心」の問題を扱う「**組織心理学**」が誕生しました。そして，1970 年代以降は産業心理学と組織心理学の両方を包括して「**産業・組織心理学**」という名称が定着しています（**図 11.1**）。

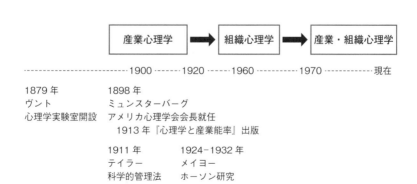

図 11.1　産業・組織心理学の系譜

11.2　仕事を始める

11.2.1　組織社会化——組織の一員になる

　現在，ほとんどの若年者が大学もしくは高校を卒業してから企業などに就職します。新規学卒者は，入社式を経てから，いよいよ組織の一員として働き始めることになります。この時期に新入社員が「組織の目標を達成するために求められる役割や知識，規範，価値観などを獲得して，組織に適応していくプロセス」のことを，「**組織社会化**」といいます（Bauer et al., 1998）。

　組織社会化は，新入社員にとっても組織にとっても非常に重要です。なぜなら，新入社員は就職活動で見聞きした会社説明の内容や自身の仕事に対して大きな理想を抱えて入社したものの，現実は大きく異なり，いわゆる「**リアリティショック**」を感じてしまうからです。このショックが大きいと，新入社員が早期に離職してしまう危険性を秘めており，長い時間と労力を費やして採用した組織にとっても大きな損失となります。

　そのため，組織社会化の促進策として，入社直後に手厚い新入社員研修が用意されていたり，職場の上司とは別に仕事に関わる指導や相談役として特定の先輩が新入社員をサポートする「**メンター制度**」が用意されている組織も少なくありません（図11.2）。

11.2.2　組織コミットメント——組織に愛着を感じる

　組織の一員となり，職場になじむようになると，次第にその組織に対して帰

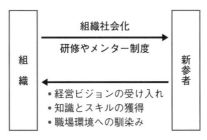

図11.2　**組織社会化の枠組み**（古川，2011 をもとに一部改変）

属意識や忠誠心，愛着を抱くようになります。こうした従業員と組織との心理的な結合関係のことを「**組織コミットメント**」と呼びます。これは愛社精神や会社人間と称されることもあります。

実は，この従業員の組織コミットメントこそが，戦後の高度経済成長期における日本企業の競争力の源として，世界から賞賛されました。第二次世界大戦の敗戦国で，資源もない小さな島国である日本がなぜ急速な勢いで成長を遂げることができたのか，欧米で大きな関心を集めたのです。日本では伝統的に年功主義的な人事制度を運用しているため，欧米のように高い成果を上げたとしてもそれに応じて賃金が上昇するわけではありません。そこで注目されたのが，日本の従業員が会社に抱いている帰属意識（組織コミットメント）です。

メイヤーとアレンによれば，組織コミットメントは3次元で構成されていることが明らかにされています（Meyer & Allen, 1991, 1997）。第1は，**情緒的コミットメント**（affective commitment）です。これは，組織との同一化や一体感に基づく愛着によるコミットメントです。第2は，**継続的コミットメント**（continuance commitment）です。これは，組織から得られる利益を失うことを考え，組織にとどまろうとするコミットメントです。第3は，**規範的コミットメント**（normative commitment）です。これは，従業員が組織に対して抱いている義務感や忠誠心，恩義から感じるコミットメントです。

図11.3に示すように，組織コミットメントの高い従業員は，仕事に対するモチベーションも高く，与えられた役割以外のことにも積極的に取り組みます。また，それらによって高い業績を上げる傾向があります。さらに，職務満足感

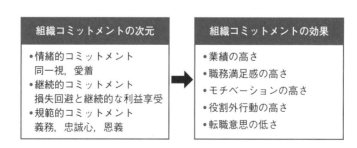

図11.3　**組織コミットメントの次元とその効果**（古川，2011をもとに一部改変）

も高く，それゆえに現在の会社を辞めようとする転職意思も低いことが明らか
になっています。

11.3 仕事で成果を上げる

11.3.1 仕事の成果を説明する MARs モデル

　新入社員は組織で働き出すと必要な知識やスキルを身につけていき，一定の
期間を経ることでようやく一人前とみなされるようになります。すると，いよ
いよ組織の中核的な存在として，成果を上げていくことが期待されます。では，
組織において高い成果を実現するためには，どのような条件が必要なのでしょ
うか。

　産業・組織心理学においてよく知られたモデルとして，図 11.4 に示すよう
なローラーとポーターによる MARs モデルがあります（Lawler & Porter,
1967）。このモデルでは，成果を上げるために必要なものとして，役割認識
（Role perceptions）と能力（Ability），そしてモチベーション（Motivation）が
挙げられています。ローラーとポーターは，それらは種々の状況要因（situa-
tional factors）によって異なってくる，と説明しています。

11.3.2 役割を的確に認識し，それを再定義する

　まず，成果を上げるためには，自分がどのような役割を与えられているかを
正確に理解する必要があります。これを「役割認識」と呼びます。組織に入っ

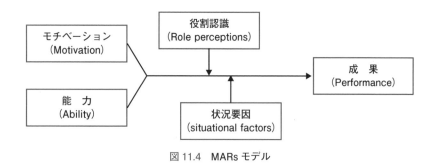

図 11.4 MARs モデル

てしばらくすると，新入社員の要望と適性を見極めた上で配属先が決まります。また，一定期間が経過すると他の職場への人事異動も行われます。時には，それまでとは全く関わりのない職場に異動することも珍しくありません。どのような職場であっても，そこで与えられた役割が何であるかを的確に理解しなくては，期待された成果を上げることはできません。

　また，組織から与えられた役割を忠実に遂行するだけでなく，その役割の意味を自らとらえ直すことによって，仕事への姿勢や取組み方が大きく変わることが最近注目されています。これを「**役割の再定義**」（古川，2011）と呼びます。

　たとえば，役割の再定義を示す興味深い事例として，最近ニュースやマスメディアでも取り上げられ，「奇跡の職場」（矢部，2013）とも呼ばれている株式会社 JR 東日本テクノハート TESSEI（以下，テッセイ）について紹介しましょう。テッセイでは，東京駅で東北新幹線や上越新幹線の車両の清掃を行うことが主な業務です。東京駅には，毎日，新幹線が各方面から次々と到着します。それらの車両が次に発車するまでには 12 分間しかなく，乗客の降車時間と乗車時間を差し引くと，清掃に費やすことができる時間はわずか 7 分間しかありません。

　こうしたわずかな時間であっても，テッセイの清掃チームは，乗客を気持ちよく迎えるために，職人技ともいえるような素早い動きで車両を綺麗に清掃します。そして，清掃が終わると整列して乗客に向かって一礼します。このテッセイのスタッフが見せる仕事の姿勢に多くの乗客が感動したことから話題になりました。

　新幹線の清掃という職務は，本来，3K（きつい，汚い，危険）を伴うものです。当然，誰も進んでその仕事に取り組もうとはしません。ましてや，やりがいを見つけるのは難しいものです。

　しかし，テッセイの清掃チームの従業員は，元々「新幹線を掃除する」と定義していた自らの職務を，「お客様に新幹線を気持ちよくご利用いただき，かけがえのない旅の思い出をつくっていただく」と再定義しました。こうすることで，従業員は，ホームで迷っている乗客がいたら進んで声をかけたり，歩く

のに不自由な人がいたら手を貸すなどの行動を自発的に行うようになりました。さらに，その結果として従業員のモチベーションが高まるばかりか，誇りとやりがいを育むことにつながったのです。

11.3.3　業績につながる能力を養う

自分に与えられた役割を理解すると，次にその役割を遂行するために必要な能力を身につける必要があります。具体的には，仕事に関わる「知識」「技能」「態度」です。

1. 知　　識

仕事を遂行する上では，まずは基本的な**知識**を身につけることはもちろん，配属された部署が抱える業務に特化した専門的な知識を身につけなければなりません。

2. 技　　能

さらに，知識を保有するだけでなく，それを生かした基本的かつ専門的な**技能**も必要です。

3. 態　　度

また，仕事に対する前向きで積極的な姿勢や**態度**も養う必要があります。これについては，すでに採用時から，受け身ではなく積極的かつ前向きな姿勢が問われているといえます。

11.4　旺盛なモチベーションを持つ

11.4.1　モチベーションとは何か

ここまで，MARsモデルに基づきながら，役割認識と能力について概説してきました。次に，最後の要素であるモチベーションについて考えてみましょう。

仕事に限らず，勉強においても**モチベーション**（やる気，意欲，動機づけ）が重要であることは疑いようもない事実です。たとえば，せっかく高い能力を持っていたとしても，頑張ろうとするモチベーションがなければ，一生懸命取り組むこともなく，当然結果もついてきません。

　また，知識やスキルといった能力は，経験を積むごとに養われていく比較的安定したものです。一方で，モチベーションは，能力とは異なり，比較的変動しやすいものといえます。ここにモチベーションをマネジメントすることの難しさがあります。

　ワシントン大学のミッチェルは，モチベーションのことを「目標に向けて行動を方向づけ，活性化し，そして維持する心理的プロセス」と定義しています（Mitchell, 1997）。この定義にはモチベーションを構成する重要な3つの条件が含まれていることに気づきます。

　1つ目は，モチベーションは，何を目指すか，どこに向かうかなど「方向性」を伴っていることです。身近な言葉でいえば，目標や夢，ビジョン，などです。方向性が定まらないことには，たとえ行動を起こしていたとしても的はずれなものになってしまいます。

　2つ目は，目標などの方向性に向かって，どれくらい強い気持ちで取り組んでいるかの「強度」です。これは，一生懸命さや熱意，ひたむきさ，などを意味します。強度が強ければ，方向性に向かう推進力になります。

　最後は，方向性を追求するために費やされる時間の長さや継続性を表す「持続性」です。せっかく一生懸命に取り組んだとしても，三日坊主では目標達成には至りません。これに関連して，「継続は力なり」ということわざが思い出されます。

11.4.2　ワーク・モチベーションの源

　仕事に関わるモチベーションのことを「ワーク・モチベーション」と呼びます。では，仕事においては，どのようなことがきっかけでワーク・モチベーションが生まれるのでしょうか。モチベーションが内的な要因によって喚起されたか，それとも外的な要因で喚起されたかによって，大きく2つに整理することができます。

1. 外発的モチベーション

　社会人に対して「あなたは何のために働いていますか？」と尋ねると，たいてい「生活のため」「お金のため」という答えが返ってきます。また，大学生

図 11.5　**期待理論モデル**

　の皆さんに「アルバイトでどんなときにやる気（モチベーション）が出ますか？」と尋ねると，多くの人が「時給が上がったとき」と答えます。これらの答えが物語っていることは，私たちが仕事をする目的の一つに「お金」という引きつけられる誘因があるということです。このように，人のモチベーションが，他者からの賞賛や叱責，報酬や罰，競争相手の存在など外的な要因によって引き出されることを「**外発的モチベーション**」と呼びます。仕事をする上で，お金は決して切り離せない存在です。また，上司や先輩からの働きかけが存在するため，外発的なモチベーションはもっとも身近な要因といえます。

　報酬はたとえ魅力的であったとしても，なかなか手に入らないものであれば絵に描いた餅になってしまいます。一方で，たとえ報酬が手に入りやすかったとしても，それが魅力的でなければ引きつけられません。こうした私たちの期待を取り上げて理論化したものにヴルームの**期待理論**（Vroom, 1964）があります。ヴルームの理論では，図 11.5 に示すように，モチベーションの高さは，①期待（expectancy），②道具性（instrumentality），③誘意性（valence），の積によって説明できるとしています。①の「期待」とは，ある行為が 1 次の結果（業績）を挙げることができる主観的確率，②の道具性とはその 1 次の結果（業績）が報酬に結びつくと感じている程度，そして③の誘意性は 2 次の結果（報酬）がどれくらい魅力的かを表します。

　私たちはいつもこうした主観的な計算を行っているわけではありませんが，頑張ったら結果がついてくるか，その結果は価値があるかなど考えているところが少なからずあります。

2.　内発的モチベーション

　仕事をする目的は，外発的なものだけではありません。特定の行動を行うことそのものが，その行動の目的あるいは報酬になることもあります。すなわち，

報酬や承認のためではなく，純粋に仕事が面白く，それが人の役に立つと感じたり，また仕事を通じて自ら成長することを目的とするモチベーションのことを「**内発的モチベーション**」と呼びます。

　内発的モチベーションは，自律的なため，理想的なものと考えられています。それでは，内発的なモチベーションが生まれる源はいったい何でしょうか。

　1つ目は「知的好奇心」です。仕事の内容そのものが面白く，深く追求しようとすることも内発的なモチベーションにつながります。2つ目は「有能感」です。これは人よりもうまく仕事ができるという感覚です。最後は「自己決定」です。これは自分で物事を考え，判断し，決断することです。誰もが，人から指図されて言われたことをやるよりも，自ら決めたことのほうが責任感も芽生えて意欲的に取り組むことができるようになります。こうした内発的モチベーションは，その活動や行動を行うこと自体が目的となっているため，自発的で持続性も高く，さらに，仕事の成績や創造性などの成果にも大きく貢献することが明らかになっています。

11.4.3　内発的モチベーションが脅かされるとき

　以上の話から，外発的モチベーションよりも内発的モチベーションのほうが望ましいという印象を持たれたことと思います。しかし，仕事をする上で，外発的な要素である報酬は，決して切り離せない存在です。場合によっては，成果主義のように仕事の成果に応じて報酬や処遇が左右されることもあります。では，内発的なモチベーションが高いときに報酬が与えられると，モチベーションはどのような影響を受けるのでしょうか。

　この問題について，デシ（Deci, 1971）の実験は有益な示唆を与えています。デシは，当時の大学で非常に流行っていたソマというパズルゲームを用いて実験を行いました。実験の第1セッションでは，実験に参加したすべての大学生にパズルに取り組んでもらいました。第2セッションでは，大学生を2つの条件に分け，一方の実験群では，パズルを解くことで1ドルの報酬を与えるように教示されました。そして，一方の統制群では，引き続きパズルを解いてもらいました。そして，最後の第3セッションでは，2つの条件で再びパズルに取

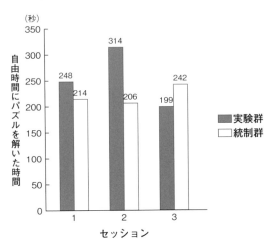

図11.6 **内発的モチベーションに対する報酬の効果** (Deci, 1971)

り組んでもらいました。すると2つの条件で興味深い違いが見られました。

実は，この実験では，セッション間の休憩時間に大学生が何に取り組んでい
たかに注目していました。休憩時間を過ごす部屋には，実験課題であったソマ
のパズルの他，当時の大学生に人気のあった雑誌も多数揃えており，自由に過
ごしても構わないという状況でした。そのような状況においても，ソマパズル
に取り組んだ時間が長いほど，パズルに対する内発的モチベーションが高いと
考え，その時間を測定しました。

そのセッション間にパズルに取り組んだ時間を，**図11.6**に表しています。
第1セッション後は実験群と統制群との間では，パズルを解いた時間に大きな
違いはありませんが，グループに報酬が付与された実験群は2セッション後に
パズルに取り組んだ時間が長くなったものの，第3セッション後にはパズルに
取り組んだ時間が極端に減少しています。一方で，報酬が付与されなかった統
制群は，パズルに取り組んだ時間が維持されています。これは，内発的なモチ
ベーションに基づいた行動に対して報酬が与えられると，逆に内発的モチベー
ションが低下することを意味します。このことを「**アンダーマイニング効果**」
と呼びます。

このデシらのアンダーマイニング効果の研究は，1990年代後半に我が国の

組織で急速に導入された「成果主義」が，日本の組織になじむかどうかの問題を考える一つの実証的根拠として，産業・組織心理学研究や経営学の分野で大きな波紋を投げかけました（高橋，2004）。すなわち，我が国は，長らく年功主義的な人事制度を強みに，世界に誇る経済大国へと成長してきました。この年功主義的な人事評価制度は，単純化して説明すると，毎年の定期的な昇給を前提としているため，たとえある年に大きな成果を上げたとしてもそれに応じて大幅に給与が上がるわけではありません。言い換えると，日本では，給料を最大の誘因として働いているわけではなく，会社への忠誠心や仕事へのやりがいなど内発的なモチベーションが源だったといえます。ところが，成果主義は，仕事の成果に応じて評価や処遇（給与など）が決まるため，働くモチベーションの目的が報酬に変わってしまうことになります。それによって，我が国の組織で働く従業員のモチベーションが低下してしまうという危惧がなされるようになりました。

　仕事をする現場は，デシの実験のように人工的な場面よりもさらに複雑な要因が含まれていますが，内発的なモチベーションと報酬を考える上で密接な関係を持っているといえます。

11.4.4　外発的モチベーションから内発的モチベーションへ

　繰り返しますが，仕事をする上で，報酬は決して切り離せない存在です。しかし，誰もが報酬を得ることだけを目指して仕事をしているわけではありません。最初は生活の糧を得るために働き始めたものの，次第にその仕事の重要性や社会的な意義に気づき，さらには仕事の奥深さや面白さを感じるようになり，いつの間にかのめり込んでいる，といったようなことも珍しくありません。

　このことは，実はモチベーションの源としての外発性と内発性はどちらか1つしか持ち得ないという二律背反のものではなく，2つは連続的につながっていると考えることができます。このことについて，最近，デシら（Ryan & Deci, 2000）は内発的モチベーションの理論をさらに発展させて，**自己決定理論**を展開しています（図 11.7）。この理論の重要な点は，従来のモチベーション研究における内発的モチベーションと外発的モチベーションは，相反する概

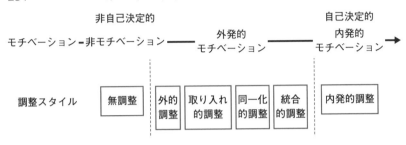

図11.7　**自己決定理論**（Deci & Ryan, 1985）

念として位置づけられてきましたが，外発的に動機づけられている行動であっ
ても，自己決定の度合いが高まることによって，自律的な内発的モチベーショ
ンに変化し得ることです。

　デシらは，従来の外発的モチベーションを，自らで行動を調整し，自己決定
する程度に応じて「外的調整」「取り入れ的調整」「同一化的調整」および「統
合的調整」の4つに分類しています。「外的調整」は，他者からの強制によっ
てやらされている状態です。これはもっとも自己決定が低く，単に上司から指
示されたことを何も考えずに従っている行動です。次に，「取り入れ的調整」
は，取り組む内容の価値は認めているが，「やらなくてはならない」義務感で
行動している状態です。さらに，「同一化的調整」は，取り組んでいることの
価値の重要性を理解するだけでなく，自分にとっての価値が認識され，「自分
にとっても重要だから」と考えて行動することです。最後の「統合的調整」は，
課題の価値と自分の価値が統合され，自然にかつ自発的に取り組むことができ
る状態です。

　先に紹介した「奇跡の職場」（矢部，2013）の事例を思い出してみてくださ
い。テッセイの従業員は，初めは与えられた仕事を単にこなすだけの「外的調
整」や，給料をもらうためにやるべき仕事としての「取り入れ的調整」で動機
づけられていました。しかし，仕事の役割を再定義することで，清掃の仕事が
新幹線を利用する乗客にとって大事な旅の思い出になるような価値を見出し，
またその仕事に誇りを感じるようになりました。つまり，「同一化的調整」さ
らには「統合的調整」で動機づけられるようになったことがわかります。

　このように，仕事をする上で最初は外発的モチベーションであったとしても，そこに仕事の意義を見出しながら，次第に内在化していくことが理想といえます。

11.4.5　目標は人を動かす

　産業・組織心理学の領域で，もっとも実証的知見が多く，かつ科学的にもっとも信頼性の高い理論であるロックとレイサム（Locke & Latham, 1984）の目標設定理論も紹介しておきましょう。この目標設定理論は，仕事の文脈だけでなく，広範囲なモチベーションにも応用可能な理論です。

　本章の冒頭において，モチベーションが生まれる原理を紹介しましたが，モチベーションを喚起する誘因となるものの一つが「目標」です。人は，何かに向けて頑張るときに目標を設定しますが，この目標を設定することはモチベーションを高めるために大きな効果を持ちます。

　では，どのような目標を立てればよいのでしょうか。ロックとレイサムらは，数多くの実験を通して，①容易な目標よりは困難な目標，②一生懸命頑張る（do the best）のような曖昧な目標よりは具体的で明確な目標，そして③他者から押しつけられた目標よりは，自分で設定した目標ほど，人は高いモチベーションを持ち，成果を上げることを明らかにしています。

　最近では，多くの企業が，成果主義の具体的な人事評価制度として**目標管理**（MBO; Management by Objective）**制度**を取り入れていますが，目標設定理論は，この目標管理制度が効果を持ちうる理論的根拠にもなっています。

11.5　仕事を続ける

11.5.1　仕事に対する満足感

　仕事を続けていくと，仕事の内容や所属部署，人間関係，給与などさまざまなことに対して肯定的あるいは否定的な評価をするようになります。こうした仕事全般に関わる評価に伴って生じる主観的感情のことを「**職務満足感**」と呼び，ロックは「職務満足感は個人の仕事の評価や仕事における経験からもたら

される喜ばしい感情，もしくは肯定的な感情である」と定義しています（Locke, 1976）。職務満足感の歴史は実は古く，1935 年にホポックがその語を使用したのが始まりとされています（Hoppock, 1935）。

　職務満足感は，仕事に対する全般的な評価を扱うため，その低さを表す「不満足」は転職や離職，欠勤につながり，ひいては組織の生産性の低下を招きかねません。反対に，組織の側から考えると，従業員に仕事を続けてもらうためには職務満足感を十分に高める必要があることから，古くから労務管理において重要な問題として考えられてきました。

　しかし，何が職務満足感を左右しているかについては，実にさまざまな要因が関わっています。たとえば，上記に挙げた，仕事の内容や給与などの待遇もあれば，人間関係の問題もあります。また，上司との関係性も見逃すことができない問題です。

　これについて，古典的ですが興味深い研究を紹介しましょう。アメリカの心理学者ハーズバーグは「動機づけ―衛生理論」の中で，ピッツバーグ市の技師や会計職員にどのようなことが職務満足感につながっているかインタビューを行いました（Herzberg, 1966）。すると，図 11.8 に示されるように「達成」や「承認」「仕事そのもの」「責任」「成長・昇進」は満足感を向上させ，「会社の政策と管理」「監督」「同僚との対人関係」「作業条件」「給与」の欠如や悪化は逆に不満足を招いていました。ハーズバーグは，前者を「動機づけ要因」，後者を「衛生要因」と名づけています。このハーズバーグの研究で興味深いことは，「動機づけ要因」（達成や承認など）が満たされると満足感は上がりますが，それがなくとも不満足を招くわけではありません。一方で，給料などの「衛生要因」が悪化すると不満を感じるようになりますが，それが満たされたとしても満足感にはつながりません。

　確かに，会社の業績不振が原因で給与カットがあったり，ボーナスが前年よりも少なくなると，私たちは敏感に反応し，職場や家庭で不平・不満を漏らしてしまいますが，かといって給与が上がったとしてもそれほど満足感が上がるわけではないことを考えると，ハーズバーグの理論は的を射ているように思います。

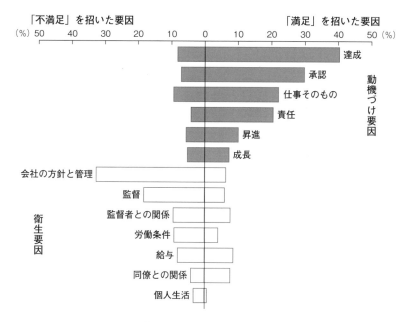

図 11.8　動機づけ—衛生理論 (Herzberg, 1966)

11.5.2　ストレスとメンタルヘルス

　仕事をする上で，心の健康，すなわちメンタルヘルスを保つことも重要です。バブル崩壊の後，我が国は「失われた20年」と称される長い不況に陥りました。その間，業績に対する過度のプレッシャー，IT化やグローバル化などの仕事環境の急速な変化によって，多くの労働者がストレスを抱えるようになり，組織にとっても決して見逃せない経営問題となりました。

　たとえば，厚生労働省が5年ごとに行っている「労働者健康状況調査」を見ると，平成24年（2012年）では，仕事で強い不安やストレスを感じている労働者が60.9％に上っていました。これは，60％を割ってストレスの低下の兆しが見えてきた平成19年（2007年）の前回調査より2.9ポイント上昇し，再び60％を上回っていたのです（図11.9）。

　さらに，不安やストレスを感じていると答えた人に，原因となる問題を尋ねたところ（3つ以内の複数回答），もっとも多かったのは「職場の人間関係」

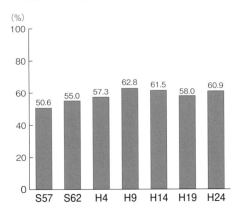

図 11.9　"強い不安や悩み, ストレスがある"労働者の割合 （出典：厚生労働省）

（41.3％）で, 続いて「仕事の質」(33.1％), 「仕事の量」(30.3％) となっています。

　また, 内閣府の調査によれば, 企業において休職者 1 名を出したときの経済的損失は 422 万円にも及び, 我が国全体で見ると 2 兆 7,000 億円もの社会的損失を招いていることになることが報告されています。そのためもあり, 2015 年 12 月より, 事業所ごとに従業員のストレスを定期的にチェックすることが法律で定められるようになりました（ストレスチェック制度）。

　さて, 私たちのメンタルヘルスを蝕む主要な原因である「ストレス」とはいったいどのようなものでしょうか。ストレスとは, 本来, 工学や物理学の用語で「物体に外から圧力をかけて生じた歪み」を意味するものです。それを心理学的に適用して「外部刺激から生じた歪みに対する心身の反応のこと」とされています。

　さて, ストレスは外的な刺激によって引き起こされるものです。仕事においては, 上記の調査結果のように, 過剰な仕事量や職場の悪い人間関係, 業績への過度なプレッシャーもあれば, 新しいプロジェクトへの参画, 新しい職場への異動もストレスの原因（ストレッサー）となる可能性を秘めています。ただし, こうしたストレッサーにさらされた人すべてに疲労や不適応などのストレス反応が生じるわけではありません。

　このメカニズムをもっともよく説明するのが，ラザルスとフォークマンによる「認知的評価理論」(cognitive evaluation theory) です (Lazarus & Folkman, 1984 本明ら 訳 1991)。ラザルスの理論によれば，従業員は，あるストレッサー（ストレスとなる原因）に対して，それが自分にとって脅威あるいは重要なものかどうかを評価します。これを「一次的評価」と呼びます。この一次的評価で，それほど脅威と判断されなければ，その後も快活な生活を送ることができます。しかし，脅威と判断されれば，そのストレッサーに対してどのような対処行動（コーピング）が行えるかを判断します。これを「二次的評価」と呼びます。仮にそのストレッサーに対して，直接その問題の原因を解決する「**問題焦点型コーピング**」や否定的な感情を緩和する「**情動焦点型コーピング**」を行うことができれば，ストレス反応は和らぎます。しかし，対処行動がうまくいかなければ，結果として心身に不適応を生じさせることになります。

　ストレスが生じたらそれにうまく対処することが重要ですが，日頃からストレスを抱えるのではなく，むしろポジティブな心理状態を形成しようとする「**ポジティブ・メンタルヘルス**」が最近注目を集めています（島津，2015）。

復習問題

1. ホーソン研究で，「心」の重要性をなぜ認識するようになったのかについて説明してください。

2. 働く労働者と組織との心理的な結びつきを「組織コミットメント」と呼びますが，それにはどのような種類があるか説明してください。

3. 内発的モチベーションが高いときに報酬が与えられると，なぜモチベーションが低下するか説明してください。

参 考 図 書

山口 裕幸・金井 篤子（編）（2007）．よくわかる産業・組織心理学　ミネルヴァ書房

　産業・組織心理学に含まれる重要なテーマをトピックごとにわかりやすく説明しています。初めて産業・組織心理学を学ぶ人に最適な一冊です。

テイラー，F. W.　有賀 裕子（訳）（2009）．新訳 科学的管理法──マネジメントの原点──　ダイヤモンド社

　組織をどのように管理するかを考える上で，古典的ではありますが，必読の書といえます。まずは，産業・組織心理学を一通り概観した上で，この本を読むことで，科学的な視点を取り入れて「管理」という考えを持ち込んだテイラーの科学的管理法の位置づけがより理解できます。

シェイン，E. H.　松井 賚夫（訳）（1981）．組織心理学　岩波書店

　著者のシェインは，1965年に『組織心理学（*Organizational psychology*）』と銘打った書籍を最初に出版しましたが，本書はその第3版の訳書です。初版よりもかなりの内容が増補され，「モチベーション」や「リーダーシップ」に関わる章が追加されました。またシェイン独自の切り口として，「複雑人」仮説やキャリアについての説明も読み応えがあります。産業・組織心理学をより深く学ぶ上で，ぜひ一読してほしい一冊です。

12

心を「見える化」する方法

　心の仕組みを理解し，さらに応用して役立てるには，心を可視化するのが早道です。しかし，見えない心を見えるようにするといったことが本当にできるのでしょうか。物理的現象である流体や電磁波とは異なり，心そのものを直接的に見えるようにすることは確かに困難です。しかし，個々の心の機能や働きを観察したり，測定可能な形に改めて定義し直した上で（これを操作的定義といいます），言葉や行動，生理反応を介することで心の状態や変化などをとらえることができます。本章では心理学で行われている心の「可視化」の背景や方法について解説します。

12.1　はじめに——可視化の意義

　見えないものを見えるようにする「可視化」（visualization）は，現象の的確な把握やメカニズムの解明，さらには情報の共有化において不可欠な手段です（渡邉，2015）。自然科学の分野において，最初に可視化の重要性に気づいたのは，15世紀のレオナルド・ダ・ヴィンチ（Leonardo da Vinci；1452-1519）であるとされています（中山，1994；小林・石原，1977）。水や空気などの流体は透明であることから，その流れを観察することは簡単にはできません。しかし，彼は水の流れに板を置くと，渦が生じることに気づき，その様子をスケッチしました。ダ・ヴィンチは流れの可視化に成功したのです（図12.1）。

　ダ・ヴィンチの時代から500年以上経った現代では，さまざまな技術を用いて流体の可視化を実現しています。たとえば，インクや染料などの色素，あるいはドライアイスのミスト，煙など（これらはトレーサーと呼ばれます）を流体中に放出して可視化する注入トレーサー法（有田，1994），また計測器を用

図 12.1　レオナルド・ダ・ヴィンチが可視化した川の流れ

いて詳細に流れを測定し，そのデータを計算処理により可視化する計測データ可視化法などにより，流体の性質や運動状況などを調べています（中山，1994）。このように見えないものを見えるようにする，つまり可視化するには，何らかの技術的手段が必要となります。

　一方，心の可視化について考えてみましょう。心の働きは私たち自身が直接的に経験できる非常に身近な現象です。しかし，学問的視点でとらえると未解決の問題がたくさん残されている難しい学問分野の一つでもあります。この原因には，自然科学の現象とは異なり，心の働きの可視化や定量化が難しいことが挙げられると思います。

　どのような手段で心を可視化できるのか，そもそも何を可視化すれば心の働きを理解できるのか，など，心の可視化の前提となる根本的な問いかけに対しても答えに窮してしまいます。

　長さを測定するために定規を用いるように，また重さを量るために秤を用いるように，現在の心理学では，調べたい心の働きに応じた測定手段により，心の可視化ないしは定量化が行われています。

　この章では，まず測定するための下準備である構成概念と操作的定義，それから測定データの質を規定する信頼性と妥当性について説明した後，心理学で用いられる可視化手段を，次の 3 種類，すなわち，言語的指標（質問紙法や

SD 法など），行動的指標（記憶パフォーマンスや眼球運動など），生理的指標（自律神経系や中枢神経系の測定）に分けて紹介します。

12.1.1　構成概念と操作的定義

　心の可視化を理解するにあたって，重要な考え方となるのが，**構成概念**（construct）です。心理学で扱う研究対象には，たとえば知能やパーソナリティ，記憶，感情などがあります。これらは，当然，目で見ることはできませんし，その存在が直接的に確かめられたものでもありません。行動パターンの観察とそれに対する理論的考察が積み重ねられ，おそらくそうした行動を生み出す心の働きがあるのだろうと仮説的に考えられた概念です（渡邊，1996）。このことを心理学では構成概念（あるいは仮説的構成概念）と呼びます。

　今述べた通り，構成概念は，仮説的な概念であり，その実体は存在しません。それゆえ直接的にとらえることはできません。しかし，間接的に，概念の輪郭や片鱗を浮かび上がらせることは可能です。そこで必要となる手続き（操作）が，**操作的定義**（operational definition）といわれるものです。操作的定義では，直接的にとらえることができない構成概念を，その概念を反映していると考えられる課題成績や質問への回答，生理的反応のように観察や測定が可能な行動に置き換え，その結果から構成概念を定義します（渡邊，1996，2011）。たとえば，攻撃性という構成概念を操作的に定義するのであれば，攻撃性に関係する行動（たとえば，頭にくると自分を抑えられない，人と意見が対立しやすい，苛立つと物にあたる）をいくつも挙げておき，これらに多くあてはまる人ほど，攻撃性が高いと考えるのです。

12.1.2　信頼性と妥当性

　測定した心（構成概念）の結果が正しいものであるか，評価するには 2 つの基準，**信頼性**（reliability）と**妥当性**（validity）を満たしていなければなりません。

　まず，信頼性とは，何度測定しても，また誰を対象に測定しても，差異が小さく安定した結果が得られることを示しています。たとえば，質問紙を用いた

心理検査において，質問項目が曖昧であるため，時と場合により，あるいは実験参加者により，その解釈や受け止められ方が異なると，安定した結果は得られません。

　信頼性を確認するためには，同じテストを 2 回行う**再テスト法**（test-retest method）や，同じテストの項目を 2 つに分け，2 つのテストとして実施して信頼性を調べる**折半法**（split-half method）があります。

　もう一方の妥当性とは，測定したい構成概念を的確にとらえているか，ということを示しています（渡邊，2011）。仮に「不安」の測定を目指していたとしても，実は不安ではなく，不安と類似した別の構成概念，たとえば「恐れ」「憂うつ」「不愉快」などを測定していたということも考えられます。そうした場合，妥当性は低い，ということになります。

　妥当性の確保は，その操作的定義が的確になされたかどうかにかかっています。しかしながら，そもそも測定対象が実態のない構成概念であることから，妥当性の高さの証明は困難です（渡邊，2011）。そのため，間接的，主観的な検証方法が用いられています。たとえば「知能」を調べるテストの妥当性を確認したいのであれば，学校内での学業成績のように，知能が大きく影響しているであろうと思われる別の基準と比較して妥当性を明らかにする**基準関連妥当性**（criterion-related validity）や，質問項目の内容が調査対象となっている構成概念を正しく反映しているかを専門家などが精査・検討する**内容的妥当性**（content validity）などで確認します。

12.2　心の可視化技術①──言語的指標

　言語的指標は，自分のことは自分自身がよく知っている，ということを前提に，自分の考え方や態度，行動，イメージ，感情状態などを言語で回答させる指標です。回答方法としては，口頭での報告や，質問紙や調査紙などを用いる方法があります。

　言語的指標の歴史は古く，19 世紀のヴント（Wundt, W. M.）にまで遡ることができます（宮下，1998）。ヴントは 1879 年にドイツのライプツィッヒ大学

に史上初の心理学実験室を開設したことで知られていますが，彼は**内観法**（introspection method）というテクニックを用いて研究を行いました。ヴントは実験参加者に対してあらかじめ訓練をして内観法になじませた上でさまざまな刺激を与え，その際生じた心的体験を口頭で報告させたのです。

　内観法はやがて質問紙法へと発展します。ヴントの弟子の一人であるホール（Hall, G. S.）は，アメリカに帰国後，質問紙法を用いて児童を対象にした発達研究を行いました。本格的な研究手段としての質問紙法は，ホールによって確立されたとされています（宮下，1998）。

　本節では，言語的指標の代表ともいえる質問紙法と，質問紙法のフォーマットを用い，私たちがさまざまな事柄に抱くイメージを明確にとらえる SD 法を紹介します。

12.2.1　質問紙法とその長所・短所

　質問文に回答する形で心の内面をとらえる**質問紙法**（questionnaire method）は，研究・実務で頻繁に用いられており，心理学においてもっともポピュラーな測定方法の一つといえるでしょう。質問紙法が幅広く用いられている理由は，その簡便さにあります（**表 12.1**）。質問紙法の実施にあたっては，測定したい事柄に関する質問項目（選択式あるいは自由記述式）を調査対象者が読み，回答します。また，一度の実施で，比較的短時間のうちに多くの調査対象者から回答が得られます。得られた結果は集計されて数量的に表されます。さらに統計的処理を行うことにより，集団や個人の特徴・傾向を記述的に表すことや，集団間・個人間の差や違いについても統計的に検定することで，客観的な検証

表 12.1　**質問紙法の長所と短所**（宮下，1998 に基づき作成）

長　所	短　所
調査の実施や条件の統制が容易	回答が恣意的に歪められやすい
比較的短時間で多人数の回答が得られる	文章を読んで理解できることが必要となり，小さな子どもへの実施は困難
個人の内面を幅広くとらえられる	質問項目とその選択肢はすでに与えられものであり，内面深くまでは探れない

を行うことができます。

　このような長所がある一方，質問紙法が対象者自身の自己評価に基づいて回答を得る仕組みである以上，回避できない問題がいくつかあります。たとえば，社会的望ましさやバイアスなどによる回答の歪みです。自分を優れた人間に見せるための回答，あるいは調査の目的・意図を勝手に汲み，それに沿った回答をする可能性を完全には排除できません。

12.2.2　イメージを測定する SD 法

　SD 法（semantic differential method）とは，たとえば，絵画や音楽，文学作品，国家，企業，ブランド，商品などに抱くイメージや印象を定量的にとらえる手段で，アメリカのオズグッド（Osgood, C. E.）によって開発されました（中村，2015）。

　SD 法は意味微分法と訳されることがあります。それは数学の微分法（differentiation）の考え方と似ているからです。たとえば，複雑なカーブを描く曲線があるとします。数学の微分法では，この複雑な形態の曲線を短い直線が無数に集まったものとしてとらえます。これと同様に SD 法では私たちの曖昧な印象やイメージを，さまざまな形容詞をいくつも用いることで描き出します。

　SD 法では，互いに反対の意味となる形容詞のペア（たとえば「明るい―暗い」や「激しい―穏やかな」など）をいくつも用います（図 12.2）。形容詞のペアは，尺度の両端に配置され，中央に「どちらでもない」，端に向かって

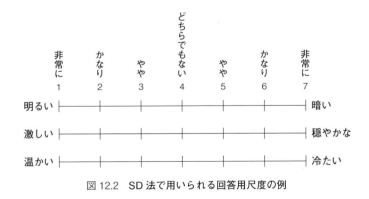

図 12.2　SD 法で用いられる回答用尺度の例

表 12.2 「評価性」「力量性」「活動性」の形容詞対の例

評価性 (evaluation)	力量性 (potency)	活動性 (activitiy)
明るい—暗い	硬い—柔らかい	安定した—不安定な
美しい—醜い	強い—弱い	温かい—冷たい
良い—悪い	激しい—穏やかな	複雑な—単純な

「やや」「かなり」「非常に」と並んでいます。回答者は，測定対象を思い浮かべ，各々の形容詞がどの程度あてはまるかを評定します。各尺度の評定箇所を直線で結ぶことでプロフィールが描けます。このプロフィールによって測定対象間のイメージを視覚的に比較できます。また，各尺度の評定得点（たとえば7段階尺度を用いているのであれば，0～6の数値を割り当てる）を集計することにより，イメージの数値化（定量化）が行えます。数値化によって分散分析などの統計的検定を行うこともできます。

　さらに，SD法を用いた研究の多くでは，得られた評定データを用いて因子分析が行われます。因子分析によって，測定対象のイメージに対する潜在的な判断基準（因子）が抽出されます。因子負荷量の大きさを基準にすることで，各形容詞と因子の関連性の程度がわかり，同じ傾向を示す形容詞同士をグルーピングすることで，因子を解釈（ネーミング）します。SD法を用いて言葉のイメージを調べた研究では，以下の3つの因子，すなわち「評価性」（evaluation），「力量性」（potency），「活動性」（activity）の因子が安定して見出されています（それぞれの形容詞対の例は表12.2参照）。この3因子は言葉以外のイメージ測定においても現れることが多いようです。

12.3 心の可視化技術② ——行動的指標

　行動的指標は，誰にでも観察可能な対象者の行動を指標とするものです（鈴木，1999）。行動的指標は，課題の作業成績（作業量や正答率，提示された刺激に対する反応時間）や，実験参加者の動作・行為などが相当します。ここでは基礎系の研究で利用されることが多い記憶の再認法と再生法，絵を描かせて

個人の内面や記憶を探る描画法，また視線や注視点を明らかにする眼球運動を
紹介します。

12.3.1　記憶を調べる再生と再認

　再生（recall）とは，すでに学習した記憶内容を想起させ，報告を求める方
法です。再生には，学習した（提示された）順序通りに再生を求められる系列
再生（serial recall），想起のための手がかりを与えられてから再生を求められ
る手がかり再生（cued recall），手がかりなしに，また順序も問わず自由に再
生を求められる自由再生（free recall）などがあります。再生結果の分析につ
いては，正しく再生された正再生率（提示された全学習項目数のうち，正確に
想起された項目数の割合）にまずは着目しますが，誤再生の数や内容にも目を
向けます。誤再生された項目は学習段階のリスト外から侵入（intrusion）した
ものであり，想起メカニズムを探る手がかりが得られます（梅本，1992；
Gregg, 1986 梅本監修 1988）。

　もう一方の**再認**（recognition）とは，提示された刺激が，以前に学習したも
のかどうか，判断を求める方法です。再認時には複数の項目が提示されます。
項目のうち以前に学習した項目（旧項目）をターゲット（target），それ以外
の新たに提示された項目（新項目）をディストラクター（distractor）といい
ます。再認は，各種試験などで見られる選択問題と同じ形式であり，再生と比
べると容易に回答できそうなイメージがあります。しかしながら，必ずしもそ
うとはいえません。たとえば，ターゲットとディストラクターの類似性を高め
ると，これらの識別は難しくなります。また類似性の要素を操作することで，
記憶のメカニズムを踏み込んで検討することもできます（Gregg, 1986 梅本監
修 1988）。たとえば，ターゲットとディストラクター間の視覚的類似性，ある
いは意味的類似性を接近させて，再認成績を比較したとします。もし視覚的に
類似している条件では再認成績が低下せず，一方の意味的に類似している条件
においてのみ再認成績が低下したのであれば，その項目の記憶には意味的類似
性のほうが影響を及ぼしていることが推測されます。

　また，再認については，虚再認（false alarm）の問題があります。再認テス

表 12.3　再認時における実験参加者の反応の種類

	再認時における実験参加者の反応	
	学習時にあったと判断	学習時にはなかったと判断
学習時に提示された項目 （ターゲット）	ヒット	ミス（見逃し）
学習時に提示されなかった項目 （ディストラクター）	フォールス・アラーム （虚再認）	コレクトリジェクション （正棄却）

ト時にターゲットであると正しく判断を下した成績，言い換えればターゲット
の検出に成功した成績（ヒット率といいます）のみを調べても，記憶成績を正
確にとらえているとはいえないのです（**表 12.3**）。仮にもし，正確に記憶して
いるのであれば，ディストラクターについても，学習時には存在しなかったと
正しく判断を下せるはずです。これを正棄却（correct rejection）といいます。
しかし，私たちは，過去になかった，つまり，学習リストで見なかったものを
「あった」と誤って判断することもあります（これを虚再認といいます）。また
本当は見ていたにもかかわらず，学習時には「なかった」と誤って判断するこ
ともあります（これを見逃し，あるいはミスといいます）。このように再認の
反応には4つの種類があります。こうした反応の背景には，実験参加者のター
ゲット検出に対する判断基準に偏りがあるとも考えられます。たとえば，実験
参加者によっては，ターゲット検出を優先したため，ターゲットは確実に検出
できるけれども，同時に虚再認も増えることになります。そこで，信号検出理
論（signal detection theory）に基づき，d'（ディープライム）を算出して評価
します。ヒット率と虚再認率の標準得点の差から d' は算出できます。この
d' は，ターゲットとディストラクターの類似性の距離と考えられます。この
距離が離れるほど，ターゲットとディストラクターの重なり合う部分が少なく
なり，虚再認を増やさずにターゲットを検出することができます。

12.3.2　描画法①──臨床場面における描画を用いた検査

当たり前のことですが，私たちは日常生活において，他者とのコミュニケー
ションに言葉を用います。それ以外にも言葉は，自分の思考をまとめたり，気

持ちを分析する際にも用いられています。つまり，自分の心理状態を把握する上で言葉は必要なのです。そのことに着目して，言語的指標が利用されています。

　しかしながら，言葉による心理状態の把握にも限界が指摘されています。たとえば，私たちは，言葉で表現することが難しい心の状態を経験したり，言葉では表したくない欲求や感情に気づくこともあります（高橋，1998）。さらには，私たちには，通常の状態では全く意識できない心のレベルがあり（無意識レベル），そのレベルについては言葉での把握は困難であるといえます（髙田，1994）。

　言葉によって表現しにくい心の状態を把握する手段の一つに**描画法**があります。これは，実験参加者に絵を描かせ，その内容を手がかりにして心の状態を調べようとするものです。描画法は言葉を用いないので，年齢や言語能力の如何を問わずに実施できます。

　描かせる絵の課題が異なれば，そこに投影される心理特性も異なります（高橋，1998）。たとえば，人物画を描かせるのであれば，自分自身に対するイメージや，自分に影響を与える他者などに対する感情などが投影されます。人物画を描かせる代表的な検査方法として人物描画テスト（DAP；Draw-A-Person Test）があります。また家屋や家族を描かせるのであれば，内的な家族像が投影されます。家族を描かせる代表的な検査方法として家族描画法があります。

　描画法の欠点としては，描画に対する心理的抵抗の高さがあります。絵を描くことに苦手意識や劣等感を抱く人は多く，対象者はそもそも対人関係や自己表出に困難を示す人々です（荒木，1998）。描画法では彼らの自発性や積極性が必要なだけに，検査者とのラポール（心的つながり）形成（髙田，1994）や，対象者がリラックスできる雰囲気作り（荒木，1998）が必要となります。

　また，分析・解釈の問題として，検査者の経験とそれによって培われた技量に左右されます。絵の象徴的意味を理解するには，精神分析の理論や，神話・民話，文学作品などの知識も必要となります（高橋，1998）。つまり，経験が少なければ，読みとれる事柄も少なくなり，表層的な分析にとどまってしまう

可能性があります。

12.3.3　描画法② ——記憶研究における描画法

　描画法は，私たちの記憶を調べる手段としても利用されます。よく知られた研究事例としては，ニッカーソンとアダムス（Nickerson & Adams, 1979）によって行われたアメリカの1セント硬貨の記憶実験があります。日常的な物体がどれほど正確に記憶されているのかを調べるために，アメリカ人20人に対し，なじみが深い1セント硬貨を描画再生させました。その結果，硬貨の8つある特徴のうち3つ程度しか再生されず，すべて再生できたのは1人だけでした。このことから，私たちは日頃見慣れている硬貨であっても，利用する上で必要となる最低限の特徴しか覚えていないことが明らかになりました。

　また，時津（2002）は，熟練した考古学者の記憶認知を調べるため，描画法を利用してある実験を行いました。5段階の熟達レベルにある考古学者30人に対し，「板付I式」土器を，記憶だけを頼りに原寸大で描画再生するよう求めました。その結果，熟達レベルの高い考古学者ほど，一見しただけでは視認しにくい特徴，たとえば，土器内面の特徴や微細な凹凸，口縁部の厚みなども含めて土器を正確に描画していました（図12.3）。

　時津によると，描画法は，再認や再生と比べると，対象についてのスキーマや記憶特性の質を抽出する上で有効な手法であるといいます。しかし，もし参加者が対象を十分記憶していたとしても，参加者の描画技術が拙ければ，正確な表現は期待できません。ただその反面，誤った回答が紛れ込む可能性も小さ

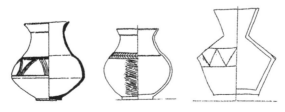

図 12.3　**描画再生された土器**（時津，2002）
左：参考のための板付I式土器のスケッチ。中央：熟達レベルの高い考古学者の描画再生結果。右：経験が浅い考古学者の描画再生結果。

くなるメリットもあると述べています。

12.3.4　眼球運動計測

　目や視線の動きには，想像以上に私たちの心的処理のプロセスが反映されて
います。考えてみれば，心的処理やその結果の反応は，そもそも外部の刺激知
覚からスタートします。私たちの目はとても小さなものですが，実は心の窓で
あり，その窓を通じて心の内面を観察することができます。

　視線が心の内面を雄弁に物語る例として「**視線のカスケード現象**」（gaze
cascade effect）と呼ばれる現象（Shimojo et al., 2003）があります。これは，
眼球運動を用いて，意思決定という高次の認知過程を研究できることを示した
好例でもあります。

　私たちは顔の好ましさについて判断（選好判断）を求められた場合，当然，
顔の外見的魅力に従って判断すると考えます。しかし，実はそうとは言い切れ
ないのです。この実験では，参加者に，魅力度や性別，年齢などを揃えた2つ
の顔画像を提示し，両方好きなだけ見比べてどちらがより魅力的であるかボタ
ン押しにより判断を求めました（下條，2006）。また同時に実験参加者の判断
過程を探るべく，眼球運動が記録されました。判断過程における眼球運動を調
べたところ，参加者は，最初のうちは両方の顔を均等に観察しています。しか
し，判断する約1秒前から好ましいと選択する顔に対して徐々に視線が偏り始
め，視線を向ける割合が8割を超えたところで，ボタンを押していることがわ
かりました。このことを視線のカスケード現象といいます。この結果は，好み
の判断には，刺激の外見的特徴の他にも，眼球運動が大きく影響を及ぼしてい
ることを示しています。

　では，眼球運動はどのように測定するのでしょうか。いくつかの方法があり
ますが，ここでは市販されている眼球運動計測装置に多く利用されている角膜
反射法について紹介します。この方法では，実験参加者の眼球に近赤外線を照
射します。そうすると眼球表面（角膜）上に赤外線の反射光が映ります。この
ことを角膜反射といいます。この角膜反射光の位置を基準にし，角膜反射光に
対し，瞳孔がどこに位置しているのか精密に計測することで視線方向を算出で

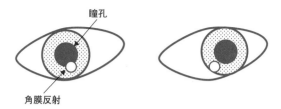

瞳孔

角膜反射

図 12.4　**瞳孔と角膜反射の位置の関係**（富士通研究所，2013 をもとに作成）
近赤外線が照射されると，角膜反射が生じます。角膜反射の位置を基準にして，角膜反射
と瞳孔の位置から視線を計測します。右の図では，角膜反射より右側（目尻側）に瞳孔が
位置していて，視線が右側に移動していることがわかります。

きます（富士通研究所，2013：図 12.4）。

　眼球運動の分析のポイントになるのは，注視点（視線が停留した箇所）や注視時間（注視点にどのくらい停留していたか），視線の軌跡などです。これらを分析指標に取り入れた 2 つの研究（時津，2002；石橋ら，2010）を紹介します。

　まず，時津（2002）は，熟練した考古学者と考古学初級者を対象に，眼球運動測定装置を用いて土器を見る際の視線を計測し，比較しました。その結果，考古学初級者は土器を見る際，土器中央部に漫然と視線を向けていたのに対し，熟練した考古学者は，土器の形式を決定する形態的ポイント（たとえば，全体の輪郭，傾斜の変換点，縁など）にテンポよく次々と視線を向けていくことが示されました（図 12.5）。つまり，熟練した考古学者は，土器のポイントを確実にとらえた効率的な見方をしていることがわかります。

　また石橋ら（2010）は，バスケットボールの初心者と熟達者に，フリースローを観察してシュートの成功・失敗を判断する課題を行わせました。その際，参加者の眼球運動を測定しました。その結果，初心者はボールを中心に視線を向けるのに対し，熟達者はシューターの膝の曲がり具合や，下半身から上半身への連動などをよく見ていることが明らかになりました。フリースローの判断成績についても，初心者よりも熟達者のほうが高く，熟達者はフリースローのスタイルを一瞬見ただけでシュートの成功を正確に予測することができました。

　このように，熟達者は同じ物や状況を見ていても，一般人ならば見過ごすポ

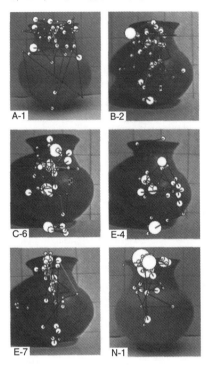

図12.5　土器観察時の注視パターンの測定結果（時津，2002）
考古学の上級者はA，中級者はB・C，経験の浅い者はE，初級者はN。上級者ほど土器の輪郭部分をよく注視し，一つひとつの注視時間も短いですが，経験の浅い者は土器の中央部に散漫な注視を繰り返していることがわかります。

イントに対し，確実に視線を向けていることがわかります。

12.4　生理的指標

　行動的指標が，誰でも観察可能な対象者の行動を指標とするものであるのに対し，**生理的指標**は，直接的な観察が困難なわずかな生理的反応を，機械的，電気的に増幅させて可視化する方法です（鈴木，1999）。ここでは，生理的反応発現のもととなる私たちの神経系について解説した後，中枢神経系と末梢神経系の生理指標をそれぞれ紹介します。

12.4.1　神経系——中枢神経系と末梢神経系

　私たちは，外部の環境と自らの身体組織からさまざまな情報を得て，それらに基づいて意思決定を行い，身体組織に指令を送り返しています。こうした情報の伝達は身体中に張り巡らされた**神経系**（nervous system）を介して行われています。神経系には**中枢神経系**（CNS; central nervous system）と**末梢神経系**（PNS; peripheral nervous system）の2つがあります（図 12.6）。

　このうち，中枢神経系は脳および脊髄のことであり，身体内外の情報に基づいて意思決定を行います。もう一方の末梢神経系は，外部の環境や身体内部から情報を集めて中枢神経系に送るとともに，中枢神経系で決定された指令や指示などを身体組織各部に伝達する役割があります。中枢神経系と末梢神経系でやりとりされる情報は3種類のニューロンによって介在されており，外部の刺激や身体内部からの情報を伝達する役割の感覚ニューロン（sensory neuron），中枢神経系からの指令を筋肉などに伝達する運動ニューロン（motor neuron），そして中枢神経系において感覚ニューロンの情報を処理し，その結果を運動ニューロンへとつなげる介在ニューロン（inter neuron）があります（以上，Mayer, 2015）。

　末梢神経系には，さらに**体性神経系**（somatic nervous system）と**自律神経系**（ANS; automatic nervous system）の2つがあります（図 12.6）。体性神経

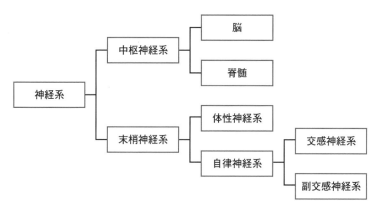

図 12.6　**神経系の区分**
生理指標として用いられることが多い神経系のみ示しています。

系は，目や耳，皮膚などの感覚受容器からの感覚情報の伝達や，脳からの運動
に関する指令を骨格筋に伝えます。体性神経系により，私たちは自分の意思で
体を動かすことができます。もう一方の自律神経系は，ホメオスタシス（ho-
meostasis）と呼ばれる体内環境を一定の状態に維持する働きと関係しており，
血液の循環，呼吸，体温，消化活動などによって調節しています。これらは私
たちの意思とは関係なく自律的に（不随意的に）行われるので，自律神経系と
呼ばれるのです。

　自律神経系はさらに**交感神経系**（sympathetic nervous system）と**副交感神
経系**（parasympathetic nervous system）の2つに分類されます（図12.6）。交
感神経系は，「闘争か逃走か」（fight or flight）の神経と呼ばれています。敵と
の遭遇のような危機的状況では，私たちは戦うか逃げるかの選択が求められま
す。どちらを選択したとしても身体の活動性を高める必要があります。

　そのため，交感神経系が賦活する状況では，俊敏性や瞬発性などを高めるた
めに，身体を覚醒させます。具体的には，心拍数が高まり，血管が収縮して血
圧が高まります（血管が収縮するのは，身体的ダメージを受けた際，出血しに
くくするためです）。その結果，骨格筋への血流量が増加し，激しい運動を行
いやすい状態になります。また敵や脅威を鮮明にとらえることができるように，
瞳孔も拡大します。現代社会においては，敵と戦う状況などはそう起こり得ま
せんが，テスト，面接，スポーツなどのように私たちに強い緊張を強いる状況
において，交感神経系が活発になります。

　もう一方の副交感神経系は，交感神経系とは反対の作用があり，食事や休息
時に活動します。具体的には心拍数を減少させ，エネルギーを節約し，胃腸の
活動を高めます。その結果，私たちは，ストレスから心身を解放してリラック
スさせ，体力を回復させます。このように交感神経系と副交感神経とでは，そ
れらが賦活する際，身体各部の活動が異なっています。

12.4.2　生理的指標の測定原理

　私たちが精神活動や行動を行うと，それらが生理反応に反映されます。脳内
では糖分（ブドウ糖）の代謝が行われ，血流量も増加します。ニューロンも活

発に活動し，電気的信号が発生します。また強い情動的ストレスにさらされると，緊張状態や興奮状態になり，交感神経系が賦活します。それにより，どのような状況にも対応できるよう，身体を覚醒させ活動性を高めます。このように，精神活動や情動は，私たちの身体の諸活動に影響を及ぼします。したがって，中枢神経系や末梢神経系（自律神経系）の活動を測定することで，逆問題を解くようにして心の働きをとらえることができます。今，述べたように中枢神経系や自律神経系からはさまざまな生理的信号が発せられています。これらは直接的に観察することは困難ですが，技術的手段を用いることで把握できます。

　以下では，中枢神経系並びに末梢神経系（自律神経系）の代表的生理指標を紹介します。

12.4.3　中枢神経系——事象関連電位

　脳内で行われる知覚や認知，判断などの情報処理活動をとらえる技術的手段の一つに，**事象関連電位**（ERP; event-related potential）があります。大脳皮質におけるニューロンの電気的活動を測定したものに**脳波**（EEG; electroencephalogram）がありますが，事象関連電位も脳波の一種です。

　実験参加者に刺激を提示すると，何らかの認知処理が行われ，一定の潜時（刺激を提示してから電位が発生するまでの経過時間）を経て，電位の変化（電圧）が生じます。その電位の変化は波形として記録されます。事象（刺激）に対応する電位の変化であることから，事象関連電位と呼ばれています。電位の変化は非常に微弱です。その単位は 1V の 100 万分の 1 である μV（マイクロボルト）になります。そのため，振幅が大きい他の脳波成分（たとえば，背景脳波の一つである α 波）の波形に埋もれてしまい，通常では確認することができません。そこで，加算平均法（averaging）というテクニックを用いて事象関連電位の波形を可視化します。加算平均法では，刺激を複数回（たとえば 100 回）提示します。それらの記録データすべてを刺激提示されたポイントを基準にして重ね合わせると，背景脳波のランダムな波形は相殺され，事象関連電位の波形のみが表れるのです。

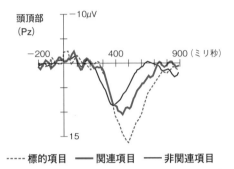

```
頭頂部    ┬−10μV
(Pz)     │
    −200 │    400        900 (ミリ秒)
         ┼
         │
         │
      ┴15
```

---- 標的項目　──── 関連項目　──── 非関連項目

図 12.7　虚偽検出場面における P300 の波形（久保・入戸野，2007 をもとに作成）
模擬窃盗を行った実験参加者に，関連項目（窃盗した品物），非関連項目（窃盗した品物とは異なる物）および標的項目（実験参加者を課題に集中させるためのダミー項目）を提示し，標的項目が現れた際は右ボタン，関連項目・非関連項目が現れた際は左ボタンを押すよう教示し，その際の事象関連電位を測定しました。その結果，関連項目は，非関連項目と比べ，大きな P300 振幅が生起しています。
なお，当然，標的項目に関しても P300 は生起します。

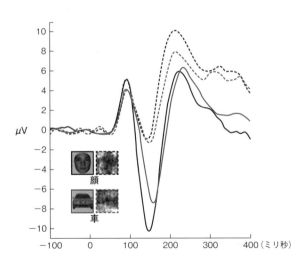

図 12.8　顔提示時における N170 の波形（Rossion，2014 をもとに作成）
顔と日常的物体（例：車）それぞれにモザイク処理した画像刺激を提示し，それぞれのN170 の波形を比較した場合，顔刺激提示時の振幅が最も大きくなります。

　事象関連電位は，時間分解能（temporal resolution）に優れた生理的指標として知られています。ミリ秒という極めて短い時間単位で，脳内において行われる情報処理活動をとらえることができます。またそれだけでなく，課題や与えられた刺激によって潜時や電位が異なっていることも知られています。たとえば，刺激を提示してから 300 ミリ秒以降に生起する陽性電位「P300」（実験参加者にとって有意味でまれにしか出現しない刺激に対して出現；図 12.7）や，顔の認知処理に関連が深い（図 12.8）として知られる陰性電位「N170」（顔刺激提示後，170 ミリ秒以降に生起）などが，心理学の研究で頻繁に用いられる事象関連電位として知られています。

12.4.4　中枢神経系──fMRI と PET

　脳波や事象関連電位は，脳内の神経活動を 1 ミリ秒単位で測定可能であることから，脳の素早い情報処理活動をとらえることができました。しかし，脳波は脳全体の活動レベルを示したものであり，脳のどの部位が活発に活動しているかを知りたい場合は詳しい手がかりが得られません。

　脳の活動領域やその変化をとらえるには別の手段が必要です。その代表的なものが，陽電子断層撮影法（PET; Positron Emission Tomography scan 以降「PET」と呼称します）や機能的核磁気共鳴画像（fMRI; functional Magnetic Resonance Imaging 以降「fMRI」と呼称します）です。これらは，いずれも脳内における血液の循環に着目して，脳の機能を画像として測定する技術です（光藤，2016）。

　脳はグルコース（ブドウ糖）をエネルギー源としています。ある課題を行わせた際，グルコースが多く消費されている部位を示すことができれば，その課題と脳の活動領域の対応関係が明らかになります。PET では，放射線（ポジトロン陽電子）を発するグルコースと似た物質をあらかじめ実験参加者に注射します。この放射線の移動をたどることで，脳内のどの場所でグルコースが消費されているかがわかります。さまざまな刺激や認知課題と PET を組み合わせることにより，それらに関わる脳の活動部位が明らかになっています。

　脳内の神経活動が活発になると，特定の部位でグルコースの代謝（燃焼）が

活発になります。その部位には多くの血液が流れ込み，多くの酸素が消費されることになります。この酸素の消費を手がかりに脳の活動部位を測定する技術が fMRI です。PET と比べると放射線による被曝もないことから，身体への負担も少なくなります。また空間分解能（spatial resolution）も高く，1mm 単位の精度で活動部位を特定できます。

12.4.5　自律神経系の生理指標

すでに述べた通り，自律神経系は，心臓や肺，血管，瞳孔，胃腸など多数の器官や組織を支配していることから，その生理的指標も多彩です。また事象関連電位や fMRI のような中枢神経系の生理指標に比べ，自律神経系の生理的指標は比較的容易に検出・測定が可能であることから，これまで数多くの研究において心理状態を客観的にとらえる指標の一つとして利用されています。その中でも特に心拍（HR; heart rate）や皮膚電気活動（EDA; electrodermal activity）は代表的なものとしてよく知られています。

12.4.6　自律神経系——心拍

心拍は私たちの情動を反映する指標と考えられ，両者を結びつけた研究が古くから行われてきました。また心拍は興奮のような覚醒水準を反映していることもわかっています。たとえば，難しい認知課題を行わせると，簡単な課題を行う条件よりも，心拍は上昇することが報告されています（Kahneman, 1969）。このことから，心拍は自律神経系の一指標であるため，間接的ではありますが認知情報処理をとらえる指標としても有効であることが示唆されています（畑山，1999）。

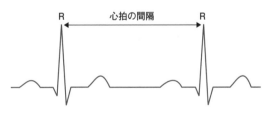

図 12.9　R 波と R 波の間隔に基づいた心拍

　心拍の代表的な測定方法として，**心電図**（ECG; electrocardiography）による測定があります。心臓の筋肉である心筋には収縮・拡張する際に電気が流れます。そこで，心臓を挟むようにして，2つの電極を体表面に貼りつけて，電気の流れを測定します。心電図の中に，大きな振幅を示すR波と呼ばれる波形があります。R波は心臓の拍動とともに一定の間隔で現れるので，この間隔時間を精密に計測することで，1分間あたりの心拍数（bpm; beats per minute）が算出されます（図12.9）。

12.4.7　自律神経系——皮膚電気活動

　私たちは驚いたり，不安を感じると，手のひらにじんわりと汗をかきます。これを精神性発汗といいます。つまり心の働きに関連して発汗する作用です。これは，一般的に知られている体温を下げるための温熱性発汗とは異なります。そもそも，温熱性発汗の汗腺は全身に分布しているのに対し，精神性発汗の汗腺は，手のひらや足の裏など限られた部位にのみ分布しています。精神性発汗の汗腺が活動すると，皮膚の電気抵抗が減少します。この働きを電気的にとらえたものが**皮膚電気活動**です。

　皮膚電気活動の測定方法としては，電位法と通電法が知られています。電位法とは，手のひらや足の裏などの精神性発汗部位と，それ以外の部位の電位差を測定したものであり，**皮膚電位反応**（SPR; Skin Potential Response）と呼ばれています。もう一方の通電法とは，精神性発汗部位の2カ所（たとえば，人差し指と薬指）に電極を装着し，微弱な電流を流し皮膚の抵抗値の変化を測定します。これは**皮膚抵抗反応**（SRR; Skin Resistance Response）と呼ばれます（宮田，1996；高澤・廣田，2004；鈴木，1999）。

12.5　心の可視化の将来的技術

　この章では，さまざまな心の可視化方法を紹介してきました。いずれの測定方法にもさまざまな技術的制限がありました。たとえば言語的指標では，対象者自身の言語能力や言語を媒介にした心理状態把握の限界がありましたし，描

画を用いる場合は，対象者の描画能力の巧拙により結果が左右されます。また，生理的指標を測定するのであれば，測定装置の時間分解能や空間分解能の制約がありました。

　さらにそうした可視化技術を用いて得られる手がかりは，断片的なものでした。しかしながら，断片化された手がかりを多く集めれば，その全体像に迫ることができるかもしれません。ですので，心理学の研究では，複数の可視化方法を併用することが一般的に行われます。

　このように，現在においても心の可視化技術は決して万能なものでなく，心の活動の様子を可視化することは，SFや夢のようなものだと考えられていました。しかしながら，最近，fMRIと人工知能を組み合わせることにより，心の可視化に大きなブレイクスルーを引き起こすことを予感させる技術研究が報告されています。脳情報デコーディング（脳情報復号化）と呼ばれる心の可視化技術です（堀川ら，2014）。

　脳情報デコーディングは，fMRIによって測定した神経活動を人工知能（あらかじめ機械学習させておいた情報を読みとるためのデコーダー）によって解読します。解読に人工知能を用いる理由の一つには，fMRIの空間分解能がまだ十分でないことにあります。数ミリというfMRIのオーダーは，現段階でも高い空間分解能であるといえます。しかしながら，神経細胞一つひとつの活動まで知る必要がある場合においては，隣り合う他の神経細胞の活動と混ざってしまい正確には読みとれません。しかし，私たちの認識能力をはるかに超えた人工知能であれば，複数の神経活動が混在した曖昧に見える反応であっても正確に読みとることができます。

　この脳情報デコーディング技術を用いることで，その人が見ているもの，また思考内容も推定可能であることが実証されました。さらには睡眠中における夢の内容も視覚化できることが示唆されています。この技術が今後発展すれば，心理学者にとって見果てぬ夢であった，万能な心の可視化が本当に実現するかもしれません。

復 習 問 題

1. 心という曖昧な概念を客観的にとらえ，また検証可能な形にするためには，まずどのような手続き（操作）が求められるでしょうか。

2. 心を測定する際，多かれ少なかれ誤差の影響を受けることは否めません。どのような誤差が考えられ，それらの対応にはどうしたらよいか，操作的定義や信頼性，妥当性の観点から考えてみましょう。

3. 言語的指標，行動的指標，生理的指標を比較し，それぞれどのような長所と短所があるか考えてみましょう。

参 考 図 書

福田 忠彦・福田 亮子（監修）福田忠彦研究室（編）(2009). 増補版 人間工学ガイド——感性を科学する方法—— サイエンティスト社

　現在，物作りの現場では，丈夫で質がよく，しかも安価というこれまで通りの評価基準に加え，使いやすさや乗り心地など，人間の感性に配慮した商品開発が求められています。その際，役に立つのは数々の心理学的測定手法です。本書では，SD法や眼球運動測定法，マグニチュード推定法，一対比較法などさまざまな感性評価手法を取り上げ，その概説，具体的な測定手続きや分析方法（刺激や質問紙の例，教示内容，Excelや専用ソフトの画面をキャプチャしたデータの集計や分析方法，測定時のコツなど）の解説，また実際の研究事例が紹介されており，初心者でも本書のガイドに従えば，測定を実践できます。他に類を見ないおすすめの一冊です。

浅井 邦二（編著）(1994). こころの測定法——心理学における測定の方法と課題—— 実務教育出版

　本書は，心理学の各領域（知覚，認知，学習，生理，パーソナリティ，態度，社会，臨床，教育，スポーツなど，非常に広範囲にわたります）において，測定に関する事柄，いったい何を測定しているのか，代表的測定方法の紹介，現在における問題点などについて解説しています。各々の領域における研究に初めて着手する際，一読しておけば一通りの知識と深く理解するための枠組みが得られます。

日本心理学会 認定心理士資格認定委員会（編）(2015). 認定心理士資格準拠 実験・実習で学ぶ心理学の基礎 金子書房

　心理学の基礎的な実験・実習の教科書ですが，各領域の専門家が初学者でも理解しやすいように丁寧に解説しています。生理・神経系指標の測定，SD法，質問紙法など，測定に関わる事項も取り上げられています。またネット上にサポートサイトが用意されており，そこから実験・実習に必要な素材や集計表がダウンロードできるので大変便利です。

引 用 文 献

第１章

Asch, S. E. (1955). Opinions and social pressure. *Scientific American, 193*, 31-35.

Craik, F. I. M., & Lockhart, R. S. (1972). Levels of processing: A framework for memory research. *Journal of Verbal Learning and Verbal Behavior, 11*, 671-684.

Fiedler, F. E. (1964). A contingency model of leadership effectiveness. In L. Berkowitz (Ed.), *Advances in experimental social psychology*. Vol.1 (pp.149-190). Elsevier.

Freud, S. (1933). *New introductory lectures on psychoanalysis*. Lecture 33: Femininity. Standard Edition. Vol.22 (pp.136-157).

Gregory, R. L. (1968). Visual illusions. *Scientific American, 219* (5), 66-76.

Hall, R. V., Lund, D., & Jackson, D. (1968). Effects of teacher attention on study behavior. *Journal of Applied Behavior Analysis, 1*, 1-12.

Kuhn, T. S. (1970). *The structure of scientific revolutions* (2nd ed.). University of Chicago Press.
　（クーン，T. S. 中山 茂（訳）(1971). 科学革命の構造　みすず書房）

三隅 二不二（1984). リーダーシップ行動の科学　改訂版　有斐閣

Piaget, J., & Inhelder, B. (1966). *La psychologie de l'enfant*. Presses Universitaires de France.
　（ピアジェ，J.・イネルデ，B. 波多野 完治・須賀 哲夫・周郷 博（訳）(1969). 新しい児童心理学　白水社）

Rensink, R. A., O'Regan, J. K., & Clark, J. J. (1997). To see or not to see: The need for attention to perceive changes in scenes. *Psychological Science, 8*, 368-373.

Schachter, S., & Singer, J. (1962). Cognitive, social, and physiological determinants of emotional state. *Psychological Review, 69*, 379-399.

白樫 三四郎（1985). リーダーシップの心理学――効果的な仕事の遂行とは――　有斐閣

Sperling, G. (1960). The information available in brief visual presentations. *Psychological Monographs: General and Applied, 74* (11), 1-29.

Tolman, E. C., Ritchie, B. F., & Kalish, D. (1946). Studies in spatial learning. I. Orientation and the short-cut. *Journal of Experimental Psychology, 36*, 16.17.19.

Wertheimer, M. (1923). Untersuchungen zur Lehre von der Gestalt. II. *Psychologische Forschung, 4*, 301-350.

第２章

Darwin, C. (1859). *On the origin of species by means of natural selection*. London: Murray.
　（ダーウィン，C. 八杉 龍一（訳）(1990). 種の起原（上・下）　岩波書店）

Ebbinghaus, H. (1885). *Über das Gedächtnis: Untersuchungen zur Experimentellen Psychologie*. Leipzig: Duncker & Humblot.
　（エビングハウス，H. 宇津木 保（訳）(1978). 記憶について――実験心理学への貢献――　誠信書房）

Heider, F. (1958). *The psychology of interpersonal relations*. New York: John Wiley & Sons.

Lewin, K. (1947). Frontiers in group dynamics: Concept, method and reality in social science; social equilibria and social change. *Human Relations, 1* (1), 5-41.

Markus, H. R., & Kitayama, S. (1991). Culture and the self: Implications for cognition, emotion, and motivation. *Psychological Review, 98* (2), 224-253.

Rotter, J. B. (1966). Generalized expectancies for internal versus external control of reinforcement. *Psychological Monographs, 80* (whole no. 609).

Tolman, E. C. (1932). *Purposive behavior in animals and men.* New York: Century.
（トールマン, E. C. 富田 達彦 (訳) (1977). 新行動主義心理学——動物と人間における目的的行動—— 清水弘文堂）

Wertheimer, M. (1912). Experimentelle Studien über das Sehen von Bewegung. *Zeitschrift für Psychologie, 61* (1) 161-265.
（ヴェルトハイマー, M. 三宅 俊治 (訳) (2005). 運動視に関する実験的研究 吉備国際大学大学院社会学研究科論叢, 6, 137-247.）

Wertheimer, M. (1923). Untersuchungen zur Lehre von der Gestalt, II. [Investigations in Gestalt Theory: II. Laws of organization in perceptual forms]. *Psychologische Forschung, 4*, 301-350. Translated by Ellis, W. 1938 Laws of organization in perceptual forms. A source book of Gestalt Psychology, *Gestalt Journal Press*, 71-88.

第3章

Botvinick, M., & Cohen, J. (1998). Rubber hands "feel" touch that eyes see. *Nature, 391*, 756.

Ekman, P., & Friesen, W. V. (2003). *Unmasking the face: A guide to recognizing emotions from facial clues.* Englewood Cliffs, NJ: Prentice Hall.

Fraser, A., & Wilcox, K. J. (1979). Perception of illusory movement. *Nature, 281*, 565-566.

Kanizsa, G. (1979). *Organization in vision: Essays on gestalt perception.* Praeger Publishers.
（カニッツァ, G. 野口 薫 (監訳) (1985). カニッツァ 視覚の文法——ゲシュタルト知覚論—— サイエンス社）

北岡 明佳 (2003). 蛇の回転 北岡明佳の錯視のページ Retrieved from http://www.ritsumei.ac.jp/~akitaoka/rotsnake.gif.

Marr, D. (1982). *Vision: A computational investigation into the human representation and processing of visual information.* New York: Henry Holt.
（マー, D. 乾 敏郎・安藤 広志 (訳) (1987). ビジョン——視覚の計算理論と脳内表現—— 産業図書）

McCollough, C. (1965). Color adaptation of edge-detectors in the human visual system. *Science, 149*, 1115-1116.

McGurk, H., & MacDonald, J. (1976). Hearing lips and seeing voices. *Nature, 264*, 746-748.

Shams, L., Kamitani, Y., & Shimojo, S. (2000). What you see is what you hear. *Nature, 408*, 788.

Taylor, M., & Creelman, C. D. (1967). PEST: Efficient estimates on probability functions. *The Journal of the Acoustical Society of America, 41*, 782-787.

Thompson, P. (1980). Margaret Thatcher: A new illusion. *Perception, 9*, 483-484.

第4章

Atkinson, R. C., & Shiffrin, R. M. (1968). Human memory: A proposed system and its control processes. In K. W. Spence, & J. T. Spence (Eds.), *The psychology of learning and motivation.* Vol. 2 (pp.89-195). Academic Press.

Baddeley, A. (2007). *Working memory, thought, and action.* New York: Oxford University Press.
（バドリー, A. 井関 龍太・齊藤 智・川﨑 惠里子 (訳) (2012). ワーキングメモリ——思考と行為の心理学的基盤—— 誠信書房）

Conway, M. A., Wang, Q., Hanyu, K., & Haque, S. (2005). A cross-cultural investigation of autobiographical memory: On the universality and cultural variation of the reminiscence bump. *Journal of Cross-Cultural Psychology, 36,* 739–749.

Corkin, S.（1968）. Acquisition of motor skill after bilateral medial temporal-lobe excision. *Neuropsychologia, 6,* 255–265.

Craik, F. I. M., & Tulving, E.（1975）. Depth of processing and the retention of words in episodic memory. *Journal of Experimental Psychology: General, 104,* 268–294.

Ebbinghaus, H.（1885）. *Über das Gedächtnis: Untersuchungen zur Experimentellen Psychologie.* Leipzig: Duncker & Humblot.
　（エビングハウス，H. 宇津木 保（訳）（1978）. 記憶について——実験心理学への貢献 —— 誠信書房）

Glanzer, M., & Cunitz, A. R.（1966）. Two storage mechanisms in free recall. *Journal of Verbal Learning and Verbal Behavior, 5,* 351–360.

Scoville, W. B., & Milner, B.（1957）. Loss of recent memory after bilateral hippocampal lesions. *Journal of Neurology, Neurosurgery, and Psychiatry, 20,* 11–21.

Sellen, A. J., Louie, G., Harris, J. E., & Wilkins, A. J.（1997）. What brings intentions to mind? An in situ study of prospective memory. *Memory, 5,* 483–507.

Sperling, G.（1960）. The information available in brief visual presentations. *Psychological Monographs, 74,* 1–29.

Squire, L. R.（2004）. Memory systems of the brain: A brief history and current perspective. *Neurobiology of Learning and Memory, 82,* 171–177.

コラム 4.1

Fisher, R. P., & Geiselman, R. E.（1992）. *Memory-enhancing techniques for investigative interviewing: The cognitive interview.* Springfield.

箱田 裕司（2009）. 富山事件上告趣意補充書に付された意見書要旨　法と心理, *8*（1）, 141–143.

原田 佑規（2016）. 凶器注目効果と有効視野　九州大学心理学研究, *17,* 1–7.

伊東 裕司・矢野 円郁（2005）. 確信度は目撃記憶の正確さの指標となりえるか　心理学評論, *48*（3）, 278–293.

厳島 行雄（2014）. 飯塚事件における目撃者Tの供述の正確さに関する心理学鑑定　法と心理, *14*（1）, 17–28.

Lamb, M. E., Orbach, Y., Hershkowitz, I., Esplin, P. W., & Horowitz, D.（2007）. A structured forensic interview protocol improves the quality and informativeness of investigative interviews with children: A review of research using the NICHD Investigative Interview Protocol. *Child Abuse and Neglect, 31*（11–12）, 1201–1231.

Loftus, E. F., & Palmer, J. C.（1974）. Reconstruction of automobile destruction: An example of the interaction between language and memory. *Journal of Verbal Learning and Verbal Behavior, 13*（5）, 585–589.

多専門連携による司法面接の実施を促進する研修プログラムの開発と実装（2018）. 司法面接　この10年の軌跡　多専門連携による司法面接の実施を促進する研修プログラムの開発と実装プロジェクト *NEWS LETTER, 5,* 3–4.

第 5 章

秋田 喜代美（1996）. 教える経験に伴う授業イメージの変容——比喩生成課題による検討 —— 教育心理学研究, *44*（2）, 176–186.

Arimoto, N.（1991）. A computer tool designed to change children's concept of school math. *Educational Technology Research, 14,* 11–16.

268

引用文献

Aronson, E., Blaney, N., Stephin, C., Sikes, J., & Snapp, M.（1978）. *The Jigsaw Classroom*. Beverly Hills, CA: Sage Publishing.

（アロンソン, E.・ブラニー, N.・ステファン, C.・サイクス, J.・スナップ, M. 松山 安雄（訳）（1986）. ジグソー学級――生徒と教師の心を開く協同学習法の教え方と学び方―― 原書房）

Ausubel, D. P.（1960）. The use of advance organizers in the learning and retention of meaningful verbal material. *Journal of Educational Psychology, 51*, 267-272.

Bransford, J. D., & Johnson, M. K.（1972）. Contextual prerequisites for understanding: Some investigations of comprehension and recall. *Journal of Verbal Learning and Verbal Behavior, 11*, 717-726.

Chi, M. T. H., Feltovich, P. J., & Glaser, R.（1981）. Categorization and representation of physics problems by experts and novices. *Cognitive Science, 5*, 121-152.

Clement, J.（1982）. Students' preconceptions in introductory mechanics. *American Journal of Physics, 50*（1）, 66-71.

Edwards, D., & Mercer, N.（1987）. *Common knowledge: The development of understanding in the classroom*. London: Routledge.

Goodwin, M. H.（1990）. *He-said-she-said: Talk as social organization among black children*. Bloomington: Indiana University Press.

比留間 太白（編）（2006）. 協働思考を通した学習――小学校低学年用 Thinking together Programme の開発と実践―― *CHAT Technical Reports*, No.3. 関西大学人間活動理論研究センター

ルリヤ, A. P.（1974）. 森岡 修一（訳）（1976）. 認識の歴史的発達 明治図書出版

松尾 剛・丸野 俊一（2008）. 主体的に考え, 学び合う授業実践の体験を通して, 子どもはグラウンド・ルールの意味についてどのような認識の変化を示すか 教育心理学研究, *56*, 104-115.

松尾 剛・丸野 俊一（2009）. 学び合う授業を支える談話ルールをいかに共有するか 心理学評論, *52*（2）, 245-264.

Mercer, N.（1995）. *The guided construction of knowledge: Talk amongst teachers and learners*. Clevedon, UK: Multilingual Matters.

Mercer, N.（1996）. The quality of talk in children's collaborative activity in the classroom. *Learning and Instruction, 6*, 359-377.

村山 航（2005）. テスト形式の予期による方略変容メカニズムの検討 教育心理学研究, *53*（2）, 172-184.

野村 亮太・丸野 俊一（2014）. 授業を協同的活動の場として捉えるための認識的信念 教育心理学研究, *62*（4）, 257-272.

O'Connor, M. C., & Michaels, S.（1993）. Aligning academic task and participation status through revoicing: Analysis of a classroom discourse strategy. *Anthropology and Education Quarterly, 24*, 318-335.

O'connor, M. C., & Michaels, S.（1996）. Shifting participant frameworks: Orchestrating thinking practice in group discussion. In D. Hicks（Ed.）, *Discourse, learning, and schooling*（pp.63-103）. New York: Cambridge University Press.

Palincsar, A. S., & Brown, A. L.（1984）. Reciprocal teaching of comprehension-fostering and comprehension-monitoring activities. *Cognition and Instruction, 1*, 117-175.

Pellegrino, J. W., Chudowsky, N., & Glaser, R.（Eds.）.（2001）. *Knowing what students know: The science and design of educational assessment*. Washington, DC: National Academy Press.

三宮 真智子 (1995). メタ認知を促すコミュニケーション演習の試み「討論編」――教育実習事前指導としての教育工学演習から―― 鳴門教育大学学校教育研究センター紀要, 9, 53-61.

Sawyer, R. K. (Ed.). (2005). *The Cambridge handbook of the learning sciences.* Cambridge University Press.

進藤 聡彦・麻柄 啓一・伏見 陽児 (2006). 誤概念の修正に有効な反証事例の使用方略――「融合法」の効果―― 教育心理学研究, 54 (2), 162-173.

ヴィゴツキー, L. S. (1956). 柴田 義松 (訳) (2001). 新訳版 思考と言語 新読書社

Vosniadou, S., & Brewer, W. F. (1992). Mental models of the earth: A study of conceptual change in childhood. *Cognitive Psychology, 24,* 535-585.

Wood, D., Bruner, J. S., & Ross, G. (1976). The role of tutoring in problem solving. *The Journal of Child Psychology and Psychiatry, 17* (2), 89-100.

Yackel, E., & Cobb, P. (1996). Sociomathematical norms, argumentation, and autonomy in mathematics. *Journal for Research in Mathematics Education, 27,* 458-477.

Zimmerman, B. J. (2002). Becoming a self-regulated learner: An overview. *Theory into Practice, 41,* 64-70.

Zimmerman, B. J., & Pons, M. M. (1986). Development of a structured interview for assessing student use of self-regulated learning strategies. *American Educational Research Journal, 23,* 614-628.

第 6 章

Beal, D. J., Cohen, R. R., Burke, M. J., & McLendon, C. L. (2003). Cohesion and performance in groups: A meta-analytic clarification of construct relation. *Journal of Applied Psychology, 88,* 989-1004.

Bell, D. E., Raiffa, H., & Tversky, A. (Eds.). (1988). *Decision making: Descriptive, normative, and prescriptive interactions.* Cambridge University Press.

Darley, J. M., & Gross, P. H. (1983). A hypothesis-confirming bias in labeling effects. *Journal of Personality and Social Psychology, 44* (1), 20-33.

Dunning, D., Meyerowitz, J. A., & Holzberg, A. D. (1989). Ambiguity and self-evaluation: The role of idiosyncratic trait definitions in self-serving assessments of ability. *Journal of Personality and Social Psychology, 57* (6), 1082-1090.

Esser, J. K., & Lindoerfer, J. S. (1989). Groupthink and the space shuttle Challenger accident: Toward a quantitative case analysis. *Journal of Behavioral Decision Making, 2* (3), 167-177.

Flowers, M. L. (1977). A laboratory test of some implications of Janis's groupthink hypothesis. *Journal of Personality and Social Psychology, 35* (12), 888-896.

Gilovich, T. (1991). *How we know what isn't so: The fallibility of human reason in everyday life.* New York: Free Press.
（ギロビッチ, T. 守 一雄・守 秀子 (訳) (1993). 人間この信じやすきもの――迷信・誤信はどうして生まれるか―― 新曜社）

Gilovich, T., Vallone, R., & Tversky, A. (1985). The hot hand in basketball: On the misperception of random sequences. *Cognitive Psychology, 17* (3), 295-314.

Gully, S. M., Devine, D. J., & Whitney, D. J. (1995). A meta-analysis of cohesion and performance: Effects of levels of analysis and task interdependence. *Small Group Research, 26,* 497-520.

Hastie, R. (1986). Review essay: Experimental evidence on group accuracy. In B. Grofman, & G. Guillermo (Eds.), *Information pooling and group decision making.* Vol.2 (pp.129-157).

Greenwich, CT: JAI Press.

Janis, I. L. (1982). *Groupthink: Psychological studies of policy decisions and fiascoes* (2nd ed.). Boston: Houghton Mifflin.

Kahneman, D. (2011). *Thinking, fast and slow*. Farrar Straus & Giroux.

（カーネマン，D. 村井 章子（訳）(2014). ファスト＆スロー――あなたの意思はどのように決まるか？――（上・下） 早川書房）

亀田 達也 (1997). 合議の知を求めて――グループの意思決定―― 共立出版

Lichtenstein, S., Slovic, P., Fischhoff, B., Layman, M., & Combs, B. (1978). Judged frequency of lethal events. *Journal of Experimental Psychology: Human Learning and Memory, 4* (6), 551-578.

増田 真也 (2006). ランダムネスの知覚と生成　広田 すみれ・増田 真也・坂上 貴之（編著） 心理学が描くリスクの世界――行動的意思決定入門―― 改訂版（pp.106-109）慶應義塾大学出版会

Miller, D. T., & Prentice, D. A. (1994). Collective errors and errors about the collective. *Personality and Social Psychology Bulletin, 20*, 541-550.

Northcraft, G. B., & Neale, M. A. (1987). Experts, amateurs, and real estate: An anchoring-and-adjustment perspective on property pricing decisions. *Organizational Behavior and Human Decision Processes, 39* (1), 84-97.

白樫 三四郎 (2012). 集団の愚かな意思決定――ピッグス湾，真珠湾そしてウォーターゲート―― 大阪経大論集, *62*, 31-44.

Small, D. A., Loewenstein, G., & Slovic, P. (2007). Sympathy and callousness: The impact of deliberative thought on donations to identifiable and statistical victims. *Organizational Behavior and Human Decision Processes, 102* (2), 143-153.

Smith, S. (1985). Groupthink and the hostage rescue mission. *British Journal of Political Science, 15*, 117-123.

Snyder, M., & Swann, W. B. (1978). Hypothesis-testing processes in social interaction. *Journal of Personality and Social Psychology, 36* (11), 1202-1212.

Stanovich, K. E., & West, R. F. (2000). Advancing the rationality debate. *Behavioral and Brain Sciences, 23* (5), 701-717.

Stasser, G., & Titus, W. (1985). Pooling of unshared information in group decision making: Biased information sampling during discussion. *Journal of Personality and Social Psychology, 48* (6), 1467-1478.

Stoner, J. A. F. (1961). *A comparison of individual and group decisions involving risk* (Unpublished Master's Thesis). Massachusetts Institute of Technology.

Stoner, J. A. F. (1968). Risky and cautious shifts in group decisions: The influence of widely held values. *Journal of Experimental Social Psychology, 4* (4), 442-459.

Tversky, A., & Kahneman, D. (1974). Judgment under uncertainty: Heuristics and biases. *Science, 185*, 1124-1131.

Tversky, A., & Kahneman, D. (1981). The framing of decisions and the psychology of choice. *Science, 211*, 453-458.

Tversky, A., & Kahneman, D. (1983). Extensional versus intuitive reasoning: The conjunction fallacy in probability judgment. *Psychological Review, 90* (4), 293-315.

Wason, P. C. (1960). On the failure to eliminate hypotheses in a conceptual task. *The Quarterly Journal of Experimental Psychology, 12*, 129-140.

第 7 章

Atkinson, J. W. (1957). Motivational determinants of risk-taking behavior. *Psychological Review, 64*, 359-372.

Atkinson, J. W. (1964). *An introduction to motivation.* Princeton, NJ: Van Nostrand.

Bandura, A. (1977). *Social learning theory.* New York: General Learning Press.

Blumenfeld, P. C., Pintrich, P. R., Meece, J., & Wessels, K. (1982). The formation and role of self perceptions of ability in elementary classrooms. *The Elementary School Journal, 82*, 401-420.

Deci, E. L. (1971). Effects of externally mediated rewards on intrinsic motivation. *Journal of Personality and Social Psychology, 18*, 105-115.

Deci, E. L., & Ryan, R. M. (1985). *Intrinsic motivation and self-determination in human behavior.* Plenum.

Dweck, C. S., & Leggett, E. L. (1988). A social-cognitive approach to motivation and personality. *Psychological Review, 95*, 256-273.

Dweck, C. S., & Master, A. (2008). Self-theories motivate self-regulated learning. In D. H. Schunk, & B. J. Zimmerman (Eds.), *Motivation and self-regulated learning: Theory, research, applications* (pp.31-51). New York: Lawrence Erlbaum Associates.

Elliot, A. J., & Church, M. A. (1997). A hierarchical model of approach and avoidance achievement motivation. *Journal of Personality and Social Psychology, 72*, 218-232.

Farson, R. E. (1977). Praise as a motivational tool. In D. E. Hamachek (Ed.), *Human dynamics in psychology and education* (p.66). Boston: Allyn & Bacon.

Golin, S., Terrell, F., Weitz, J., & Drost, P. L. (1979). The illusion of control among depressed patients. *Journal of Abnormal Psychology, 88*, 454-457.

Higgins, E. T. (1998). Promotion and prevention: Regulatory focus as a motivational principle. *Advances in Experimental Social Psychology, 30*, 1-46.

Hiroto, D. S. (1974). Locus of control and learned helplessness. *Journal of Experimental Psychology, 102*, 58-65.

Hurlock, E. B. (1925). An evaluation of certain incentives used in school work. *Journal of Educational Psychology, 16*, 145-159.

Langer, E. J. (1975). The illusion of control. *Journal of Personality and Social Psychology, 32* (2), 311-328.

Locke, E. A., & Latham, G. P. (1990). *A theory of goal setting and task performance.* Prentice-Hall.

Maslow, A. H. (1954). *Motivation and personality.* Harper & Row.
（マズロー, A. H. 小口 忠彦 (訳) (1987). 人間性の心理学——モチベーションとパーソナリティ—— 改訂新版　産業能率大学出版部）

Meyer, W. (1970). Selbstverantwortlichkeit und Leistungsmotivation. Unpublished Ph. D. disseratation. Ruhr Universitat. Bochum, Germany. Cited in Weiner, B. (1972). *Theories of motivation: From mechanism to cognition.* Markham.

Mueller, C. M., & Dweck, C. S. (1998). Praise for intelligence can undermine children's motivation and performance. *Journal of Personality and Social Psychology, 75*, 33-52.

中谷 素之 (2007). 学ぶ意欲を育てる人間関係づくり——動機づけの教育心理学—— 金子書房

Sarafino, E. P., Russo, A., Barker, J., Consentino, A., & Titus, D. (1982). The effect of rewards on intrinsic interest: Developmental changes in the underlying processes. *The Journal of Genetic Psychology, 141*, 29-39.

Seligman, M. E. P., & Mailer, S. F.（1967）. Failure to escape traumatic shock. *Journal of Experimental Psychology, 74,* 1-9.

田中 あゆみ・山内 弘継（2000）. 教室における達成動機, 目標志向, 内発的興味, 学業成績の因果モデルの検討　心理学研究, *71,* 317-324.

外山 美樹（2011）. 行動を起こし, 持続する力——モチベーションの心理学——　新曜社

Weiner, B., Frieze, I., Kukla, A., Reed, L., Rest, S., & Rosenbaum, R. M.（1972）. Perceiving the causes of success and failure. In E. E. Jones, D. E. Kanouse, H. H. Kelly, R. E. Nisbett, S. Valins, & B. Weiner（Eds.）, *Attribution: Perceiving the causes of behavior*（pp.95-120）. General Learning Press.

Weiner, B.（1985）. An attributional theory of achievement motivation and emotion. *Psychological Review, 92,* 548-573.

第 8 章

Bruner, J. S.（1983）. *Child's talk: Learning to use language.* W. W. Norton.
（ブルーナー, J. S. 寺田 晃・本郷 一夫（訳）（1988）. 乳幼児の話しことば——コミュニケーションの学習——　新曜社）

Caselli, M. C., Casadio, P., & Bates, E.（1999）. A comparison of the transition from first words to grammar in English and Italian. *Journal of Child Language, 26,* 69-111.

Ericsson, K. A., Krampe, R., & Tesch-Romer, C.（1993）. The role of deliberate practice in the acquisition of expert performance. *Psychological Review, 100*（3）, 363-406.

波多野 誼余夫・稲垣 佳世子（1983）. 文化と認知——知識の伝達と構成をめぐって——　坂元 昂（編）現代基礎心理学7　思考・知能・言語（pp.191-210）　東京大学出版会

楠見 孝（2012）. 実践知の獲得——熟達化のメカニズム——　金井 壽宏・楠見 孝（編）実践知——エキスパートの知性——（pp.33-57）　有斐閣

Lave, J., & Wenger, E.（1991）. *Situated learning: Legitimate peripheral participation.* Cambridge University Press.
（レイヴ, J.・ウェンガー, E. 佐伯 胖（訳）（1993）. 状況に埋め込まれた学習——正統的周辺参加——　産業図書）

Markman, E. M.（1989）. *Categorization and naming in children: Problems of induction.* Cambridge, MA: MIT Press.

中村 和夫（2014）. ヴィゴツキー理論の神髄——なぜ文化―歴史的理論なのか——　福村出版

小椋 たみ子・小山 正・水野 久美（2015）. 乳幼児期のことばの発達とその遅れ——保育・発達を学ぶ人のための基礎知識——　ミネルヴァ書房

Piaget, J.（1950）. *The psychology of intelligence.* London: Routledge & Kegan Paul.

Piaget, J.（1970）. Piaget's theory. In P. H. Mussen（Ed.）. *Carmichael's manual of child psychology*（3rd ed.）. Vol. 1. New York: John Wiley & Sons.
（ピアジェ, J. 中垣 啓（訳）（2007）. ピアジェに学ぶ認知発達の科学　北大路書房）

Tomasello, M.（2003）. *Constructing a language: A usage-based theory of language acquisition.* Cambridge, MA: Harvard University Press.
（トマセロ, M. 辻 幸夫・野村 益寛・出原 健一・菅井 三実・鍋島 弘治朗・森吉 直子（訳）（2008）. ことばをつくる——言語習得の認知言語学的アプローチ——　慶應義塾大学出版会）

第 9 章

明田 芳久（1999）. 共感の枠組みと測度——Davis の共感組織モデルと多次元共感性尺度

（IRI-J）の予備的検討―― 上智大学心理学年報, *23*, 19-31.

Batson, C. D.（2011）. *Altruism in humans.* New York: Oxford University Press.
（バトソン, C. D. 菊池 章夫・二宮 克美（訳）（2012）. 利他性の人間学――実験社会心理学からの回答―― 新曜社）

Davis, M. H.（1994）. Social psychology series. *Empathy: A social psychological approach.* Boulder, CO: Westview Press.
（デイヴィス, M. H. 菊池 章夫（訳）（1999）. 共感の社会心理学――人間関係の基礎―― 川島書店）

de Waal, F.（2009）. *The age of empathy: Nature's lessons for a kinder society.* New York: Three Rivers.
（ドゥ・ヴァール, F. 柴田 裕之（訳）（2010）. 共感の時代へ――動物行動学が教えてくれること―― 紀伊國屋書店）

Eisenberg, N.（2005）. The development of empathy-related responding. In G. Carlo, & C. P. Edwards（Eds.）, *Moral motivation through the life span: Nebraska Symposium on Motivation.* Vol. 51（pp.73-117）. Lincoln: University of Nebraska Press.

Eisenberg, N., & Miller, P. A.（1987）. The relation of empathy to prosocial and related behaviors. *Psychological Bulletin, 101*, 91-119.

Eisenberg, N., & Mussen, P. H.（1989）. *The roots of prosocial behavior in children.* New York: Cambridge University Press.
（アイゼンバーグ, N.・マッセン, P. 菊池 章夫・二宮 克美（訳）（1991）. 思いやり行動の発達心理　金子書房）

Eisenberg, N., Spinrad, T. L., & Knafo-Noam, A.（2015）. Prosocial development. In M. E. Lamb, & R. M. Lerner（Eds.）, *Handbook of child psychology and developmental science: Socioemotional processes.* Vol. 3（7th ed., pp.610-656）. New York: John Wiley & Sons.

遠藤 利彦（2011）. ミラーリング（映し出し）とミラーニューロン　遠藤 利彦・佐久間 路子・徳田 治子・野田 淳子（著）乳幼児のこころ――子育ち・子育ての発達心理学――（pp. 11-13）　有斐閣

遠藤 利彦（2013）.「情の理」論――情動の合理性をめぐる心理学的考究―― 東京大学出版会

長谷川 寿一（2015）. 共感性研究の意義と課題　心理学評論, *58*, 411-420.

橋本 巖（1985）. 子どもの共感的理解に及ぼす状況提示様式の効果　教育心理学研究, *33*, 81-86.

平林 秀美（2014）. 共感性はどのように発達するのか　遠藤 利彦・石井 佑可子・佐久間 路子（編著）よくわかる情動発達（pp.114-115）　ミネルヴァ書房

Hoffman, M. L.（2000）. *Empathy and moral development: Implications for caring and justice.* Cambridge University Press.
（ホフマン, M. L. 菊池 章夫・二宮 克美（訳）（2001）. 共感と道徳性の発達心理学――思いやりと正義とのかかわりで―― 川島書店）

Hoffman, M. L.（2008）. Empathy and prosocial behavior. In M. Lewis, J. M. Haviland-Jones, & L. F. Barrett（Eds.）, *Handbook of emotions*（3rd ed., pp.440-455）. New York: Guilford.

伊藤 忠弘・平林 秀美（1997）. 向社会的行動の発達　井上 健治・久保 ゆかり（編）子どもの社会的発達（pp.167-184）　東京大学出版会

Jaffe, E.（2011）. Reflecting on behavior: Giacomo Rizzolatti takes us on a tour of the mirror mechanism. Quick Links: Association for Psychological Science. Retrieved from　https://www.psychologicalscience.org/observer/reflecting-on-behavior-giacomo-rizzolatti-takes-us-on-a-tour-of-the-mirror-mechanism

宗方 比佐子・二宮 克美（1985）．プロソーシャルな道徳的判断の発達　教育心理学研究，*33*，157-164.

村上 達也（2017）．対人関係――感情心理学の視点から――　島 義弘（編）パーソナリティと感情の心理学（pp.135-154）　サイエンス社

中島 義明・安藤 清志・子安 増生・坂野 雄二・繁桝 算男・立花 政夫・箱田 裕司（編）（1999）．心理学辞典　有斐閣

二宮 克美（2012）．向社会的行動　日本発達心理学会（編）／氏家 達夫・遠藤 利彦（編）社会・文化に生きる人間　発達科学ハンドブック5（pp.181-188）　新曜社

二宮 克美（2016）．道徳性・向社会性　田島 信元・岩立 志津夫・長崎 勤（編）新・発達心理学ハンドブック（pp.397-406）　福村出版

澤田 瑞也（1992）．共感の心理学――そのメカニズムと発達――　世界思想社

高木 修（1982）．順社会的行動のクラスターと行動特性　年報社会心理学，*23*，137-156.

第10章

Caplan, G.（1951）. A Public health approach to child psychiatry: An introductory account of an experiment. *Mental Hygiene*, *35*, 235-249.

Erikson, E. H.（1959）. *Identity and the life cycle.* New York: International Universities Press.
（エリクソン，E. H. 小此木 啓吾（編訳）（1973）．自我同一性――アイデンティティとライフ・サイクル――　誠信書房）

平野 真理（2010）．レジリエンスの資質的要因・獲得的要因の分類の試み――二次元レジリエンス要因尺度（BRS）の作成――　パーソナリティ研究，*19*（2），94-106.

石垣 琢麿（2018）．心の健康と不適応　繁桝 算男（編）心理学概論（pp.177-188）　遠見書房

Kübler-Ross, E.（1969）. *On death and dying.* New York: The Macmillan.
（キューブラーロス，E. 川口 正吉（訳）（1971）．死ぬ瞬間――死にゆく人々との対話――　読売新聞社）

久能 徹・末武 康弘・保坂 亨・諸富 祥彦（1997）．ロジャーズを読む　岩崎学術出版社

Lazarus, R. S., & Folkman, S.（1984）. *Stress, appraisal, and coping.* New York: Springer.
（ラザルス，R. S.・フォルクマン，S. 本明 寛・春木 豊・織田 正美（監訳）（1991）．ストレスの心理学――認知的評価と対処の研究――　実務教育出版）

森 敏昭・清水 益治・石田 潤・冨永 美穂子・Hiew, C.（2002）．大学生の自己教育力とレジリエンスの関係　学校教育実践学研究，*8*，179-187.

日本心理臨床学会（監修）日本心理臨床学会支援活動プロジェクト委員会（編）（2010）．危機への心理支援学――91のキーワードでわかる緊急事態における心理社会的アプローチ――　遠見書房

野口 節子（2009）．臨床心理学の歴史　高塚 雄介・石井 雄吉・野口 節子（編著）臨床心理学――やさしく学ぶ――（pp.1-13）　医学出版社

岡本 祐子（1985）．中年期の自我同一性に関する研究　教育心理学研究，*33*，295-306.

岡本 祐子（編著）（2002）．アイデンティティ生涯発達論の射程　ミネルヴァ書房

大野 裕（2003）．こころが晴れるノート――うつと不安の認知療法自習帳――　創元社

小塩 真司・中谷 素之・金子 一史・長峰 伸治（2002）．ネガティブな出来事からの立ち直りを導く心理的特性――精神的回復力尺度の作成――　カウンセリング研究，*35*，57-65.

下山 晴彦（2001）．日本の臨床心理学の歴史と展開　下山 晴彦・丹野 義彦（編）講座 臨床心理学1――臨床心理学とは何か――（pp.51-72）　東京大学出版会

下山 晴彦（編）（2009）．よくわかる臨床心理学　改訂新版　ミネルヴァ書房

津田 彰・大矢 幸弘・丹野 義彦（編）（2013）．臨床ストレス心理学　東京大学出版会

Werner, E. E., & Smith, R. S.（1982）. *Vulnerable but invincible: A longitudinal study of resilient children and youth.* New York: McGraw-Hill.

山本 力（2014）．喪失と悲嘆の心理臨床学──様態モデルとモーニングワーク──　誠信書房

矢澤 美香子（編）（2018）．基礎から学ぶ心理療法　ナカニシヤ出版

第11章

Bauer, T. N., Morrison, E. W., & Callister, R. R.（1998）. Organizational socialization: A review and directions for future research. In G. R. Ferris（Ed.）, *Research in personnel and human resource management.* Vol.16（pp.149-214）. Greenwich, CT: JAI Press.

Deci, E. L.（1971）. Effects of externally mediated rewards on intrinsic motivation. *Journal of Personality and Social Psychology, 18*（1）, 105-115.

Deci, E. L.（1975）. *Intrinsic motivation.* New York: Plenum Press.
（デシ，E. L. 安藤 延男・石田 梅男（訳）（1980）．内発的動機づけ──実験社会心理学的アプローチ──　誠信書房）

Deci, E. L., & Ryan, R. M.（1985）. *Intrinsic motivation and self-determination in human behavior.* New York: Plenum Press.

古川 久敬（2011）．組織心理学──組織を知り活躍する人のために──　培風館

Herzberg, F.（1966）. *Work and the nature of man.* Cleveland: World Publishing.
（ハーズバーグ，F. 北野 利信（訳）（1968）．仕事と人間性──動機づけ―衛生理論の新展開──　東洋経済新報社）

Hoppock, R.（1935）. *Job satisfaction.* New York: Harper and Brothers.

Lawler, E. E., & Porter, L. W.（1967）. The effect of performance on job satisfaction. *Industrial Relations, 7,* 20-28.

Lazarus, R. S., & Folkman, S.（1984）. *Stress, appraisal, and coping.* New York: Springer.
（ラザルス，R. S.・フォルクマン，S. 本明 寛・春木 豊・織田 正美（監訳）（1991）．ストレスの心理学──認知的評価と対処の研究──　実務教育出版）

Locke, E. A.（1976）. The nature and causes of job satisfaction. In M. D. Dunnette（Ed.）, *Handbook of industrial and organizational psychology*（pp.1297-1343）. Chicago: Rand McNally.

Locke, E. A., & Latham, G. P.（1984）. *Goal setting: A motivational technique that works!* Englewood Cliffs, NJ: Prentice Hall.
（ロック，E. A.・ラザム，G. P. 松井 賚夫・角山 剛（訳）（1984）．目標が人を動かす──効果的な意欲づけの技法──　ダイヤモンド社）

Mayo, E.（1933）. *The human problems of an industrial civilization.* New York: MacMillan.
（メイヨー，E. 村本 栄一（訳）（1967）．産業文明における人間問題──ホーソン実験とその展開──　日本能率協会）

Meyer, J. P., & Allen, N. J.（1991）. A three-component conceptualization of organizational commitment. *Human Resource Management Review, 1,* 61-89.

Meyer, J. P., & Allen, N. J.（1997）. *Commitment in the workplace: Theory, research, and application.* Thousand Oaks, CA: SAGE.

Mitchell, T. R.（1997）. Matching motivational strategies with organizational contexts. *Research in Organizational Behavior, 19,* 57-150.

Münsterberg, H.（1913）. *Psychology and industrial efficiency.* NewYork: Houghton & Mifflin.

Ryan, R. M., & Deci, E. L.（2000）. Self-determination theory and the facilitation of intrinsic motivation, social development, and well-being. *American Psychologist, 55,* 68-78.

島津 明人（編著）（2015）．職場のポジティブメンタルヘルス──現場で活かせる最新理論

――　誠信書房

高橋 伸夫（2004）．虚妄の成果主義――日本型年功制復活のススメ――　日経 BP 社

Taylor, F. W.（1911）．*The principle of scientific management*. New York: Harper & Brothers.
　　（テイラー，F. W.　有賀 裕子（訳）（2009）．新訳　科学的管理法――マネジメントの
　　原点――　ダイヤモンド社）

Vroom, V. H.（1964）．*Work and motivation*. New York: Wiley.
　　（ヴルーム，V. H.　坂下 昭宣・榊原 清則・小松 陽一・城戸 康彰（訳）（1982）．仕事と
　　モティベーション　千倉書房）

矢部 輝夫（2013）．奇跡の職場――新幹線清掃チームの働く誇り――　あさ出版

第 12 章

青山 憲之（2004）．眼球運動分析法補足　福田忠彦（監修）福田忠彦研究室（編）人間工学
　　ガイド――感性を科学する方法――（pp.244-248）　サイエンティスト社

荒木 ひさ子（1998）．バウムテスト　岡堂 哲雄（編）心理査定プラクティス（pp.90-102）
　　至文堂

有田 正光（1994）．注入トレーサー法　可視化情報学入門編集委員会（編）可視化情報学入
　　門――見えないものを視る――（pp.22-28）　東京電機大学出版局

浅井 邦二（1994）．こころの測定法――心理学における測定の方法と課題――　実務教育出
　　版

富士通研究所（2013）．視線検出技術　富士通研究所　Received from　http://www.fujitsu.
　　com/jp/group/labs/resources/tech/techguide/list/eye-movements/index.html（平成 28
　　年 5 月 16 日）

Gregg, V. H.（1986）．*Introduction to human memory*. London: Routledge & Kegan Paul.
　　（グレッグ，V. H.　梅本 堯夫（監修）高橋 雅延・川口 敦生・菅 眞左子（訳）（1988）．
　　ヒューマンメモリ　サイエンス社）

畑山 俊輝（1999）．生理的計測法　海保 博之・加藤 隆（編著）認知研究の技法（pp.90-94）
　　福村出版

平田 乃美（2015）．質問紙法の基礎――こころを測るものさしを作る――　日本心理学会
　　認定心理士資格認定委員会（編）認定心理士資格準拠　実験・実習で学ぶ心理学の基礎
　　（pp.185-197）　金子書房

堀川 友慈・宮脇 陽一・神谷 之康（2014）．脳活動から心を可視化する　光学，*43*（3），
　　104-110.

市原 茂（2009）．セマンティック・ディファレンシャル法（SD 法）の可能性と今後の課題
　　人間工学，*45*，263-269.

今村 善弘（2004）．SD 法　福田忠彦（監修）福田忠彦研究室（編）人間工学ガイド――感性
　　を科学する方法――（pp.125-161）　サイエンティスト社

井上 正明・小林 利宣（1985）．日本における SD 法による研究分野とその形容詞対尺度構成
　　の概観　教育心理学研究，*33*，253-260.

石橋 千征・加藤 貴昭・永野 智久・仰木 裕嗣・佐々木 三男（2010）．バスケットボールのフ
　　リースローの結果予測時における熟練選手の視覚探索活動　スポーツ心理学研究，*37*
　　（2），101-112.

岩下 豊彦（1983）．SD 法によるイメージの測定――その理解と実施の手引――　川島書店

Kahneman, D., Tursky, B., Shapiro, D., & Crider, A.（1969）．Pupillary, heart rate, and skin
　　resistance changes during a mental task. *Journal of Experimental Psychology, 79*（1, Pt.1），
　　164-167.

鎌原 雅彦・宮下 一博・大野木 裕明・中澤 潤（編著）（1998）．心理学マニュアル　質問紙法

　北大路書房

小林 敏雄・石原 智男（1977）．流れの可視化　生産研究，*29*（2），33-38．

久保 賢太・入戸野 宏（2007）．事象関連電位の P300 を用いた虚偽検出　広島大学大学院総合科学研究科紀要 I，人間科学研究，*2*，101-114．

光藤 宏行（2016）．脳の読み方　越智 啓太（編）心理学ビジュアル百科——基本から研究の最前線まで——（pp.28-29）　創元社

宮下 一博（1998）．質問紙法による人間理解　鎌原 雅彦・宮下 一博・大野木 裕明・中澤 潤（編著）心理学マニュアル　質問紙法（pp.1-8）　北大路書房

宮田 洋（1996）．生理心理学　宮田 洋（編）脳と心（pp.13-20）　培風館

中村 知靖（2015）．SD 法——イメージを言葉で測る——　日本心理学会　認定心理士資格認定委員会（編）認定心理士資格準拠　実験・実習で学ぶ心理学の基礎（pp.204-212）金子書房

中山 泰善（1994）．可視化情報学の概要　可視化情報学入門編集委員会（編）可視化情報学入門——見えないものを視る——（pp.1-19）　東京電機大学出版局

Nickerson, R. S., & Adams, M. J.（1979）．Long-term memory for a common object. *Cognitive Psychology, 11*, 287-307.

入戸野 宏（2013）．P300 応用　認知科学の立場から　臨床神経生理学，*41*（2），86-92．

小塩 真司（2007）．質問紙の基礎知識　小塩 真司・西口 利文（編）質問紙調査の手順（pp.5-15）　ナカニシヤ出版

Rossion, B.（2014）．Understanding face perception by means of human electrophysiology. *Trends in Cognitive Sciences, 18*（6），310-318.

齊藤 俊樹・大谷 昌也・金城 光（2015）．視線のカスケード現象は選好判断以外でも起きるのか　認知科学，*22*（3），463-472．

阪田 眞己子（2006）．眼は口ほどにモノを言う——眼球運動計測の研究事例——　表現文化研究，*6*（1），103-116．

下條 信輔（2006）．知覚判断，意思決定の神経機構——潜在的な脳情報処理をめぐって——生体の科学，*57*（1），13-21．

Shimojo, S., Simion, C., Shimojo, E., & Scheier, C.（2003）．Gaze bias both reflects and influences preference. *Nature Neuroscience, 6*, 1317-1322.

鈴木 浩明（1999）．快適さを測る——その心理・行動・生理的影響の評価——　日本出版サービス

高田 知恵子（1994）．描画からパーソナリティを測る——臨床心理学——　浅井 邦二（編著）こころの測定法——心理学における測定の方法と課題——（pp.251-271）　実務教育出版

高橋 雅治（2015）．生理・神経分野の実習——汗やドキドキは心と関連している——　日本心理学会　認定心理士資格認定委員会（編）認定心理士資格準拠　実験・実習で学ぶ心理学の基礎（pp.92-101）　金子書房

高橋 依子（1998）．DAP（人物描画テスト）（Draw-A-Person Test）　岡堂 哲雄（編）心理査定プラクティス（pp.68-79）　至文堂

高澤 則美・廣田 昭久（2004）．ポリグラフ検査　高取 健彦（編）捜査のための法科学——第一部〈法生物学・法心理学・文書鑑識〉——（pp.171-189）　令文社

時津 裕子（2002）．"鑑識眼"の研究——考古学者の専門的認知技能に関する実証的研究——日本考古学，*14*，105-125．

梅本 堯夫（1992）．記憶　梅本 堯夫・大山 正（編著）心理学への招待——こころの科学を知る——（pp.57-84）　サイエンス社

渡邉 好夫（2015）．可視化情報学会 第 27 期会長就任にあたって　可視化情報学会　Received

from http://www.visualization.jp/vsj_info/foreword/（平成 28 年 5 月 2 日）

渡邊 芳之（1996）．心理学的測定と構成概念 北海道医療大学看護福祉学部紀要，*3*，125-132.

渡邊 芳之（2011）．心を測る——心理学的アセスメント—— サトウ タツヤ・渡邊 芳之 心理学・入門——心理学はこんなに面白い——（pp.5-15. pp.127-146） 有斐閣

Whalen, P. J., Kagan, J., Cook, R. G., Davis, F. C., Kim, H., Polis, S., ... & Johnstone, T.（2004）. Human amygdala responsivity to masked fearful eye whites. *Science*, *306*（5704）, 2061.

山崎 勝之・内田 香奈子（2005）．調査研究における質問紙の作成過程と適用上の諸問題 鳴門教育大学研究紀要 教育科学編，*20*，1-10.

人名索引

事 項 索 引

執筆者紹介

【編 者 略 歴】

山口裕幸 (第2章)
やま ぐち ひろ ゆき

1981 年　九州大学教育学部卒業
1991 年　九州大学大学院教育学研究科博士課程単位取得満期退学
現　在　九州大学大学院人間環境学研究院教授　博士（教育心理学）

主要編著書

『チームワークの心理学──よりよい集団づくりをめざして──』（サイエンス社，
　2008）

『〈先取り志向〉の組織心理学──プロアクティブ行動と組織──』（共編）（有斐閣，
　2012）

『高業績チームはここが違う──成果を上げるために必要な三つの要素と五つの仕掛
　け──』（共著）（労務行政，2016）

『組織と職場の社会心理学』（ちとせプレス，2020）

中村奈良江 (第1章)
なかむら なら え

1985 年　九州大学大学院教育学研究科博士課程単位取得満期退学
現　在　西南学院大学人間科学部心理学科教授　博士（心理学）

主要著書

『イメージの世界──イメージ研究の最前線──』（分担執筆）（ナカニシヤ出版，
　2001）

『行動空間のイメージ──大人の行動空間のイメージの特徴と形成過程モデル──』
　（ナカニシヤ出版，2009）

『知覚・認知心理学』（分担執筆）（遠見書房，2020）

【執 筆 者】名前のあとの括弧内は執筆担当章を表す。

山田祐樹（やまだゆうき）（第３章）九州大学基幹教育院自然科学実験系部門准教授

安藤花恵（あんどうはなえ）（第４章）西南学院大学人間科学部准教授

石崎千景（いしざきちかげ）（コラム 4.1）九州国際大学法学部准教授

松尾　剛（まつおごう）（第５章）福岡教育大学教育学部准教授

縄田健悟（なわたけんご）（第６章）福岡大学人文学部准教授

中里陽子（なかざとようこ）（第７章）鹿児島大学総合教育機構高等教育研究開発センター講師

向井隆久（むかいたかひさ）（第８章）別府大学短期大学部初等教育科准教授

中尾達馬（なかおたつま）（第９章）琉球大学教育学部准教授

古賀　聡（こがさとし）（第 10 章）九州大学大学院人間環境学研究院人間科学部門准教授

池田　浩（いけだひろし）（第 11 章）九州大学大学院人間環境学研究院人間科学部門准教授

大上　渉（おおうえわたる）（第 12 章）福岡大学人文学部教授

ライブラリ 心理学を学ぶ＝1

心理学概論

2020 年 9 月 25 日ⓒ　　　　初 版 発 行

編　者　山 口 裕 幸　　　発行者　森 平 敏 孝
　　　　中 村 奈 良 江　　　印刷者　中 澤　　眞
　　　　　　　　　　　　　製本者　小 西 惠 介

発行所　　　株式会社　サイエンス社

〒151-0051　東京都渋谷区千駄ヶ谷 1 丁目 3 番 25 号
営業 TEL　（03）5474-8500（代）　　振替 00170-7-2387
編集 TEL　（03）5474-8700（代）
FAX　　　（03）5474-8900

組版　ケイ・アイ・エス
印刷　㈱シナノ　　　　　製本　ブックアート
《検印省略》

ISBN978-4-7819-1480-0

PRINTED IN JAPAN

サイエンス社のホームページのご案内
https://www.saiensu.co.jp
ご意見・ご要望は
jinbun@saiensu.co.jp　まで.